中国资本市场改革与发展三十年

上交所上市公司案例集

本书编写组◎编著

中国经济出版社
CHINA ECONOMIC PUBLISHING HOUSE
·北 京·

图书在版编目（CIP）数据

中国资本市场改革与发展三十年：上交所上市公司案例集 /《中国资本市场改革与发展三十年》编写组编著 . --北京：中国经济出版社，2021. 4
ISBN 978-7-5136-6457-8

Ⅰ. ①中… Ⅱ. ①中… Ⅲ. ①上市公司-案例-中国 Ⅳ. ①F279. 246

中国版本图书馆 CIP 数据核字（2021）第 062599 号

责任编辑　杨　莹　赵嘉敏
责任印制　巢新强
封面设计　任燕飞

出版发行　中国经济出版社
印 刷 者　北京科信印刷有限公司
经 销 者　各地新华书店
开　　本　710mm×1000mm　1/16
印　　张　19. 5
字　　数　306 千字
版　　次　2021 年 4 月第 1 版
印　　次　2021 年 4 月第 1 次
定　　价　88. 00 元
广告经营许可证　京西工商广字第 8179 号

中国经济出版社 **网址** www. economyph. com **社址** 北京市东城区安定门外大街 58 号 **邮编** 100011
本版图书如存在印装质量问题，请与本社销售中心联系调换（联系电话：010-57512564）

编写组名单

贺裴菲　梁　昱　牛丽燕　刘颖格　韩　瀚
郭奕君　吴诗雅　蒋峰明　杨雪凝　袁　帅
郑齐翔　贺竞成　闫晓丹　殷秋莹　邓　颖
宋　哲　弋隽雅　胡　畔　郭睿翼　韩静静
孔婷婷　尹炯宇

目　录

30 YEARS

总　述

中国资本市场三十年概览

中国资本市场发展概要

2020年注定是不平凡的一年，新冠肺炎疫情的全球蔓延让世界经济和社会生活面临严峻挑战。虽然逆全球化思潮、贸易保护主义的进一步兴起给国际政治经济治理带来巨大的不确定性，但资本市场的演进也在不断推动世界经济的深入发展。对此，中国作为国际化参与者也需要深刻反思过往三十年来资本市场的风雨路程，把握时代脉搏，紧抓新一轮科技革命，积极参与到全球价值链的重构中。

在我国资本市场运行的三十年中，一方面，金融资产和社会财富总量得到快速增长，股票市值从23亿元增长到约80万亿元，上市公司也从12家增加到4000多家；另一方面，资本市场的发展也推动我国上市公司在企业改革、研发、社会责任等领域的拓展提升。

20世纪70年代末的改革开放启动了我国经济从计划体制向市场体制的转型，与此同时，国有企业改革的加深、中国经济发展的提速也对资本市场的建设提出更高的要求。于是，从1990年上交所成立开始，我国资本市场应运而生。三十年来我国资本市场建设从无到有，经历了一个不断规范化、法治化、市场化和国际化的过程。一路栉风沐雨，砥砺前行，我国资本市场实现跨越式发展，成为推动所有制变革和改进资源配置方式的重要力量。

1990—1999年是我国资本市场在发展中摸索规范的阶段。此阶段资本市场最大的特点在于市场机制还未建设起来，股票证券发行商实行审批制。同时，资本市场是否建立仍存在很大争议。1992年，邓小平“南方谈话”提出，在深圳、上海试点股票市场，不仅体现了对股份制和股票市场的肯定，解决了长期“姓资姓社”问题的争论，而且直接推动我国资本市场发展迈出了关键性的步伐。资本市场在此期间摸索前行，虽然也发生了诸如“8·10事件”“327事件”等以数字为记忆的重大事件，但也因此逐步走向规范，特别是监管和立法层面的逐步完善。其中，1999年《中华人民共和国证券法》（以下简称《证券法》）的施行标志着我国证券市场跨入了一个依法治市的新阶段，对证券公司的发展产生了深远的影响。

2000—2016年是我国资本市场在规范中促进发展的阶段。此阶段最大的特点在于股票发行核准制的实行同审批制相比有很大的进步，是证券市场的重大制度创新。另外，政府部门也加强了对资本市场的管理。国务院《关于推进资本市场改革开放和稳定发展的若干意见》的推出，说明了对资本市场的重视，进一步推动了资本市场的发展。此外，股权分置改革大大提升了我国资本市场的流动性，而随后创业板、股指期货以及新三板的推出，不断完善了我国资本市场的制度。

2017 年至今是我国资本市场在发展中加强创新的阶段。此阶段资本市场最大的特点在于推出科创板和试点注册制。党的十九大报告提出，要深化金融体制改革，增强金融服务实体经济能力，提高直接融资比重，促进多层次资本市场健康发展，这为中国资本市场的进一步发展与建设指明了方向。随后，新《证券法》的通过也推动中国资本市场发展进入新阶段。该阶段逐步进行了科创板注册制试点、新三板精选层设计、创业板注册制试点等重大改革。其中注册制的改革弱化对企业传统盈利的要求，强化对企业成长性的追求。同时，证监会实施《推动提高上市公司质量行动计划》，不断夯实资本市场“晴雨表”功能有效发挥的基础，并持续深化市场、机构、产品双向开放，稳步提升资本市场对外开放水平，逐步健全多层次资本市场体系。

历经三十年的建设，我国基本形成多层次资本市场体系，包含主板、中小板、创业板、科创板等市场，并从提升公司质量、完善市场退出机制、加强市场监管和保护投资者权益方面提出了更高的建设目标。展望未来，我们充满信心与期待，坚信资本市场必将推动企业高质量发展，成为我国建设社会主义强国的重要推动力量。

上交所之于中国资本市场

20 世纪 80 年代末，随着经济体制改革的推进，国有企业股份制改革成为核心发力点。此次改革不仅完善了市场经济的微观体系建设，同时也拉开了我国资本市场的序幕。由于企业股份制改革大大增加了企业对股票发行上市流通的需求，政府开始组建股票交易市场，以使股份自由流通。

1990—2001年：找准定位谋发展

1990年11月26日，上交所（简称“上交所”）正式成立。同年12月19日开业，标志着我国股票集中交易市场的正式建立，股票交易由场外分散交易进入场内集中交易。上交所股票市场的建立，为高效、规范的股票交易奠定了基础，开启我国资本市场发展的新纪元。1997年，国务院决定将上交所和深交所划归证监会直接管理。至此，上交所也从区域性市场转变为全国性市场。

由于沪深两个证券交易所在成立之初并没有明确定位，国务院于2000年分别将上交所、深交所的发展定位为主板市场和中小板市场。上交所发展的主板市场主要针对股本规模在1亿股、融资额在4亿元人民币以上的大型企业。至此，上交所也开始思考主板发展战略和蓝筹股市场定位的问题。

2002—2013年：推动变革助蓝筹

自2002年以来，随着股权分置等系列改革的推进，市场活力逐渐增强。2005年，上交所股票市场日成交量平均仅在50亿元。2006年起，上交所为壮大股票交易市场，积极引导和推动大型优质企业发行上市，吸引了一大批来自银行、地产、钢铁、有色金属、机械、能源等行业的优质企业。这不仅扩大了上市公司行业覆盖面和直接融资规模，还增强了资本市场与国民经济的整体关联度，上交所蓝筹股市场地位也得到初步确立。2007年，众多大型蓝筹股上市，市场承接潜力得到激发，上交所股票市场日成交量平均达到千亿元。2008年，上交所明确把“全力推进蓝筹股市场建设，服务国民经济可持续发展”写进阶段战略规划。经过多年持续不懈的建设，上交所的蓝筹股市场地位日益凸显。

随着亚洲乃至全球盈利总额较大的公司中国石油、工商银行，还有中国银行、中国神华、中国铝业等先后在上海市场亮相，上交所主板市场的地位已经得到完全确立。截至2013年底，沪市流通市值超过100亿元的上市公司已有233家，较2007年增加137家，其总市值、流通市值分别占沪市总体的80.5%和83.7%。

2014—2017 年：优化结构“新蓝筹”

自 2014 年以来，上交所以优化结构为重点，通过引入“活水”等具体举措，释放蓝筹股市场活力和潜能，推进蓝筹股市场的发展转型。2017 年，上交所开启“新蓝筹”（新经济+蓝筹）行动。该行动通过为沪市主板引入新经济企业、传统产业转型企业和高技术企业，实现上交所股票市场从传统大盘蓝筹为主的市场转变为多层次、多样化、有包容性的“新蓝筹”市场，推动建设上交所成为我国国民经济支柱、新兴产业龙头等优质企业的上市首选地，切实服务国家经济转型升级和科技创新大局。

2018 年至今：科创开板活市场

2018—2019 年，上交所继续深化推动“新蓝筹”企业差异化服务方案，打造充满生机活力的“新主板”。2018 年 11 月 5 日，国家主席习近平在首届中国国际进口博览会开幕式主旨演讲中宣布：“在上交所设立科创板并试点注册制，支持上海国际金融中心和科技创新中心建设，不断完善资本市场基础制度。”科创板的设立，一方面可以促进上海国际金融中心、科创中心的建设，提升资本市场服务实体经济的能力，进一步完善多层次资本市场体系；另一方面也为上交所补齐制度短板、增强包容性提供了切实的突破口。2019 年 6 月 13 日，上交所科创板正式开板。科创板将实施以信息披露为核心的证券发行注册制，着力支持符合国家战略、突破关键核心技术、市场认可度高的科技创新企业做优做强、发展壮大。

2019 年 7 月 22 日，科创板首批 25 家公司挂牌上市交易，标志着设立科创板并试点注册制这一重大改革任务正式落地。截至 2019 年底，科创板股票市价总值 8637. 6 亿元。科创板全年上市股票 70 只，全年股票筹资总额 824. 3 亿元，全年股票成交金额 1. 3 万亿元，日均成交金额 119. 9 亿元。回顾中国资本市场三十年的发展历程，上交所股票市场从最初的 8 只股票发展至 2020 年 6 月底的 1687 只股票、1644 家上市公司和 37. 2 万亿元总市值，充分发挥了其促进资本形成和优化资源配置的功能，培育了大批优秀上市公司，为推动国民经济高质量发展做出重大贡献。

同全球其他领先交易所相比，上交所股票市场规模已跻身全球前列。据世界交易所联合会（WFE）排名，上交所股票市场总市值自2014年以来始终位列全球第四，2019年股票筹资额更是跃升至全球第一。2020年上半年，由于科创板的贡献，上交所筹资额仍为全球交易所行业之首，未来随着我国资本市场的发展，上交所的影响力也将不断扩大。

表 0-1-1　中国资本市场大事记

时间	事件
1990 年 12 月	上交所开业
1991 年 7 月	深圳证券交易所开业
1992 年 10 月	国务院证券委和中国证监会成立
1993 年 4 月	国务院发布《股票发行与交易管理暂行条例》，规范股票发行和交易的法规
1993 年 12 月	颁布与证券市场相关的《中华人民共和国公司法》
1999 年 7 月	《中华人民共和国证券法》实施，中国证券市场进入依法治市时代
2000 年 3 月	证监会发布《关于发布〈中国证监会股票发行核准程序〉通知》，标志着我国股票发行体制开始由审批制向核准制转变
2002 年 11 月	《合格境外机构投资者境内证券投资管理暂行办法》发布
2004 年 1 月	国务院发布《关于推进资本市场改革开放和稳定发展的若干意见》，进一步推进资本市场的发展
2005 年 4 月	股权分置改革试点工作正式启动
2009 年 10 月	创业板在深圳交易所开板
2010 年 4 月	中国首个股指期货在中金所挂牌上市
2011 年 12 月	首批 RQFII 产品正式获得香港证监会批准
2013 年 11 月	证监会发布《关于进一步推进新股发行体制改革的意见》，股票发行注册制改革启动，逐步推进股票发行从核准制向注册制过渡，为注册制改革打下良好基础
2013 年 1 月	“全国中小企业股份转让系统”（俗称“新三板”）在北京揭牌
2014 年 11 月	沪港通开通
2016 年 12 月	深港通开通
2017 年 10 月	党的十九大报告提出，深化金融体制改革，增强金融服务实体经济能力，提高直接融资比重，促进多层次资本市场健康发展

续表

时间	事件
2018 年 5 月	A 股正式纳入 MSCI 新兴市场指数
2019 年 6 月	A 股正式纳入富时罗素全球指数
2019 年 6 月	上交所伦敦办事处正式开业
2019 年 6 月	上交所国际交流合作中心揭牌
2019 年 7 月	科创板正式开市，注册制开始进行试点
2019 年 10 月	新三板改革增设精选层，形成“基础层—创新层—精选层”的三层市场结构
2020 年 3 月	新修订后的《中华人民共和国证券法》实施
2020 年 4 月	试点注册制为核心的创业板改革落地实施

30 YEARS

第一章

助推国有企业提质增效

国有企业是我国国民经济的重要支柱，是中国特色社会主义的重要物质基础和政治基础。国有企业的做强、做优、做大对我国社会主义市场经济体制建立、经济社会健康发展、科学技术创新进步、人民幸福生活水平提升具有重要的作用和意义。

自改革开放以来，党中央、国务院持续推进国有企业改革的深度和广度，以“产权清晰、权责明确、政企分开、管理科学”为方针建立现代企业制度，实施国有资产管理体制改革，深化国有企业公司制、股份制改革。在坚持以公有制为主体的基础上，使国有企业成为具备现代企业制度、适应中国特色社会主义市场经济环境的自主经营、自负盈亏的法人实体和市场主体，力争探索出一条社会主义公有制与市场经济相统一的道路。

在国有企业改革实践中，资本市场是国有企业改革的重要载体。通过资本市场的融资与资源配置功能，国有企业能够进一步推进内部机制创新与现代企业制度建设，实现公司治理与经营效率的优化，不断提升综合竞争力。同时，资本市场在国有企业的支持下发展壮大，能够增强其服务实体经济的能力。两者相得益彰，相辅相成。

本章将以广汽集团、万华化学、中国神华和中远海控作为案例，突出国有企业不断深化体制机制改革，建立现代企业制度，激发企业创新活力的成果。

广汽集团以汽车产业为核心业务，围绕汽车上下游产业链精耕细作，实现多元化发展。同时充分利用各种资本手段，进一步整合资源、提升效率，不断巩固并提升行业地位。

万华化学通过推进股权多元化，实现各种所有制资本取长补短、相互促进、共同发展，并通过实施重组上市等机制体制改革，为企业未来发展奠定坚实的基础。

中国神华成为党的十九大后改革重组的第一家中央企业，与中国国电集团在业务上进行整合，充分发挥一体化优势，加强产业协同融合发展，以供给侧结构性改革为主线，以科技创新为抓手，推动企业高质量发展。

中远海控依托资本市场，实现中远集团、中海集团整合重组背景下的业务重构，完成收购东方海外，实现双品牌协同发展与互惠共赢，开启全面深化改革的崭新篇章。

广汽集团是国内首家“A+H”股整体上市的大型国有控股汽车集团，也是国内汽车产业链布局最为完整的汽车集团之一。其前身为1997年成立的广州汽车集团有限公司，2005年整体改制后，先后在2010年完成H股上市，2012年完成上交所主板上市。广汽集团借助两次登陆资本市场增强了对广汽本田的直接控制力，并取得了广汽三菱和广汽菲亚特两个合资项目，成功上市后也在积极利用资本市场的直接融资机制，推动企业高质量发展，并进一步实践探索了国企改革的创新模式，树立了大型汽车集团以金融创新为手段，通过资本市场促进实体经济发展的范例。

广汽集团：首家“A+H”股整体上市的大型国有控股汽车集团

汽车产业是一个国家制造业软件实力和硬件实力的双重标杆，产业链长、关联度高、就业面广、消费拉动大，在国民经济和社会发展中发挥着重要作用。改革开放后，在引进外资政策的推动下，我国汽车产业逐步发展，先后成立北京吉普、上汽大众、广州标致等中外合资企业。2001年我国加入世界贸易组织后，跨国车企在我国的市场布局进一步加大，合资汽车企业迅速发展，带动我国汽车产销量迅速增长。2009—2019年，我国汽车产销量十一年蝉联全球第一。与此同时，随着政策的倾斜和引导，我国汽车产业逐步形成合资与自主竞争发展的新格局，自主品牌和新能源汽车成为我国汽车产业新的增长点。2015—2019年，我国已连续五年成为全球最大的新能源汽车产销国。2018年，国家发展改革委宣布将通过五年过渡期取消汽车行业全部外资相关限制，未来我国汽车产业尤其是自主品牌将迎来与全球汽车企业全面竞争的新局面。当前汽车“电动化”“智能化”“网联化”“共享化”的步伐正在加快，市场正在从“增量时代”进入“存量时代”，造车新势力异军突起，国内消费萎缩下的车企竞争将更加激烈。在此背景下，广汽集团作为一直坚持合资合作与自主创新共同发展的车企，借助资本市场走出了一条独特的国企做强、做优、做大之路。

构建产业链闭环，坚持合资合作与自主创新

广州汽车集团股份有限公司（以下简称“广汽集团”，股票代码：601238. SH）成立于2005年，2012年在上交所主板上市，总部位于广东广州，其前身为1997年成立的广州汽车集团有限公司。广汽集团是国内首家实现“A+H”股整体上市的大型国有控股股份制汽车集团，也是国内产业链最为完整的汽车集团之一。自2013年以来，广汽集团连续八年入围《财富》世界500强，2020年位列世界500强企业第206名。

广汽集团坚持合资合作与自主创新共同发展。在发展过程中先后与本田、丰田、菲克集团、三菱、日野等汽车企业成立合资公司，并于2010年成功下线首款“传祺”自主品牌乘用车。广汽集团曾于2018年入选国企改革“双百行动”名单，是广州市首家完成职业经理人改革的国企。2019年，广汽集团生产汽车202.38万辆，销售汽车206.22万辆，同比下降7.76%和3.99%，销量优于行业水平约4.24个百分点，汽车销量位列全国前五。连同合营、联营公司共实现营业总收入约3550.90亿元，合并营业总收入约597.04亿元，归属于母公司股东的净利润约66.18亿元。广汽集团历史沿革见图1-1-1。

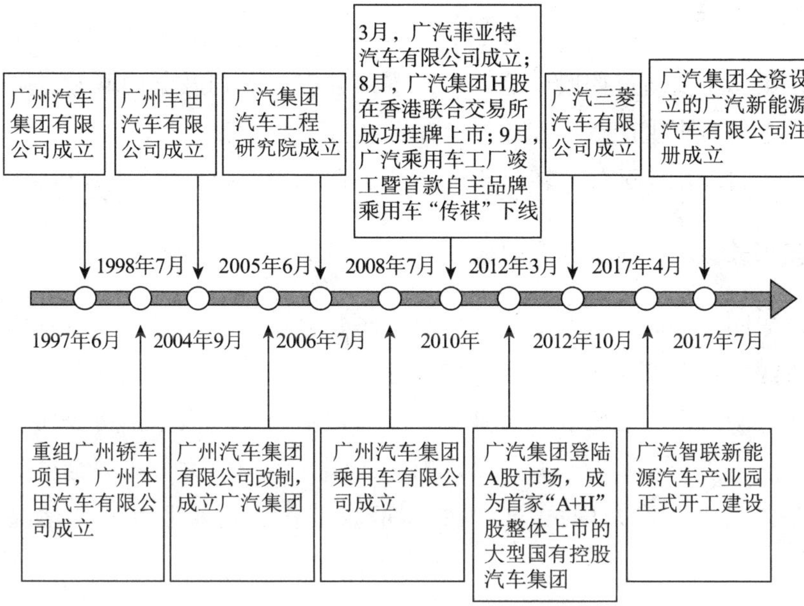

图 1-1-1　广汽集团历史沿革

资料来源：广汽集团年报。

五大业务板块，打造产业链闭环

广汽集团目前业务涵盖整车（汽车、摩托车）及零部件研发、制造、汽车商贸服务、汽车金融等五大业务板块，是国内汽车行业首家拥有保险、保险经纪、汽车金融、融资租赁、财务公司等多块金融行业牌照的企业集团。

整车制造板块

整车制造板块包括广汽集团中从事轿车、商用车和摩托车研发制造的企业。整车核心业务板块形成日系合资、欧美系合资、自主品牌“三足鼎立”的发展格局。在合资品牌方面，广汽集团在轿车领域与本田、丰田、菲亚特克莱斯勒、三菱进行合资，在商用车领域与日野、比亚迪进行合资，在摩托车领域与本田进行合资；在自主品牌方面，广汽传祺和广汽新能源是目前的主力产品。

零部件板块

广汽集团主要通过控股子公司广汽零部件有限公司及集团联营企业广丰发动机、上海日野生产汽车零部件，在发动机、变速器、座椅、HVAC 系统、汽车灯具、自动操作配件、转向器、减震器及配件等细分领域均有布局。

汽车相关贸易、服务及金融板块

广汽集团主要通过广汽商贸、广汽汇理、众诚保险、同方环球及广爱保险经纪等经营汽车相关业务，包括汽车销售、售后服务、物流服务、汽车金融、汽车保险、保险经纪及其他业务。除进出口公司、汽车销售公司、物流公司等传统重点企业稳健经营之外，财务公司、汽车金融公司等金融属性企业的业务体量也在不断增长。广汽集团股权结构及主要业务板块情况见图1-1-2。

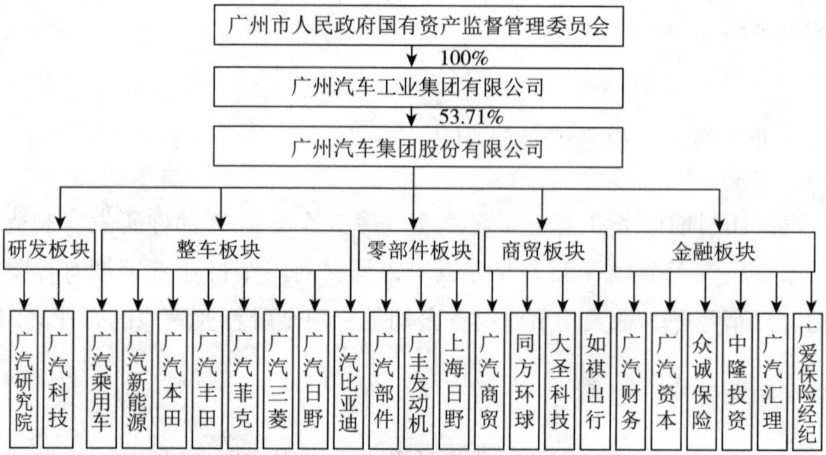

图 1-1-2　广汽集团股权结构及主要业务板块情况

资料来源：广汽集团年报。

自主品牌稳步提升，合资品牌仍占主导

广汽集团是中国领先的汽车制造商之一，也是华南地区最大的汽车制造商。目前，该集团已经形成了以整车制造为中心，立足华南，辐射华中、华

东、西北和环渤海地区的产业布局。2018 年，广汽集团成为国内第五大汽车生产企业，见表 1-1-1。

表 1-1-1　2017—2019 年中国前十大汽车企业销量排名　　单位：万辆

2019 年			2018 年			2017 年		
排名	公司	销量	排名	公司	销量	排名	公司	销量
1	上汽	617. 29	1	上汽	702. 25	1	上汽	691. 64
2	东风	360. 87	2	东风	383. 08	2	东风	412. 07
3	一汽	345. 95	3	一汽	341. 84	3	一汽	334. 60
4	北汽	226. 15	4	北汽	240. 21	4	长安	287. 25
5	**广汽**	**206. 20**	**5**	**广汽**	**214. 28**	5	北汽	251. 20
6	长安	176. 00	6	长安	213. 78	**6**	**广汽**	**200. 10**
7	吉利	136. 37	7	吉利	152. 31	7	吉利	130. 52
8	长城	106. 03	8	长城	105. 30	8	长城	107. 02
9	华晨	80. 14	9	华晨	77. 86	9	华晨	74. 57
10	奇瑞	74. 39	10	奇瑞	73. 71	10	奇瑞	67. 27

资料来源：中国汽车工业协会。

广汽集团汽车销量一直呈现稳步增长势头，从 2004 年的 20. 96 万辆增长至 2019 年的 206. 20 万辆，年复合增长率高达 16. 46%。随着产销规模的不断扩大，公司的营业总收入和归母净利润整体保持高速增长。2012—2017 年，随着自主品牌乘用车销量不断增长，公司的营业收入处于快速增长的阶段，五年的复合增长率高达 40. 74%；归母净利润同样迅速增长，五年复合增长率高达 57. 9%，具体见图 1-1-3。

在市场占有率方面，公司自 2012 年起一直稳步提升，从 2012 年的 4. 75%持续提升至 2019 年的 9. 69%。广汽本田和广汽丰田两大合资品牌贡献了集团乘用车 70%以上的销量。2019 年广汽本田销量为 77. 08 万辆，销量占比为 37. 72%；广汽丰田销量为 68. 2 万辆，销量占比为 33. 37%。广汽乘用车（自主品牌）销量为 38 万辆，销量占比 16. 75%。

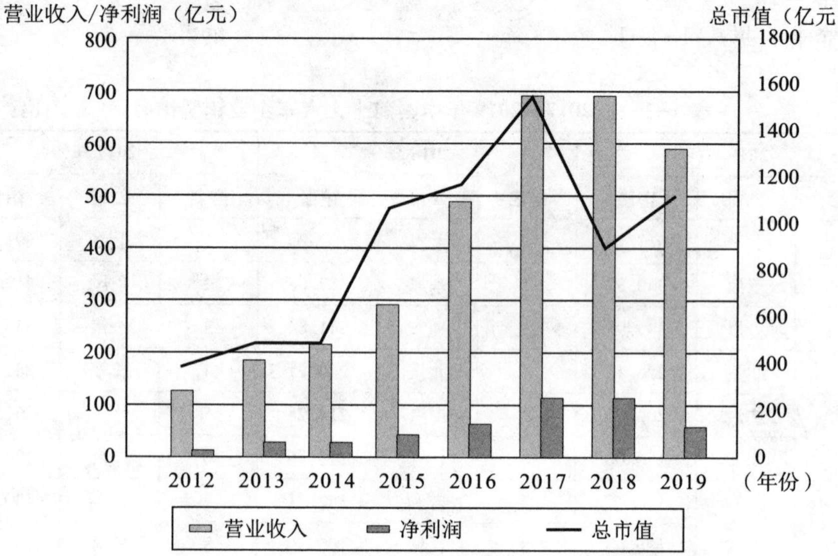

图 1-1-3　广汽集团 A 股上市以来市值及营业收入情况

资料来源：Wind 数据库。

完成整体改制，启动“A+H”股上市

广汽集团于 2005 年完成整体股份制改造，建立了产权清晰的现代企业制度，是当时国企改革取得的最重要的阶段性成果。股改完成后，也为广汽集团在资本市场上市铺平道路，并最终于 2010 年和 2012 年分别完成了港交所和上交所的 IPO。

广汽集团 2005 年整体改制

广汽集团的前身是 1997 年成立的广州汽车集团有限公司（以下简称“广汽有限”）。广汽有限为国有独资有限公司，曾于 2000 年并入广汽工业集团经营管理，后于 2005 年引入多家外部股东并整体改制为股份有限公司。2000 年 4 月，广州市政府根据《中共中央关于国有企业改革和发展若干重大问题的决定》《中共广州市委关于国有企业改革和发展的若干意见》的要求，决定组建广州汽车工业集团，聚合广州汽车集团和广州五羊集团的力量发展汽车和摩托车产业。

汽车产业作为技术密集型和资金密集型产业，实行股份制改革有利于产权主体多元化，并可以从市场直接融资，从而使企业产权更清晰、权责更明确。早在2002年，广汽工业集团就开始筹划股份制改造；2004年，广汽工业集团董事会通过了按“整体改制”的思路实施汽车集团股份制改造；2005年，广汽集团正式成立。广汽工业集团以广汽有限作为改制主体、主要发起人，万向集团公司、中国机械工业集团公司、广钢集团、长隆酒店4家企业作为共同发起人，各方股东股份比例为广汽工业集团91.9346%、万向集团3.9900%、中国机械工业集团3.6909%、广钢集团0.2000%、长隆酒店0.1845%。通过股份制改造，广汽集团引入战略投资者，实现投资主体的多元化，建立归属清晰的现代产权制度，健全权责明确的法人治理机制，是当时国企改革取得的一项重大突破。

“A+H”股上市背景与方案

2007年，广汽集团在经营工作会议上提出，要实现由资产经营向资本运营的跨越。同年6月，广汽集团开始正式启动“A+H”股上市工作，并先后探讨了“A+H同步进行”“先A后H”“先H后A”等方案。随着2008年下半年国际金融危机的爆发，资本市场恶化，境内外资本市场新股发行窗口相继关闭，广汽集团“A+H”股上市工作被迫暂停。广汽集团上市项目一波三折，公司根据市场环境变化，及时调整了工作思路，并最终选择了“先H后A”的上市方案，于2010年8月完成了H股股票在香港联交所主板正式挂牌交易，2012年3月完成了上交所主板挂牌上市。

换股整合香港骏威汽车，实现H股上市

2008年下半年，广汽集团控股的红筹上市公司骏威汽车股价大幅下挫。广汽集团开始论证现金收购骏威汽车，再以整合后主体择机实施“A+H”股IPO的新方案。由于现金收购的审批程序较为复杂，加上筹集收购资金需充足的时间，因此在2009年初骏威汽车股价大幅回升后，广汽集团已错过了现金收购的最佳时机。2009年9月，广汽集团经过研究论证，最终确定了以介绍方式发行H股上市并以协议安排方式私有化骏威汽车的交易方案。骏威汽

车作为广汽集团在香港的窗口企业，换股完成前，广汽集团与其一致行动人直接和间接持有该上市公司 37.9%的股份。长期以来，广汽集团对广汽本田投资链条长，并通过香港中隆投资有限公司、骏威汽车再持有广汽本田股权。日方合作伙伴对广汽集团整合骏威汽车的要求越来越迫切。广汽集团 H 股上市方案调整为向骏威汽车发行 H 股，从而交换骏威汽车的全部流通股。以协议安排方式私有化骏威汽车，在实现广汽集团 H 股上市的同时，还同步解决了与骏威汽车的同业竞争和双重上市问题。该方案得到中国证监会的支持。H 股上市交易采用了香港市场首次出现的创新交易结构，即广汽集团以介绍上市的方式完成 H 股 IPO 及上市，并以协议安排方式私有化骏威汽车。此次交易克服了以未上市证券作为支付手段导致的估值问题，同时实现了香港证监会和联交所在监管上的一些突破，包括机构投资者沟通时间的调整、允许估值报告采用全年盈利预测等。

吸收合并广汽长丰，完成 A 股整体上市

为了应对 2008 年下半年以来的国际金融危机，推动我国汽车行业重组，提高产业集中度，促进产业升级，2009 年 3 月 20 日，国务院公布了《汽车产业调整和振兴规划》，明确将“以结构调整为主线，推进汽车企业兼并重组”作为汽车产业规划的指导思想之一。其主要内容明确指出：“鼓励一汽、东风、上汽、长安等大型汽车企业在全国范围内实施兼并重组。支持北汽、广汽、奇瑞、重汽等汽车企业实施区域性兼并重组。”2009 年 5 月，广汽集团与湖南长丰集团签署股份转让协议，收购长丰汽车 29%股份，成为长丰汽车第一大股东，长丰汽车更名为“广汽长丰”。广汽集团兼并长丰汽车，是国务院《汽车产业调整和振兴规划》颁布实施后中国汽车企业第一个战略重组项目，与 2002 年一汽兼并天津汽车工业（集团）有限公司和四川丰田有限公司、2007 年上汽集团兼并南京汽车集团，共同被誉为“中国汽车行业重组三大个案”。收购长丰汽车、成立广汽长丰，标志着广汽集团走出广州，在优化产业结构布局方面迈出重大步伐，加速了广汽集团与意大利菲亚特的合作，加快广汽集团 A 股整体上市步伐。

2010 年 10 月，广汽集团确定以现金要约收购方式整合广汽长丰，10 月 28 日，广汽长丰停牌。因现金要约收购存在难以挤出剩余股问题的可能，不利于广汽长丰下市之后的后续处理，且要约方式下，广汽长丰股东只能选择以现金方式退出。为实现全面收购、保护广汽长丰小股东利益，2010 年 11 月，广汽集团决定改现金要约收购为换股吸收合并。此外，广汽集团整合广汽长丰还意在与三菱汽车合作发展汽车业务。而在此之前，广汽长丰一直是三菱汽车的合资方。合并完成后，广汽集团将与三菱汽车成立 50∶50 的合资公司，同时合资公司将导入三菱的产品和技术，且不再保留广汽长丰的自主品牌。经过与国家政府有关部门、证券监管部门多次沟通及反复论证，广汽集团最终确定通过换股吸收合并的方式对广汽长丰进行整合，实现了广汽集团 A 股整体上市以及与三菱汽车合作的双重目标。

广汽集团换股吸收合并广汽长丰，是中国资本市场第一单由证监会重组委审核，并出具一个行政许可决定的非境内上市公司吸收合并境内上市公司并上市的案例。在以往的操作实践中，此类申请由发行部审核发行股份，由上市部审核吸收合并，发审委和重组委均审议通过后，分别出具两个行政许可决定。由于本次上市的审核是中国证监会进行“一站式”审核创新的第一个案例，其中涉及的具体流程、操作细节均为以往未有过的经历，公司与证监会的审核人员进行多次具体沟通，并从交易本身的特点出发，找出充分理由说服监管部门。此外，该项换股吸收合并上市还突破了《首次公开发行股票并上市管理办法》第 37 条关于 IPO 条件的规定。

构建境内外资本运作平台，助力企业高质量发展

广汽集团在 H 股上市意味着境外资本运作平台成功构建，引入境外监管机制的同时还实现了公司的管理战略布局。H 股上市前，广汽集团仅间接持有广汽本田 19%的股权，控股结构复杂，控制需通过骏威汽车等多级子公司来间接实现，决策和管理效率较低。通过整合上市后，广汽集团对广汽本田的权益比例由 19%提高至 50%。收购完成后，公司还通过内部重组取消中间持股环节，压缩管理链条，由广汽集团直接持有广汽本田 50%的股份，从而进一步增强对广汽本田的影响力和控制力。

广汽集团在 A 股上市是资本运作和产业运作的有机结合，是继续贯彻落实国家汽车产业政策的具体体现。在国家不再新批整车项目的政策下，再次

对广汽长丰进行重组，并以其为基础实现和三菱设立各持股50%的合资公司，是唯一和最佳的路径选择。为实现上述产业目标，通过巧妙的交易结构和资产、股权重组路径设计，采用“一个项目、分步操作”，使广汽集团在产业政策严控新增整车项目的背景下，一举拥有了广汽三菱和广汽菲亚特两个整车合资新项目。这是通过资本运作实现公司战略目标的成功案例。

广汽集团在相继完成H股和A股上市后，相当于打通境内外资本市场运作平台，成为国有大型汽车集团中首家实现“A+H”股整体上市的公司，树立大型企业集团以金融创新为手段，通过资本市场促进实体经济发展的范例。广汽集团在资本市场整体上市，实现了由资产经营向资本运营的跨越，有助于集团深化企业改革、提升企业品牌和竞争力、加快自主品牌建设；同时引进境内外资本市场监管机制，有利于进一步规范公司治理结构，这都为广汽集团持续、健康的高质量发展奠定基础。

“A+H”资本运作平台成绩显著

广汽集团于2005年完成股份制改制，2010年、2012年相继在H股和A股上市，使其具备了非常广阔的境内外资本运作平台。借助资本运作平台，广汽集团后续直接融资工作取得了非常显著的成绩。

2013年获批60亿元公司债

广汽集团在A股上市后，立即启动了60亿元可转债和公司债项目。后受钓鱼岛事件影响，根据广州市国资委意见取消了可转债项目。60亿元公司债发行方案于2012年12月获证监会审核通过，并于2013年1月收到核准批文，顺利完成60亿元公司债的发行，节约财务成本超过5.8亿元。公司债券的成功发行，是广汽集团“A+H”股上市以来的第一次大规模资本市场融资行为，优化了集团的资本结构，拓宽了融资渠道，降低了融资成本，支持了集团产业的发展。

2014年注册110亿元短融

为了应对公司短期资金的需求，广汽集团于2013年8月启动申请发行短期融资券工作，方案于2014年2月获银行间市场交易商协会的核准批文。在批文有效期内，广汽集团顺利完成三期共 73 亿元短期融资券的发行，进一步拓展了融资渠道，补充了资金需求，公司各期短期融资券的发行利率均处于当期最低水平，节约财务成本超过 7000 万元。

2015 年获批 41. 0558 亿元可转债

随着广汽集团在建产能在 2013 年逐渐释放和新项目的实施，预期未来会面临较高的长期资本投入需求，广汽集团考虑通过股权/混合型的融资方式夯实资金基础，其中可转债由于融资效率较高成为必然选择。2014 年 4 月，广汽集团启动了可转债融资。但此后由于 A 股市场低迷，公司可转债项目直到 2015 年 12 月才收到证监会核准批文，并于 2016 年 2 月完成发行上市（上市代码：113009），获批可转债 41. 0558 亿元。广汽集团可转债发行最终冻结资金超过 1. 44 万亿元，超额认购超过 400 倍，公众中签率仅为 0. 25%，是当时股市低迷过后可转债发行中申购最为热烈的产品，发行成绩在当时发行可转债中最好。可转债的成功发行，是广汽集团“A+H”股上市以来的第一次涉股类的资本市场融资行为，优化了集团资本结构，为未来进一步再融资、并购等资本运营项目积累宝贵经验。

2016 年启动 150 亿元非公开发行项目

自 2016 年以来，基于广汽集团良好的业绩表现和增长潜力，公司 A 股股价整体走势良好，市场环境有利于公司进行股权融资。2016 年 10 月，广汽集团启动了 150 亿元非公开发行项目，募集资金发展智能网联、新能源与前瞻技术、关键零部件以及自主品牌。项目于 2017 年 8 月通过证监会审核，并于 10 月收到批文。本次非公开发行项目是当时 A 股中国汽车行业最大的一笔股权融资，认购金额 150 亿元，认购股份超过 75 亿股，广汽工业集团持有广汽集团权益比例降至 53. 74%。150 亿元定增的成功发行，有利于增强集团自主品牌技术研发能力，提升核心竞争力，满足新能源汽车项目的投资需求，加快抢滩新能源汽车市场。同时广汽集团将进一步优化资本结构，对其未来发展具有重大而深远的意义。

发力自主品牌、智能网联新能源汽车

广汽集团在打通“A+H”资本运作平台后，也在积极利用资本市场的直接融资机制助力自主品牌和智能网联新能源汽车发展。自主品牌的发展开创了“广汽模式”，在核心技术上取得了多项突破，市场占有率也稳步提升。广汽集团还打造了广汽智能新能源汽车产业园，专注于新能源汽车整车制造与研发创新。

自主品牌的“广汽模式”

广汽集团通过长期的合资合作，消化吸收外方数十年汽车制造与服务之精髓，形成国际领先的品质优势、持续改善的创新优势、精益求精的成本优势，开创自主品牌研发和生产体系的“广汽模式”，形成跨平台、模块化架构的正向开发体系，打造了面向全球主要汽车市场开发的平台架构 GPMA（广汽全球平台模块化架构），实现平台化、模块化、体系化，极大缩短产品开发周期，并有效降低成本。广汽第三代发动机热效率超过 40%，升功率达 100kW/L，扭矩达 200Nm/L，达到国内领先水平。第四代发动机热效率达到 42%，代表了目前世界上汽油机产品热效率的顶尖水平，并荣获广东省科学技术一等奖、中国内燃机学会“科技进步奖”一等奖等奖项。广汽七速湿式双离合自动变速器凭借完全自主化、高性能、高可靠性及业内领先的技术实力，在汽车评价研究院主办的第三届“世界十佳变速器”评选中，荣膺“世界十佳变速器”称号。广汽集团自主开发的第二代电液控制系统，应用多目标压力控制、双泵分时控制、分段式流量线性控制等最新技术，为国内首创，填补了我国汽车行业相关技术的空白。

广汽乘用车有限公司是广汽集团自主品牌乘用车项目的实施载体，成立于 2008 年，已先后建设成立杭州、新疆、宜昌工厂，实现珠三角、长三角、“长江经济带”的产能覆盖，并完成了中东、东南亚、东欧、非洲、美洲等五大板块 24 个国家的布局。自 2010 年 12 月首款车上市至今，广汽乘用车已陆续推出了传祺 GA5、GA3（S）、GA6、GA8 等燃油车型，以及 GA5 PHEV、GA3S PHEV、GS4 PHEV、GE3 等新能源车型，涵盖了 SUV、MPV 和轿车全矩阵车型，实现了传统动力汽车和新能源汽车的完整布局。广汽乘用车始终坚持“定位高端、品质优先、创新驱动”的发展路径，全面构建智能制造体系，深入优化产能结构，紧密围绕市场导向，推动广汽传祺实现高品质、高效益增长：销量从2011年的1.7万辆到2019年超38万辆（其中连续两年超50万辆），累计产销已超230万辆。

智能网联新能源的创新探索

面向未来，广汽集团对内协同创新，对外合作开放，力争在新一轮智能化、网联化、电动化的竞争浪潮中赢得优势。广汽集团于2017年开始建设广汽智能新能源汽车产业园，总体规划面积约7500亩。广汽集团携各合作伙伴总投资额预计超450亿元，围绕“智能制造+创新研发+汽车小镇”三大领域，重点布局汽车整车制造、核心零部件制造、汽车研发、智能网联示范、5G体验等业态。产业园还与毗邻的广汽番禺化龙基地形成南北呼应之势，实现汽车产业链的横向配套和纵向延伸，形成国内最具有特色的超大型综合汽车生产基地。经过三年的建设，广汽集团已携手合作伙伴投资287亿元，其中，产业园首个项目广汽新能源整车工厂已于2019年5月正式投产，建成新能源汽车20万辆/年的产能。

在技术创新方面，广汽集团围绕“全面电气化架构、以用户价值体验为中心”两大核心理念开展设计和研发，打造了GEP 2.0纯电专属平台及首先应用的深度集成“三合一”电驱系统，为用户提供具备全球领先优势的高效能、高性能、高智能产品。同时，广汽集团自主研发了集自动驾驶系统、物联系统、云平台及大数据于一身的ADiGO智驾互联生态系统，并于2020年在自动驾驶系统、智能物联系统、人工智能三大方面迎来全新升级，升级为ADiGO 3.0智驾互联生态系统，持续为用户创造非凡的出行体验。此外，在新能源领域，燃料电池车示范运行项目等取得阶段性进展，广汽首款氢燃料电池乘用车——Aion LX Fuel Cell于2020年内示范运行，基于三维结构石墨烯（3DG）材料的“超级快充电池”已完成初步测试验证；在智能网联领域，深入探索“软件定义汽车”，以太网T-Box、G-OS系统、电子电器架构EEA 3.0、自主泊车、数字座舱等重点课题取得阶段性进展。持续推进和扩大行业战略合作，与华为、腾讯、科大讯飞等企业开展创新合作，携手构建跨界融合的汽车生态系统。

基于 GEP 纯电专属平台，广汽新能源打造了 Aion 系列新能源汽车产品体系，已上市新车型共计 3 款：纯电动轿车 Aion S 于 2019 年 4 月正式上市，上市后持续热销，4 个月即实现销量破万，创造了业界奇迹，目前稳居纯电轿车市场前三；豪华智能超跑 SUV Aion LX 于 2019 年 10 月上市，电池能量密度高达 180Wh/kg，综合工况续航达到了 650km，一举刷新了当前纯电动车的最高续航里程，并有媲美超跑的 3.9s 百公里加速性能；基于 GEP 2.0 平台打造的纯电中型 SUV Aion V 于 2020 年上半年成功上市，配备一键遥控泊车、ADiGO 3.0 智驾互联生态系统、5G 智能健康座舱等技术，并配备自主研发的中国首个集成 5G+C-V2X 车载智能通信系统，打造首款 5G 智能汽车。同时，广汽新能源还成功向合资企业导入了多款新能源产品。

股权激励机制的探索与实践

作为“A+H”股上市的大型国有控股企业，广汽集团一直非常重视推动公司治理建设，探索建立健全公司长效激励机制，吸引和留住优秀人才。借助深化国企改革契机，2014 年 9 月 19 日，广汽集团在获得广州市国资委、广东省国资委和中国证监会审批后，完成首次股票期权激励计划，授予激励对象共 620 人，授予期权总数达 6434.86 万份，是上交所首家采用自主行权的上市公司。截至 2019 年 9 月 18 日，广汽集团 2014 年首期 A 股股票期权激励计划三个行权期全部结束，累计行权 5932.16 万股。实施首期股票期权激励计划以来，公司管理效率和创新水平得到显著提升，公司经营业绩实现高速增长。以 2013 年为基数（30.85 亿元），2014 年、2015 年、2016 年公司归属上市公司净利润（扣非）连续增长，分别达到 31.94 亿元、39.69 亿元、61.03 亿元，年复合增长率分别达到 3.5%、13.42%、25.53%。

2017 年 12 月 18 日，广汽集团完成第二期股票期权激励计划首次授予，向 2358 位激励对象授予了 40333.54 万份 A 股股票期权；2018 年 12 月 17 日，公司向 457 位激励对象授予第二期股票期权激励计划预留部分共 6233.69 万份 A 股股票期权；2020 年 9 月 24 日，广汽集团公告了 2020 年 A 股股票期权与限制性股票激励计划，拟向不超过 3200 名激励对象授予权益总计不超过 2.2 亿份的股票期权和限制性股票，约占激励计划草案公告时公司股本总额的 2.14%。

广汽集团充分利用“A+H”资本市场优势，采用“企业请客、市场买单”的方式，不断尝试各类股权激励计划，有效地将股东利益、公司利益和员工利益结合在一起，使各方共同关注公司的长远发展。特别是2014年在A股实施股票期权激励计划以来，由于授予范围较H股股票增值权进一步扩大，受益群体基本涵盖公司中层管理以上人员，极大地调动其工作积极性，公司管理效率和创新水平得到显著提升，公司经营业绩实现高速增长。

职业经理人改革

党的十九届四中全会要求“增强国有经济竞争力、创新力、控制力、影响力、抗风险能力，做强做优做大国有资本”“深化国有企业改革，完善中国特色现代企业制度”。广汽集团于2018年8月入选国务院国资委国企改革“双百行动”企业名单，是广东省首批入选“双百行动”的7家企业之一。

广汽集团紧抓“双百行动”机遇，于2018年12月实施了职业经理人改革，集团除董事长、专职党委副书记、纪委书记和工会主席外，领导班子成员全部转为职业经理人。该项改革开创了广州市属国企职业经理人改革试点的先河，探索建立健全市场化选人用人机制及激励机制，实现个人薪酬与公司利益相结合，成果共享、责任共担，进一步调动职业经理人的积极性、主动性和创造性。广汽集团建立了科学的职业经理人选聘标准和选聘程序，通过政治素质、职业操守、职业化能力、业绩表现等维度，全方位评估候选人能力。对职业经理人实行动态管理，定期考核评价，构建科学合理的激励约束机制，探索“一人一方案”“一人一指标”的差异化绩效指标管理体系。目前，广汽集团已顺利完成公司层面职业经理人改革试点工作，正在积极将职业经理人相关经验复制推广到部分下属投资企业，进一步激发企业活力。

小　结

广汽集团作为国内首家“A+H”股整体上市的大型国有控股汽车集团，见证了资本市场对于企业做强、做优、做大的助推力量。广汽集团借助登陆资本市场增强了对广汽本田的直接控制力，并取得了广汽三菱和广汽菲亚特两个合资项目。2010年，广汽集团通过换股整合香港骏威汽车实现H股上市，意味着境外资本运作平台的成功构建。在引入境外监管机制的同时还实现了公司的管理战略布局，将广汽本田的权益比例由19%提高至50%。2012年吸收合并广汽长丰完成A股整体上市，将资本运作和产业运作有机结合。在产业政策严控新增整车项目的背景下，一举拥有了广汽三菱和广汽菲亚特两个整车合资新项目。广汽集团在打通“A+H”资本市场运作平台后，也在积极利用资本市场的直接融资机制，着力发展自主品牌和智能网联新能源汽车，并进一步实践探索股权激励、职业经理人改革等深化国企改革的创新模式。通过金融创新支撑主业发展，广汽集团是资本市场助力国企改革的典型案例。

万华化学前身为烟台合成革厂，起源于“让每个人都能穿上皮鞋”的理想。随着合成革技术的扩散，企业经营步履维艰，从 1996 年开始经营困难，债台高筑，无力偿还借款利息。烟台合成革厂穷则思变，发展重心向核心企业 MDI 业务转移，成为万华化学历史性转折的开始。上市后，万华化学继续自主创新，深耕技术，实现了各种所有制资本取长补短、相互促进、共同发展。万华化学通过吸收合并控股股东万华化工，实现整体上市，抓住国家“一带一路”建设发展机遇，成为全球 MDI 第一大生产商（以产能计算）。

万华化学：勇于改革，自主创新，成为全球化工龙头

成立二十年，依靠自主创新实现高速发展

万华化学集团股份有限公司（前身为“烟台万华聚氨酯有限公司”，以下简称“万华化学”“万华”，股票代码：600309. SH）是一家全球化运营的国有控股公司，员工总数 1.5 万余人，业务聚焦于聚氨酯、石化、精细化学品三大板块，致力于提供高性能的化工新材料。作为一家以技术创新见长的高科技企业，万华化学把技术创新作为企业第一核心竞争力来培育，现已发展成为全球技术领先、产能最大、最具综合竞争力的 MDI（亚甲基二苯基二异氰酸酯，是制备聚氨酯的主要原料之一）制造商，拥有国内工艺先进、配套完整、最具竞争力的丙烯产业链，以及特种胺、ADI（脂肪族异氰酸酯）、聚醚、PC（聚碳酸酯）、TPU（热塑性聚氨酯）、表面材料等一大批世界一流技术的化工新材料与精细化学品的全球化公司。

万华化学成立于 1998 年 12 月 20 日，其前身是烟台万华合成革集团有限

公司（以下简称“万华合成革”）的一个车间，成立时拥有1.22亿元资产、396名员工，是山东省第一家先改制后上市的股份制公司。

万华化学成立二十年来，通过股份制改造，在上交所上市，理顺公司机制、体制，从而实现了迅速发展。

依靠自主创新，公司产品由成立之初的1.5万吨/年的MDI单一产品，发展到目前主要业务聚焦于聚氨酯、石化、精细化学品三大板块，拥有一千多个产品牌号，总产能超过430万吨/年。

从企业规模上，由万华合成革的一个车间，发展成为目前拥有国内35家、海外25家法人公司，5个产业基地，6个研发中心；员工人数由最初的396名发展到国内12000多名、海外3000多名的综合性集团公司。

从经营规模上，万华化学营业收入由成立第一年的2.1亿元发展到2019年的681亿元，二十一年增长超过300倍；净利润由2628万元发展到2019年的105.9亿元，二十一年增长约400倍；2019年公司实现利税153亿元。具体见表1-2-1、图1-2-1。

从二级市场投资者回报来看，万华化学上市以来年年进行现金分红。从2001年1月5日上市以来，公司累计现金分红达到243亿元；公司2001年上市首日开盘价28元/股，收盘后市值37亿元。截至2020年10月19日，公司市值达到2568亿元，二十年增长了68倍。公司股东获得了丰厚的回报。

表1-2-1　2019年世界化工50强　　单位：亿美元

排名	公司	营收	排名	公司	营收	排名	公司	营收	排名	公司	营收	排名	公司	营收
1	陶氏杜邦	860	11	印度信诚	252	21	林德	149	31	先正达	104	41	西湖化学	86
2	巴斯夫	741	12	中石油	248	22	信越化学	144	32	伊士曼	102	42	朗盛	85
3	中石化	692	13	法国液空	243	23	三井化学	134	33	Borealis	99	43	Nutrien	81
4	Sabic	421	14	东丽	187	24	索尔维	134	34	SK化学	97	44	优美科	81
5	英力士	370	15	赢创	178	25	YARA	129	35	Mosaic	96	45	沙索	81
6	台塑	369	16	科思创	173	26	雪弗龙菲利普	113	36	亨斯迈	94	46	东曹	78
7	埃克森美孚	324	17	拜耳	169	27	帝斯曼	110	**37**	**万华化学**	**92**	47	庄信万丰	76

续表

排名	公司	营收	排名	公司	营收	排名	公司	营收	排名	公司	营收	排名	公司	营收
8	Lyondell Basell	308	18	住友化学	161	28	Lndorama	107	38	PTT	90	48	DIC	73
9	三菱化学	287	19	Braskem	159	29	旭化成	107	39	Ecolab	90	49	韩华	73
10	LG 化学	256	20	Lotte 化学	151	30	Arkema	104	40	空气化工	89	50	塞拉尼斯	72

资料来源：《化学与工程新闻》。

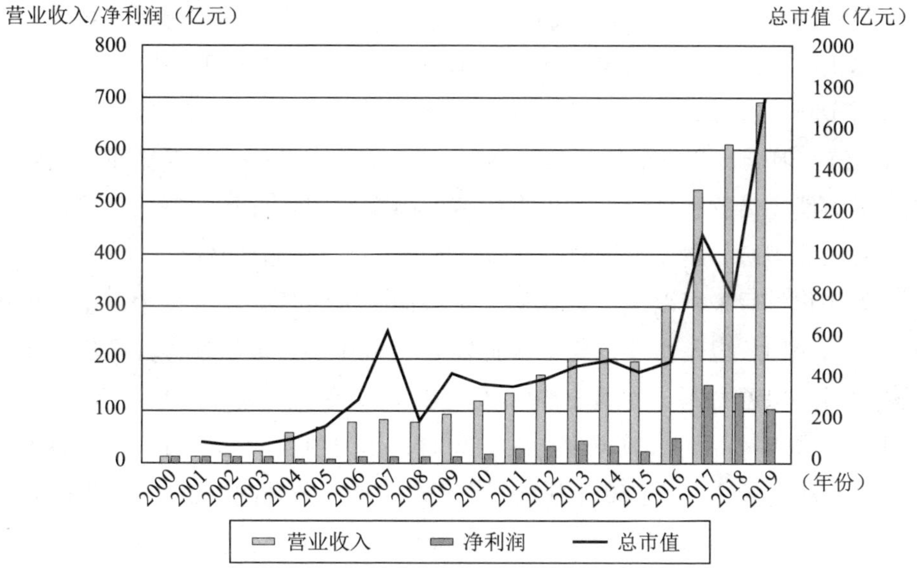

图 1-2-1 万华化学自上市以来营业收入、净利润和总市值

资料来源：Wind 数据库。

以改革实现市场化运作机制，以创新打破国外垄断

万华化学的成长之路，是一条“改革+创新”的双轮驱动之路。通过改革，万华化学形成公司制的市场化运作机制和管理体系；通过创新，万华化学打破国外垄断，打造一体化绿色化工产业链。以改革促创新，以创新谋发展。万华化学的成功之路，是踏上了时代的发展和国内市场经济腾飞的上升路径。

从烟台合成革厂瘦身为MDI，借助上市对旧企业制度进行革新

万华化学的前身是烟台合成革厂，起源于“让每个人都能穿上皮鞋”的理想。1978年，时任国务院副总理李先念在一份关于合成革项目的文件上写下几行批示，“应当把它作为重点建设项目，因为人们太需要了”，“望快点谈成为好”。为了解决十亿老百姓穿皮鞋难的问题，我国从日本引进一条年产300万平方米的合成革生产线，为此成立烟台合成革厂。

虽然烟台合成革厂完成了国家的目标，但是在原有的体制下，合成革制造技术扩散，人才大量流失。尽管制革业发展迅速（300万平方米合成革约合重量1800吨，2017年中国合成革产量合计340万吨，比1983年增长了1933倍），但烟台合成革厂却步履维艰。从1996年开始，经营困难，债台高筑，无力偿还借款利息，不得不申请纳入国家经贸委批复的第二批债转股企业，对工商银行、建设银行的借款通过华融、信达实施债转股。

万华化学后来得以成为企业核心优势的、国内具有先进技术自主知识产权的产品MDI，也是由于皮鞋的生产需要而诞生的。聚氨酯，其广泛应用于隔热材料、保温材料、建筑材料和人造皮革等关系到国计民生的多个行业。1978年，从日本引进合成革生产线的同时，作为项目配套装置，也从日本引进了一套相当于20世纪60年代国际水平、年产1万吨间歇工艺的MDI装置。1984年该装置建成投产后，由于没有掌握核心技术，运行极其困难，十年没有达产，更谈不上发展。原国家计划委员会为了缓解供求矛盾，在“七五”“八五”期间，先后批准过四家企业引进技术建设MDI项目，但因为国外实施技术封锁而无法成行。万华因引进装置十年不能达产，也曾寄希望于再次引进技术。万华首先想到了向日方请求帮助，但日方却表示，只能改造老装置以提高2000吨规模，并开出天价的技术转让费，通过引进新技术来新建装置是不可能的。后来，万华又转向与欧美跨国公司谈技术引进，跨国公司提出先要调查中国市场，而当跨国公司了解到中国市场的巨大潜能之后，他们决定自己在中国建厂。自此，万华悟出一个深刻的道理：“真正具有市场潜力的高技术是买不来的，自主创新能力是花钱买不来的。”1993年，万华正式成立技术攻关小组，但由于MDI技术难度大，人才匮乏，研发进度缓慢。经过几年的努力，万华终于靠自主摸索，于1994年在引进装置十年后达产1万

吨。创新带来的胜利之果，让万华明确了要进一步打破国外封锁，掌握 MDI 制造技术自主知识产权的决心。公司联合高校并引进高端人才，成立了 MDI 研究开发课题组，全面自主开发 MDI 制造技术。虽然员工都发不满工资，但公司依然坚持不懈地实施研发投入，累计投入开发资金 5 亿元。经过十二年持续不断地研究开发，万华终于开发出了拥有自主知识产权、达到目前国际领先水平的 MDI 制造技术，使我国成为世界上第四个拥有 MDI 自主知识产权的国家，而万华也成为了国内唯一拥有自主知识产权的 MDI 制造企业。

1998 年是万华不堪回首的一年，也是置之死地而后生的一年。这一年，万华到了职工工资发不出来、资不抵债的边缘。穷则思变，万华将企业优质资产 MDI 产业剥离出来，联合东方电子等四家企业成立烟台万华聚氨酯股份有限公司（现万华化学集团股份有限公司），积极筹备上市工作。

万华采取存量企业增量改制的方式，分三个阶段启动和实施混合所有制改革，公司在保持国有第一大股东，吸收管理骨干、技术骨干、业务骨干等员工入股的同时，大胆引入外资、民资，构建新型股权结构，形成了国资、外资、民资和员工持股的混合所有制利益共同体，实现了各种所有制资本取长补短、相互促进、共同发展，极大地激发了企业的内生动力和活力，具体股权结构见图 1-2-2。

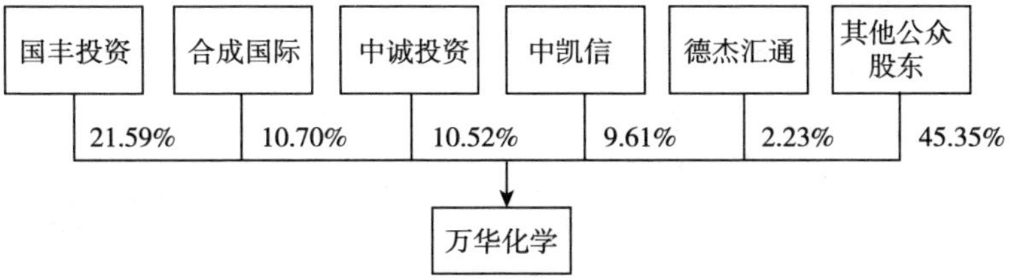

图 1-2-2　万华化学股权结构

资料来源：万华化学公开资料。

募集资金提升产能，海外收购助力企业做大做强

2001 年 1 月，万华成功挂牌上市，成为山东第一家先改制后上市的股份制公司。首次上市融资 4.6 亿元，为公司 MDI 业务扩大规模及时提供了资金支持，实现了发展重心向核心 MDI 业务的转移，对万华的发展起到了极为关

键的作用，成为其历史性转折的开始。

得益于中国经济的高速发展，MDI 下游应用的建筑、家电、轻纺、汽车等行业的快速增长，带动了我国 MDI 需求的增长。资本市场的募资，为万华化学提升产能、完善配套工程、自主创新 MDI 技术带来了有力的支持。2000 年，万华化学 MDI 的市场份额仅占国内的 15%。到 2019 年，万华化学在国内 MDI 的市场份额超过 40%，在全球 MDI 的市场份额超过 20%，成为世界级的聚氨酯龙头企业。

2001 年 1 月 6 日，万华化学在上交所刚挂上 600309 代码正式上市交易的次日，行业内的化工巨头巴斯夫与亨斯曼两公司联手中方伙伴签署协议，将在上海漕泾化工园区投资 10 亿美元，兴建以 16 万吨一体化 MDI 生产装置为主的一系列化工工程项目，该项目预计 2005 年正式投产。这一消息对于当时年获利能力不足 5000 万元、年产量不过 2 万吨、IPO 完成后净资产 6.5 亿元的万华化学而言，无疑是巨雷轰顶，立即被推入生死存亡的境地。

为抵御竞争对手的市场侵占，万华随即拍板，迅速做出启动投资 25 亿元、上马年产 16 万吨 MDI 项目的立项工作。成功在上交所挂牌交易，标志着万华进入了中国资本市场，搭建了资本融资平台。这对当时只有 6.5 亿元的净资产却要干 25 亿元投资的万华来说，正是拥有了重要的融资渠道和资本后盾，才敢做出如此果断和大胆的决定。

也正是由于万华 IPO 募投项目的顺利实施，为后续宁波万华项目的建设提供了强大的资金支持。宁波项目投产后，使万华产能得到快速提升，拥有了持续造血能力，打破国际化工巨头在中国 MDI 行业的垄断，在化工巨头垄断的行业中博得一席之地。

2008 年国际金融危机爆发，万华以 12.6 亿欧元成功收购匈牙利宝思德化学公司，得以在竞争对手的主要盈利区拥有了自己的生产基地。

此次收购能够顺利实施，得益于公司上市以来在人才、资金、商誉、管理经验等多方面的积累。上市为万华带来具有国际化视野的人才，他们在并购过程中使用有效的金融工具，避免了潜在的法律风险；凭借上市后长久以来的优异表现，万华获得国内银团对此次收购的金融支持；同时，在收购过程中，国外利益相关方通过上市公司信息披露的平台，对万华有了深刻的了解，从而逐步由对抗转向了合作。

在受托管理宝思德之后，万华化学将多年来积累的上市公司管理经验向宝思德输出，并进行企业文化、东西方文化的整合，逐步帮助宝思德扭亏为盈，实现了万华化学在欧洲的产业布局。2017 年，宝思德业绩大涨，弥补了 2008 年经济危机以来的所有历史亏损，成为中东欧百强企业。匈牙利人和全球同业自此对中国和万华化学拥有全新的认识。此次并购整合完全符合中国“一带一路”建设需要，具有重大意义。

坚持技术创新，实现企业跨越式发展

要维护住万华作为化工企业在全球产业中的地位，仅仅依靠 MDI 产业是远远不够的，唯一能做的就是不断地开拓创新，发展新的品类，走向化工产业链中最困难、最高端、壁垒最高的业务。而万华后续的产业运作和业务支持都是顺着这条路径走下去的。

ADI 是制备高端聚氨酯材料的核心原料，因附加值高、增长迅速且盈利能力强，被誉为“聚氨酯产业皇冠上的明珠”。过去七十年，ADI 长期被两家国外跨国公司垄断。万华自 1999 年开始开发 ADI，前六年先后三次成立课题组进行开发，均以失败告终。但万华一直未放弃。2005 年，公司再次成立课题组，经历四年艰苦试验，才取得了 ADI 中试技术突破。并在接下来的六年持续攻关，最终打通 ADI 全产业链流程，建成了世界上规模最大、品种最全、技术最先进、产业链条最完善的 ADI 特色产业链。

在异氰酸酯下游应用技术的开发方面，万华用四年时间从零开始，组建起一支百余人的环保表面材料研发创新团队，并于 2013 年孵化成立表面材料事业部，2015 年实现盈利。预计在未来八至十年内，这个事业部将发展百亿元产值的新业务，万华也将成为涂料和黏合剂等领域环保材料和助剂的领先供应商。此外，万华还相继研发成功世界上仅少数跨国公司掌握的，与 PC、SAP（高吸水性树脂）、MMA（甲基丙烯酸甲酯）等产业链相关的高附加值化工及化工新材料产品。同时，公司还孵化了 TPU、汽车内饰材料、冰箱料、高档水性革、高铁等高端应用产品，形成了百花齐放的局面。

本着战略前瞻布局的思维，万华把先进制造材料、大健康产业和环境保护产业作为未来新的发展方向，建立了前瞻性研究实验室，并对这些产业进行了大量前瞻性投入，取得了很好的进展。

在先进制造材料方面，万华成为全球第二家掌握最高端 3D 打印材料——尼龙 12 全产业链的企业，还开发出基于热塑性聚氨酯弹性体的增材打印材料；同时，表面材料业务还正在开发 UV 光固化型喷墨 3D 打印材料。随着两大光学高性能材料 PC 和 PMMA（聚甲基丙烯酸甲酯树脂）的投产，万华将在现有众多材料平台的基础上，搭建一个涵盖热熔成型、激光烧结、光固化三类的 3D 打印材料平台。

万华化学每年将销售收入的 4%~5%用于研发，近年来均超过 12 亿元/年。2017 年研发经费支出达 12.38 亿元；2018 年，公司研发经费支出达 16.1 亿元；2019 年，公司研发经费支出 17 亿元。持续高强度的研发投入已成为万华化学经营业绩快速稳步增长的原动力之一。

面对新的市场形势和挑战，万华化学积极应对，坚定不移地走国际化和自主创新道路，深化全球战略布局，优化全球供应链管理体系，统一全球资源配置，持续提升全球化运营能力和核心竞争力。通过创新经营，主动开源节流，持续深化聚氨酯、石化、精细化学品及新材料产业链一体化纵深，提升产品的附加价值；不断创新具有技术领先优势的新产品，拓展多元化产品组合，进一步提升为客户提供好产品和系统性解决方案的能力，创造超额市场价值。

深化企业内部改革，提高企业竞争力

万华作为上市公司，从设立之初，就根据证监会发布的《上市公司治理准则》要求，实行人员、资产、财务、机构、业务的“五分开”，并建立包括股东会（权力机构）、董事会（决策机构）、监事会（监督机构）和经理层（经营管理机构）的法人治理机制；根据《上交所股票上市规则》进行及时、准确、完整的信息披露。

万华按照《企业内部控制基本规范》和《企业内部控制配套指引》等相关要求，进一步加强内部控制体系建设；营造良好的内部控制环境，建立独立完整的专门委员会，包括审计、战略、提名、薪酬委员会，以完善董事会结构；健全风险管理机制。万华根据交易所的要求每年均聘请专业审计机构对公司内控进行审计，识别公司风险并建立风险应对机制；增强内部审计的独立性，避免任何个人意志和力量凌驾于内部审计之上；建立保护中小股东

利益的独立董事制度，并明确划分独立董事和监事会的职责与关系，确保监事会的知情权，完善监事会制度，发挥监事会的作用。

通过严格的监管机制、健全的内控机制、充分的信息披露制度，万华有效规范关联交易，避免因违规超额担保引发的资金链风险，防止追逐热点随意跨界收购，自上市以来一直专注于化工新材料这一主业，能够真正做到利用资本市场为实业服务。

万华深刻认识到作为资本市场的参与者要“讲规矩、有红线、有底线”，只有牢固树立规范意识，坚定不移地贯彻执行相关法律、法规以及上市公司的各项管理制度，才能保持万华持续、健康、稳步发展，才能在资本市场上走得更远、更健康。

自上市以来，万华化学全面开展“瘦身健体”，推行扁平化管理，提高决策效率和管理效能。组建了聚氨酯事业部、新材料事业部、PC 事业部、功能化学品事业部、表面材料事业部，提高决策效率。通过机构改革和资源整合，梳理完善成本分析和价格体系，建立健全各项市场化管理制度，成本得到有效控制和降低。20 世纪末，伴随万华的改革改制，为跟上机制转换的步伐，万华相继启动“创新工程”“3I 国际化战略”（2006 年提出，利用十年时间将发展成为一个达到国际化标准、具备综合国际竞争力、实施国际化运营的 3I 跨国公司），制定了科技进步奖励办法、工资与效益挂钩的考核办法、项目经理负责制、比价采购管理办法、竞聘上岗、末位淘汰制等一系列长效激励约束机制。通过管理理念的更新，紧跟现代企业管理趋势，适应日益激烈的行业竞争。

抓住“一带一路”机遇整体上市，为未来大发展奠定基础

万华化学抓住国家“一带一路”建设发展机遇，通过吸收合并控股股东万华化工，成为全球 MDI 第一大生产商（以产能计算）。万华化学通过向控股股东万华化工的 5 名股东，即国丰投资、合成国际、中诚投资、中凯信、德杰汇通发行股份的方式对万华化工实施吸收合并。交易完成后，万华化学为存续方，承继及承接万华化工的全部资产、负债、合同及其他一切权利与义务，万华化工注销法人资格，其持有的上市公司股份被注销，万华化工的股东成为上市公司的股东。

万华化学的整体上市，源于在战略推进的过程中，意识到其在公司架构、决策效率上与大型跨国化学公司还有较大差距。万华也期望通过这次的吸收合并，实现公司的整体上市和更多的业务协同，增强公司的盈利能力和市场竞争力，实现成为“全球化运营的一流化工新材料公司”的发展战略目标。这次整体上市，对于万华具有以下几方面极其重要的战略意义。

一是加快企业全球化发展战略的实施，助推国家“一带一路”建设。万华在2008年收购了匈牙利宝思德公司（万华化工间接持有宝思德公司100%股权）。宝思德公司的生产基地地处欧洲中心，区位优势突出，交通物流发达，素有“欧洲门户”之称。2015年6月，中国政府与匈牙利政府签署了“一带一路”谅解备忘录，中匈两国在政治、经济、外交等诸多领域进行了互联互通，并正式建立了全面战略伙伴关系。万华化工作为中东欧地区投资规模最大的中资企业之一，以宝思德公司园区为依托，规划建设以化工和生物化工为主要特色的加工制造型经贸合作区——中匈宝思德经贸合作区。本次整体上市完成后，宝思德公司成为上市公司全资子企业，依托上市公司强大的融资能力和盈利能力，扩大对中匈宝思德经贸合作区的主导力，树立中资企业在欧洲的良好形象，以点带面，将中匈宝思德经贸合作区打造成中国在中东欧的加工制造基地，充分利用丝绸之路经济带的发展机遇，用好匈牙利在中东欧地区优越的区位条件和良好的投资环境，助力“一带一路”建设。

二是有效应对全球化工行业并购变化，形成跨洲际联动的产业布局。自2015年以来，全球化工行业发生若干起大型跨国企业的并购案，包括陶氏化学与杜邦合并为陶氏杜邦，德国拜耳收购孟山都，中国化工收购先正达。这些世界级的并购案正在深刻影响着全球化工产业的版图，市场集中度的上升，寡头竞争局面的形成，也对万华化学的全球化发展战略产生深远影响。在聚氨酯这个寡头垄断行业里，万华化学的主要竞争对手有4家，分别为巴斯夫（BASF）、科思创（Covestro）、陶氏杜邦（DowDuPont）和亨斯曼（Huntsman）。万华化学（不含宝思德公司）和上述4家公司的聚氨酯合计产能约占全球总产能的80%，其中万华化学年产能180万吨，仅次于巴斯夫的181万吨，居全球第二。但是，过去十余年间，4家主要竞争对手已在全球范围内实现了生产和运营布局，而万华化学目前只在中国拥有生产装置，在全球性的聚氨酯行业市场竞争中，承受着亚洲局部产能过大的风险。本次整体上市完成后，宝思德公司成为上市公司的子公司，并纳入上市公司的整体战略布局，上市公司成为全球第一大 MDI 供应商，并将实现在亚洲、欧洲和美洲三大主要市场均建有（拟筹建）生产基地的布局，从而也将实现全球化、跨洲际联动的生产和运营，更好地与跨国行业巨头展开竞争，更好地应对全球化工行业集中度上升、竞争加剧的局面。

三是实现万华化工整体上市，极大地增强上市公司的盈利能力。万华化学和宝思德公司均为全球知名的化工企业，深耕聚氨酯行业多年，均具有较强的核心技术积累及采购销售渠道覆盖。整体上市前，宝思德公司作为万华化学控股股东的子公司，受到上市公司独立性和同业竞争限制的约束，上市公司只能通过受托管理的方式影响宝思德公司的管理能力、企业文化，在资金、技术、市场、信息等资源共享方面均存在严格限制，这不利于上市公司整体战略的实施，也束缚了宝思德公司的发展速度和规模。整体上市完成后，上市公司将与宝思德公司形成全面的资源支持和共享，上市公司的规模效应、协同效应将进一步凸显，上市公司的盈利能力和抵御经营风险能力将进一步提升，从而助力“中国万华”向“世界万华”的转变。

四是解决上市公司的同业竞争，显著减少关联交易。目前，上市公司与宝思德公司的主营业务均为聚氨酯产品的研发、生产和销售，虽面向不同市场，但宝思德公司与上市公司存在潜在的同业竞争关系。同时，报告期内，万华化工及其下属宝思德公司与上市公司存在较大金额的采购、销售、受托管理等关联交易。本次吸收合并交易完成后，万华化工作为被合并方将予以注销，万华化工旗下资产将实现整体上市，宝思德公司与上市公司之间的潜在同业竞争问题将得到根本解决，上市公司原控股股东万华实业对市场作出的关于解决宝思德公司同业竞争的承诺也将得到妥善履行，同时上市公司的关联交易也将大幅减少。本次交易有利于增强上市公司独立性，进一步促进上市公司规范化运作，切实保护上市公司及中小股东的合法权益。

五是有效改善上市公司治理结构，助力打造国内外一流上市公司。万华化学正在实施全球化的发展战略，并制定了成为全球化工企业 10 强和世界 500 强企业的中长期发展目标。但是，由于目前公司治理层级较多，在股权结构透明度、治理机制、组织架构和决策效率等方面与大型跨国化学公司仍存在较大差距，这在一定程度上影响了上市公司的国际化进程和全球综合竞争力。通过本次万华化工的整体上市，万华化学的股权结构将更加透明清晰，上市公司的治理机制将更为扁平化，组织架构将进一步精简，决策效率将实现进一步提升，员工积极性将得到进一步释放，从而助推上市公司治理结构的转型升级。

万华集团整体上市，是深化国有企业改革、提高资本运营效率的重要举措，为万华未来大发展奠定了坚实的体制机制基础。

小　结

万华化学的成长之路，是一条“改革+创新”的双轮驱动之路。“真正具有市场潜力的高技术是买不来的，自主创新能力是花钱买不来的。”经历了国外的技术封锁和洽谈技术引进失败，万华化学悟出了真谛：企业要想做大做强，技术作为核心竞争力应该掌握在自己的手里。上市后，万华化学不断提升产能，坚持技术创新，实现了企业跨越式发展。正是得益于自主创新，万华化学才能在化工巨头垄断的行业中博得一席之地，成为具有民族自主知识产权的企业。随着我国由化工大国走向化工强国，“绿色化”“高端化”将成为我国化工产业发展的重要路径。万华化学正是沿着这条道路，围绕产业链上下游发展新的品类，走向化工产业链中最困难、最高端、壁垒最高的领域，致力于发展成为全球化运营的一流化工新材料公司。

煤炭，作为老百姓冬日供暖中并不陌生的商品，在中国工业从无到有、从弱到强的发展历程中，同样承载着关键的动力基础，它被誉为“工业的粮食”，是现代工业的支柱。从煤炭工业的发展中，我们可以窥见中国经济发展的缩影。作为全球领先的以煤炭为基础的综合能源上市公司，中国神华从沙漠之中的几处小煤矿到集“煤电运化”一体化运营的煤炭行业龙头，其发展历程映射了中国煤炭工业发展道路的建设和探索，展现了国企深化改革创新发展的智慧结晶。

中国神华：引领中国煤炭工业高质量发展

中国神华能源股份有限公司（以下简称“中国神华”，股票代码：601088. SH）是由当时的控股股东中国神华有限责任公司（以下简称“神华集团”）经国务院批准于 2004 年 11 月 8 日独家发起成立的股份有限公司，2005 年 6 月 15 日在香港联交所上市，2007 年 10 月 9 日在上海证交所上市。

中国神华主要经营煤炭、电力、铁路、港口航运、煤化工五大板块业务，以煤炭采掘业务为起点，利用自有运输和销售网络，以及下游电力和煤化工产业，形成跨行业、跨产业的纵向一体化发展模式。

中国神华营业总收入总体保持增长，净利润增长平稳（除了 2015 年和 2016 年的快速去产能时期）。2019 年，中国神华与国电电力组建合资公司——北京国电，部分电力资产经营业绩不再并表，体现为投资收益，导致营业收入有所降低。具体见图 1-3-1、图 1-3-2。

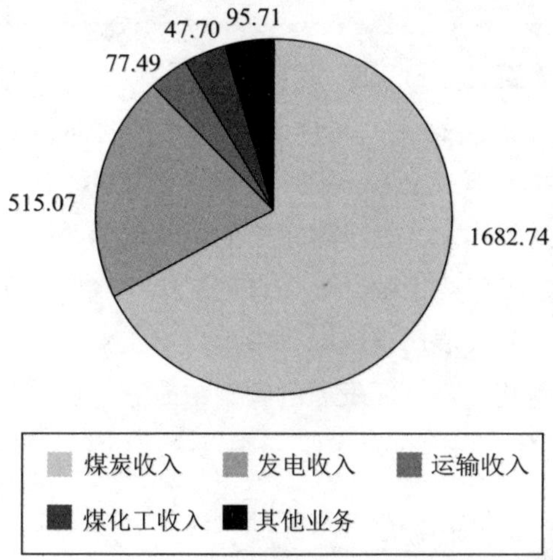

图 1-3-1　2019 年中国神华营业收入构成（亿元）

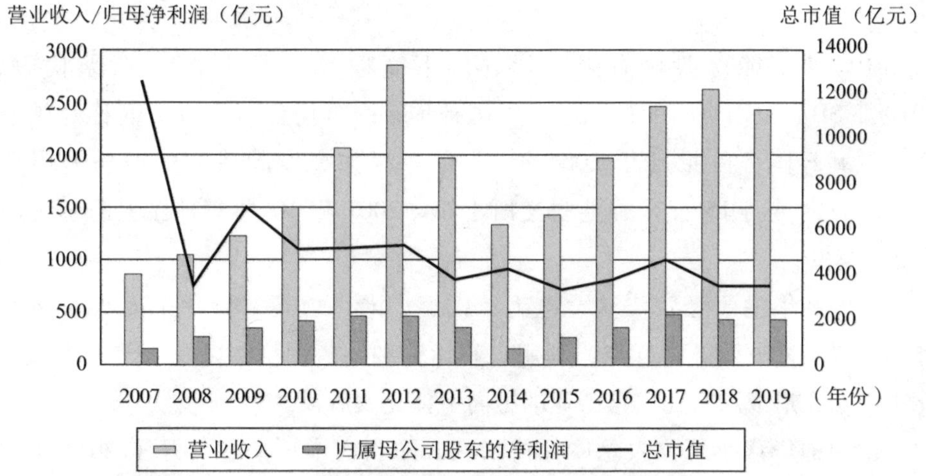

图 1-3-2　2007—2019 年中国神华营业收入、归母净利润和总市值

中国煤炭工业改革创新，大型企业集团引领发展

中国煤炭工业发展早期，一直面临煤炭供应不足的问题，之后的很长一段时间，中国煤炭一直处于供需不平衡的状态。我国不断探索煤炭工业高质

量发展路径，进行煤炭管理体制改革、煤价市场化改革、大型煤企体制和管理机制创新，逐步形成中国煤炭工业的现代化道路。中国神华的前身华能精煤公司、中国神华前母公司神华集团以及中国神华为中国煤炭工业改革创新发展贡献了力量和智慧。

华能精煤公司：缓解煤炭供应短缺

1949年新中国成立之后，工业发展是当务之急，煤炭是推动其发展的重要资源。1949年，我国煤炭产量仅3200万吨。经过计划经济三十年的发展，1978年煤炭产量相比1949年仅增长18倍，年产量仅6.18亿吨。

1978年，以经济为主的改革开放政策确立并实施，国家宏观经济快速增长，下游行业对煤炭的需求猛增，使煤炭成为制约经济社会发展的瓶颈。为满足工业发展的煤炭需求，1983年4月，国务院颁布了《关于加快发展乡镇煤矿的八项措施》，文件提出推进乡镇煤矿建设，煤炭企业获得部分自主经营权，小煤矿迅速发展。1985年，小煤矿产量达2.68亿吨，占全国煤炭总产量的近1/3。1985年1月，国家对煤炭产业发展又制定了“国家、集体、个人一齐上，大、中、小煤矿一起搞”的新方针、新战略，对原国有重点煤矿、国有地方煤矿实行投入产出总承包和多种类的煤炭价格形式。到1993年，集体和个体小煤矿的产量超过了国有重点煤矿的产量，在一定程度上缓解了煤炭供给短缺现状，但“多小散乱差”的问题为煤炭行业未来发展留下隐患。

在这一时期，山西煤炭资源面临枯竭，井下深度大，开采成本高；而陕北、内蒙古的煤炭资源还待勘探和开发，潜力巨大。在国家政策支持下，1985年，华能精煤公司正式成立，成为第一家由国家计划委员会、国务院煤代油资金投资的公司，负责开发神府东胜煤田，为之后国家建设大型煤炭基地打下基础。

神华集团：对企业集团制的探索

20世纪末，在1997年亚洲金融危机和国内煤炭市场粗放式发展的背景下，煤炭市场严重供大于求，煤炭企业经营十分困难，煤炭行业深层次矛盾显现。

1991 年，国务院进行大型企业集团试点，开始探索现代化煤炭企业建设和企业化改制。1998 年，国务院改革煤炭管理体制，原煤炭部直接管理的国有重点煤矿下放到地方政府。根据“产权清晰、权责明确、政企分开、管理科学”的要求，推进政企分开，加快煤炭行业改革和结构调整，相继实施关井压产、减人提效、改革改制以及支持企业上市融资，整个煤炭行业进入了整顿期，国有重点煤矿以企业化的方式走上了新的发展道路。

企业集团成为适应我国社会主义有计划商品经济和社会化大生产客观需要的新型经济组织，神华集团应运而生。1995 年，国务院同意在华能精煤公司的基础上成立神华集团，并列入国务院大型企业集团试点，负责开发神府东胜煤田及其配套的铁路（包括神包、神黄线）、电站、港口、航运船队，以及与之相关的产业。

中国神华：主业健康发展，企业制度现代化

1999 年，亚洲金融危机结束，国内经济态势好转。自 2001 年起，市场需求增加和小煤矿关闭整合让煤炭市场供需基本平衡，煤炭经济出现转机。全国小煤矿数量由 1998 年的 8 万多个减少到 2001 年的 2.2 万个左右，累计关闭小煤矿数量占总数的 73%，产业集中度有一定提高，在一定程度上缓解了当时煤炭供大于求的矛盾。但煤炭行业仍存在产业组织结构不合理、产业集中度低、与社会生产力发展要求不相适应等问题。2005 年，神华、中煤、山西同煤、焦煤前 4 家煤炭企业集团的市场占有率仅为 17%。

2005 年，国务院颁布《关于促进煤炭工业健康发展的若干意见》，要求：努力构建新型煤炭工业体系，转变经济发展方式；全面加强煤炭资源管理，推进矿业权制度改革，规范资源开发秩序；加快资源整合步伐，推进大型煤炭基地和大型煤炭企业集团建设，煤矿企业公司制改造、上市融资和资产重组步伐加快，资源开发主体趋于多元化；实施企业办社会职能分离、主辅分离和辅业改制，推进企业内部改革，完善法人治理结构和自我约束机制，企业管理不断加强。

为了建立中国神华的现代化企业管理制度，有利于企业集团的主业健康发展、资源高效开发和应用，2004 年 10 月，经国资委批复，中国神华将 13 家全资子公司和控股子公司与煤炭、铁路、港口、发电主营业务有关的资产、

负债和权益进行重组及评估后，作为出资独家发起设立中国神华能源股份有限公司，中国神华正式成立，开始筹备上市。2005 年 6 月 15 日，中国神华在香港联交所成功上市；2007 年 10 月 9 日在上海证交所成功上市，创下当时 A 股 IPO 最大融资规模纪录。

中国神华模式引领煤炭工业高质量发展

根据国民经济增长的阶段性特点和煤炭需求变化趋势，加强对煤炭行业的宏观调控，维持煤炭供需的高质量平衡，发展跨行业跨区域的大型企业集团势在必行。

自 21 世纪以来，中国煤炭行业兼并重组步伐明显加快。2010 年，国务院办公厅印发了《关于加快推进煤矿企业兼并重组的若干意见》，煤炭产业集中度进一步提升，亿吨级特大型企业由 1 家增加到 5 家，5000 万吨级大型企业由 3 家增加到 10 家。特别是 2016 年以来，我国煤炭产业结构优化加快，供给侧结构性改革取得实质性进展。2016 年 2 月 1 日，国务院印发《关于煤炭行业化解过剩产能实现脱困发展的意见》。2017 年底，退出产能达 4.93 亿吨，全国煤矿数量由 2015 年的 1.2 万个减少至 7000 个以下，14 个大型煤炭基地产量占全国的 94.3%，8 个亿吨级省区原煤产量占全国产量的 86.8%，前 8 家煤炭企业产量占全国总产量的 38.5%，产业集中度明显提高，煤炭稳定供应保障能力增强。

中国神华积极响应国家建设大型煤炭基地、发展大型煤炭企业集团和供给侧结构性改革号召，进行了大量探索和实践，走出了一条中国新型煤炭工业化道路，积累了宝贵经验。一是引入一流装备和技术，提升开采效率；二是走信息化带动工业化道路，推广网络信息技术，提高管理效率；三是坚持和优化煤矿、铁路、港口、电厂、煤制油和煤化工一体化运营，形成不可替代的市场竞争力；四是上市之后抓住机遇，积极开展并购重组，为企业长期发展积累资源和拓展空间；五是树立可持续发展理念，兼顾经济发展和环境保护。

借力资本市场，“煤电运化”一体化优势显现

一体化运营模式极具神华特色，从神华集团时期开始布局，到中国神华时期实现规模化、结构化发展。中国神华上市以后，负债率快速下降，公司融资成本显著降低，融资结构持续改善。资本市场促进了神华“煤电运化”一体化运营模式的发展，特别是在铁路网络建设、电力业务拓展和煤矿自动化改造方面给予强大的资本助力。

煤炭：因煤而生，因煤而兴

中国神华以神府东胜煤田为基础，逐渐发展成为中国煤炭行业的巨型航母，优质煤炭资源储备处于行业领先，奠定中国神华在中国煤炭行业的龙头地位。优质的煤炭资源储备和稳步增长的煤炭产量，既少不了中国神华成立之初在资源勘探、资源整合及科学管理方面的经验，又少不了中国神华上市之后进行的集团优质煤炭资产注入、国内资源规模化扩张、海外扩张和矿区现代化扩能改造。

目前，中国神华负责煤炭生产的有 9 家控股子公司、2 家分公司，涵盖神东矿区、准格尔矿区、胜利矿区、宝日希勒矿区以及包头矿区前五大矿区，下辖共 26 个主要煤矿，矿井主要分布在内蒙古、陕西、山西三大产煤大省，其中内蒙古、陕西比重较高。截至 2019 年底，核定产能 3.3 亿吨，具备 2 亿吨清洁环保煤生产能力，生产、技术、能耗、环保等指标均达到世界先进水平。公司煤炭资源储量丰富，截至 2019 年底，拥有煤炭保有资源量 300 亿吨（中国标准），煤炭保有可采储量 146.8 亿吨，均位列中国煤炭上市公司前列，如表 1-3-1 所示。

表 1-3-1 主要矿区煤炭资源储量

矿区	保有资源量（中国标准）（亿吨）	保有可采储量（中国标准）（亿吨）	主要煤种
神东矿区	158.1	90.5	长焰煤/不粘煤
准格尔矿区	38.5	30.8	长焰煤

续表

矿区	保有资源量（中国标准）（亿吨）	保有可采储量（中国标准）（亿吨）	主要煤种
胜利矿区	20.1	13.7	褐煤
宝日希勒矿区	13.7	11.5	褐煤
包头矿区	0.5	0.3	贫瘦煤
新街矿区	64.2	—	—
其他	4.8	—	—
合计	299.9	146.8	—

按照“整体上市、分步实施、成熟一个、注入一个”的原则，集团资产的注入提升了中国神华的安全边际。2006 年，陕西国华锦界能源煤电一体化项目以 11.17 亿元注入中国神华，而国华锦界能源当时正在建设经营我国第一个真正意义上的煤电一体化开发建设项目，继承了将煤就地变电输送的“神华模式”。2007 年，神东煤炭注入。2010—2011 年，包头矿业、神宝能源、财务公司等 10 家公司股权或资产注入。集团资产注入的步伐构建了中国神华早期重要的煤炭资源基础，包含神东矿区、准格尔矿区、胜利矿区、宝日希勒矿区、包头矿区前五大矿区。

作为第一批优质资产上市的神东矿区，始建于神东煤炭集团成立之初，后逐渐发展为国内首个亿吨级现代化大型煤炭生产基地，并多次创造国内外行业新纪录。世界第一的特大型现代化高产高效煤矿——大柳塔煤矿，始建于 1987 年 10 月，1996 年正式投产，是神东矿区第一个按照“高起点、高技术、高质量、高效率、高效益”方针建造的煤矿。2002 年，大柳塔井生产原煤 1086 万吨，成为全国第一个一井一面年产千万吨的矿井。2003 年，大柳塔煤矿两井合并生产原煤 2076 万吨，建成了“双井双千万吨”矿井，产量、工效步入世界领先水平，成为世界上最大的井工煤矿，矿井安全、生产、技术、经营等各项指标创中国煤炭行业最高水平。

中国神华上市之后致力于国内资源规模化扩张，建设新的亿吨级矿区和扩能改造原有矿区。在新矿区建设方面，2006 年 5 月，生产能力、主运输系统提升能力、煤炭洗选加工能力居世界第一的大型矿井——布尔台煤矿开工建设，2008 年 3 月投产，地质储量 33 亿吨，可采储量 18.5 亿吨，矿井设计生产能力为 2000 万吨/年。2011 年，中国神华获得内蒙古新街台格庙矿区开发权。2017年，内蒙古新街台格庙矿区总体规划获得国家发改委批复，同意矿区建设特大型煤矿的开发思路，新街台格庙矿区煤炭资源总量约144亿吨，矿井建设产能为6200万吨/年。在原有矿区扩建扩能改造方面，例如2005年，对始建于20世纪80年代的石圪台煤矿、寸草塔二矿启动扩建工程，分别从原设计产能60万吨/年扩展到1000万吨/年、从原设计产能60万吨/年扩展到270万吨/年。在2005年和2006年分别对唐公沟煤矿和神山露天煤矿进行技术改造，年产量分别从45万吨提升至150万吨，以及从21万吨提升到60万吨。

中国神华开启收购海外资源的“走出去”战略，包括澳大利亚沃特马克露天煤矿项目、俄罗斯扎舒兰项目、美国宾州页岩气项目等。澳大利亚沃特马克是中国神华在海外投资的第一个大型煤炭项目，2008年8月通过全球公开竞标获得了探矿权，2014年通过国家发改委核准，项目投资85.26亿元，可采储量2.9亿吨，设计规模1000万吨/年。2013年底，由俄罗斯领先能源集团企业En+子公司Vostsbiugol与中国神华各出资50%成立的合资企业Razrez Ugol LLC，成功购入中俄边境外贝加尔地区的扎舒兰煤矿开采许可，扎舒兰煤矿床估计存有2.52亿吨高热量低含硫煤，预计每年产能高达600万吨，所生产的煤炭将用于贝加尔地区的电力和热力发电，以及出口到中国。2013年12月，中国神华与ECA公司合作开发美国宾夕法尼亚州格林县的25口页岩气井位，该项目将帮助中国神华获得一定的非常规油气资源权益和页岩气行业管理经验。

煤电：电厂收购和建设并举的神华模式

随着煤价市场化进程的不断推进，“市场煤”与“计划电”的矛盾不断，我国制定并实施了很长一段时间的煤电联动机制，直到2020年才最终取消。中国神华从神华集团时期开始推动煤电协同，构建煤电价格的“内部联动”，抚平经济周期波动对整体经营的影响。

20世纪末，煤价的市场化推进遭到“电价”反对，煤电价格“双轨制”实施。自1983年1月以来，我国开始打破煤价长期不变的局面，试行超产煤炭加价办法。到1993年，我国推出多层次的煤炭计划价格改革措施，市场调节比例达70%。但由于煤电双方的矛盾，1996年，形成以政府指导价为主的重点煤电价格和市场交易主体协商确定的市场煤电价格的“双轨制”。

“十二五”期间，煤电价格联动机制登上历史舞台。双轨制一直持续到2008年国际金融危机以后，在煤电需求量放缓的背景下，煤电价格回落。2013年，国务院办公厅发布《关于深化电煤市场化改革的指导意见》，取消重点电煤合同与电煤价格双轨制，煤电联动改成以年度为调整周期、电力企业消化10%煤价上涨因素。2015年底，国家发改委为促进煤炭、电力行业协调发展，发布《关于完善煤电价格联动机制有关事项的通知》，在“市场煤”与“计划电”之间建立了更为客观的联动测算依据。

煤电价格联动机制最终取消，煤电联营成为最优选择。直到2019年9月26日，国务院常务会议决定从2020年1月1日起取消煤电价格联动机制，实施十五年的随煤价与电价矛盾发展变化而不断调整完善的煤电价格联动机制正式结束历史使命。取消煤电价格联动机制后，煤电联营成为在煤炭产能过剩、煤价居高不下的环境下，降低发电成本的优选方式。

在2017年国家能源集团重组之前，中国神华的煤电总装机规模在国内上市电力企业中排名第二，总装机容量6184.9万千瓦。电厂主要布局在华北、华东及华南等经济较发达区域，有19家电厂处在电力缺口省份，占总数的60%，电力负荷集中、用电需求旺盛，有12家位于电力富余省份的电厂靠近神华煤炭主产区或运输线路。

中国神华的电力规模来源于集团资产注入、合资控股和全资控股。中国神华在A股上市以后，开始注入更多的电力资产。2006年，陕西国华锦界能源煤电一体化注入。2007年，神东电力注入。2012年，太仓电力注入。2013年，九江电力注入。2015年，宁东电力、徐州电力、舟山电力注入。

合资控股和设立全资子公司也是中国神华拓展电力业务的一种重要形式。2009年，中国神华、山东鲁电能源和寿光市金财公有资产经营有限公司共同投资，三方出资比例分别为60%、35%和5%，设立寿光电力。2011年，中国神华与华阳投资（香港）有限公司分别以51%和49%的股权比例合资经营孟津电力。2012年，由中国神华与川投集团按照51%、49%的比例出资成立四川能源。2013年，中国神华与广西投资集团分别以70%和30%的股权比例投资设立柳州电力。中国神华分别在2007年和2011年设立全资子公司惠州热电、福建能源。

中国神华在中国“一带一路”倡议与印尼“全球海洋支点”对接中，走基于共生价值理念的国际化发展之路，逐步成长为印尼电力领域投资规模最大的中资企业。截至目前，中国神华累计在印尼投资 31.18 亿美元，建设和运营 3 个电力项目，装机容量 3100MW，占印尼煤电总装机容量的 8%。2008 年，神华第一个海外项目“神华国华印尼南苏穆印煤电项目 2×150MW 发电工程”落地（以下简称“南苏一期”）。2015 年 1 月，在南苏一期的基础上，南苏二期扩建 2×350MW 项目。印尼南苏煤电项目是中国神华在海外投资的第一个煤电一体化 IPP（独立发电商）项目，是目前印尼中南苏电网单机和总装机容量最大的电厂。2015 年，中国神华中标印尼目前单机容量最大的机组，爪哇 7 号一期工程 2 台 1050MW 超临界燃煤发电机组，已分别于 2019 年 12 月和 2020 年 9 月完成建设。项目建成后，将对爪哇—巴厘电网起到强有力的支撑作用，预计年发电量约 150 亿 kW · h，可有效地缓解爪哇地区电力紧张的局面。

煤运：一体化运营的关键保障

中国“西北部富煤、中部东部贫煤”的煤炭资源地区分布以及“东部发展好、西部发展慢”的经济重心区域结构，决定了煤炭运输在煤炭企业发展中的重要战略意义。铁路、航运的运输线路范围和运量与煤炭企业的销售范围、销售量直接相关。

华能精煤公司在 1985 年成立之初就开始布局铁路运输建设。经过两次大规模的铁路建造时期，中国神华围绕核心产区“晋西、陕北和蒙南”，布局了 10 条铁路运线，在主要煤炭基地建成环形辐射状铁路运输网络，以及“神朔—朔黄线”西煤东运大通道。中国神华的自营铁路建设时期主要分为两个阶段，一是中国神华时期（1986—1996），建成了 4 条铁路干线，形成西煤东运大通道，分别是包神铁路、大准铁路、神朔铁路和朔黄铁路。二是 2010 年以后，新建 6 条铁路，形成环形辐射状的运输网络，包括新准铁路、甘泉铁路、巴准铁路、塔韩铁路、准池铁路以及黄大铁路（在建）。截至 2019 年，铁路总里程 2155 公里，铁路运输网络年运输能力达 5.2 亿吨，成为中国第二大铁路运营商。

中国神华的铁路专线网打通了将煤炭运输到港口销往内地或其他国家和

地区的通道，也使其有能力调控煤炭销量，从而占领以东部沿海地区为主的目标市场。此外，中国神华也在根据“一带一路”倡议进行重载铁路建设的提前谋划、布局和准备工作。

煤化：未来能源的战略意义

我国是“富煤、贫油、少气”的国家，发展煤制烯烃具有重要的战略意义。中国神华的煤化工业务体量还较小，目前只有包头煤化工项目。2013 年 12 月，中国神华以 93.2 亿元从神华集团收购包头煤化工公司 100%股权。包头煤化工项目最主要的资产是煤制烯烃装置，煤制烯烃生产能力约 60 万吨/年。

煤炭生产制造装备自动化，国有企业公司治理现代化

上市以来，资本市场认可中国神华的发展模式，督促并支持中国神华向现代化企业快速发展。资本市场除了强化一体化竞争优势，进一步压低成本，实现差异化经营，还体现在其他两方面：一是资本市场支撑高强度的资本开支，实现煤炭工业生产制造装备的现代化和国产化；二是资本市场促进公司治理水平提升，建立现代企业治理体系，完善内控机制，紧跟深化国企改革的步伐。

实现煤炭工业的生产制造现代化

中国神华在为国家保障能源供给的同时，也引领和促进我国煤炭工业的跨越式发展，极大地缩短我国煤炭工业与国外发达国家的差距。中国神华以信息化推动自动化跨越式发展，现代化水平位居世界前列。

中国神华改变了旧的煤企发展模式和煤炭开发模式，采取“高起点、高技术、高质量、高效率、高效益”五高建设方针。中国神华在成立之初，引进国外先进设备和开采技术，在实践中消化、吸收，逐步改进提升我国煤炭工业机械化水平。在建设中国第一个亿吨级煤炭基地的实践中，大柳塔煤矿坚持科技领先、集成创新，突破传统模式，全套引进国际先进水平装备，率

先进行自动化改造，成为国内首家实现主要运输系统皮带化、辅助运输无硅胶轮化、井巷支护锚喷化、生产系统远程自动化控制和安全监测监控系统自动化的公司。补连塔煤矿、榆家梁煤矿、上湾煤矿、哈拉沟煤矿等都相继实现装备综合机械化开采、主要运输系统皮带化、辅助运输无硅胶轮化、生产系统远程自动化控制和安全监测监控系统自动化。中国神华的机械化、自动化进程极大地提高了开采效率和安全性。2019 年，原煤生产百万吨死亡率为 0，安全生产 1000 天以上煤矿有 21 个，安全生产 10 周年及以上煤矿有 9 个。

中国神华以信息化推动自动化、规模化生产，有效接续合理配套的信息化管理系统，配套自动化综采工作面，其矿井现代化达到国际领先水平。信息化保障了人员安全、设备安全和资产管理效率。一是数据系统支持实时掌握井下区域人员分布，极大地确保了人员安全性；二是设备点检技术实时对井下机械故障和设备进行检修，做到事前维修和预知维修；三是 EAM 资产管理系统，对设备资产从入库到使用、从维修到报废的全生命周期进行信息化管理，提高设备资产的利用效率，发挥设备的最大价值。

2011 年，在国家“863 计划”的支持下，中国神华承担数字矿山研究课题。2013 年 12 月，神华锦界煤矿建成国内首个具有自主创新、自主知识产权的数字矿山示范矿井。项目的核心技术是一个平台、两个系统，即综合智能一体化监控系统和综合智能一体化管理系统，可以促进我国煤矿信息化和自动化的发展，提高矿山安全高效开采的技术水平。

国企改革下的公司治理水平提升

上市以来，按照《公司法》《上市公司治理准则》《上市规则》等要求，中国神华建立了规范的公司法人治理结构，并采取了各种措施，持续提升公司治理和规范运作的水平。

中国神华已经建立并完善了股东大会、董事会、监事会、高级管理层，形成各司其职、独立运作的现代化公司治理结构；制定了完善的股东大会、董事会、监事会及董事会各专门委员会的议事规则，严格按照职责定位、程序开展工作，强化了公司的战略决策和风险控制能力。

按照上市公司治理准则，董事会下设战略、审计、薪酬、提名和安健环 5 个专门委员会。委员会对董事会审议事项提供专门的意见和建议，为董事会进行科学与正确的决策提供强有力的支持，提高了董事会的运作效率。

中国神华董事会重视发挥独立董事的作用，公司制定并落实《独立董事制度》，充分保障独立董事开展工作的各项条件，尊重独立董事的意见；独立董事坚持独立性，深入研究各重大事项的决策，为公司规范运作发挥了重要作用，维护了公司全体股东的利益。

截至 2020 年 11 月，中国神华已连续 7 年荣获上交所信息披露 A 级评价；累计向股东派发现金股息达 2702 亿元，相当于两次募集资金 904.85 亿元的 3 倍。

小　结

新中国成立以来，煤炭产量数据一度成为衡量国家经济发展的关键指标，同样地，在中国社会主义现代化建设和供给侧结构性改革的过程中，也被作为“去产能、去库存、去杠杆、降成本、补短板”的重点之一，减少对煤炭的依赖以及提高优质煤的利用效率被视为高质量发展的体现。中国神华作为全球领先的以煤炭为基础的综合能源上市公司，在中国煤炭工业发展道路的建设中不断探索，引领中国煤炭工业向现代化和自动化的高水平、高质量发展方向迈进。中国神华不断深化国有企业改革，优化国有资本布局结构，持续提高公司治理水平，成为集“煤电运化”一体化运营的煤炭行业龙头，深刻展现了国企深化改革和制度创新的成果，为我国大型企业集团的发展提供了宝贵经验。

中远海控是中远海运集团航运及码头经营主业上市旗舰企业和资本平台，于2005年和2007年分别在港交所和上交所上市，2018年被纳入MSCI明晟中国指数成分股。自上市以来，中远海控完美地诠释了航运业作为周期性行业所需要经历的“大起大落”。它曾飞速攀登顶峰，也曾重重跌落谷底，最后在迷雾中认清方向，走出周期性低谷，重获新生。而这些转折，都归因于重组、整合、收购等一系列资本运作所带来的新机遇及新气象。

中远海控:跨越低谷,跻身全球班轮公司第一梯队

航运业属重资产、强周期行业，近年发展受到多重挑战

在15世纪大航海时代以前，国际贸易主要以陆运为主。15—17世纪，欧洲的船队陆续出现在世界各地的海洋上，不断探索新的贸易路线及寻求新的商贸伙伴。航运相比陆运具有运输量大、运费低廉、运输范围较广、适货性强等特点。伴随海上运输的普及和新航路的不断开辟，东西方的文化及贸易交流大幅增加，殖民主义和自由贸易主义开始出现，使欧洲当时的经济得以快速发展，后期其经济繁荣的景象也远超亚洲。

如今，在中美贸易摩擦的背景下，国际贸易更是成为影响我国经济发展整体趋势和方向的重要风向标。作为“三驾马车”之一，贸易也是我国经济增长的支柱之一。根据国家统计局统计，2019年国内货物和服务净出口对GDP增长的贡献率达11.02%，进出口贸易对国民经济做出了突出贡献。受地理环境与位置的制约，航运是国际贸易往来重要的交通手段。目前，国际贸易总运量的75%以上通过航运完成。同时伴随船舶向大型化发展，包括中国

在内的部分国家，其对外贸易运输中，航运甚至可以占运量的90%以上。

除了航海过程中经历大风大浪以外，航运业也可以说是一个“大进大出”“大起大落”的重资产、强周期行业。从资产端来看，一方面，船舶的单体价值较高，部分高端船舶及海洋工程装备单价可达数亿美元，同时船舶的投资回收期通常在10~20年，船队一旦迎来更新发展，就会面临较大的资金压力，这也是该行业资产负债率普遍偏高的原因之一；另一方面，作为典型的周期性行业，其与世界经济发展有着密切的联系。根据德勤的统计数据，全球经济每增长1%，国际海运量将增加1.6%。世界经济的波动状况决定着航运业的发展。另外，根据船舶运载货物的不同，航运可分为干散货海运、集装箱海运、原油及成品油海运市场，其所运载的货物大部分涉及各类大宗商品，而大宗商品的价格波动及交易情况也直接影响航运业的周期变化。因此，在行业经济周期良好时，运价持续高涨；经济周期低迷时，也可能出现负运价。

近年来，全球化进程受到挑战，全球经济增势趋弱，集装箱运输需求增速也趋于平缓。根据专业航运咨询机构Alphaliner的统计数据，目前从运力上来看，全球集装箱船队规模为6147艘，约2411万标准箱，运力总规模为2.9亿吨（DWT）。排名前十的班轮公司占据了超过2/3的市场份额，而在排名前三的班轮公司中，出现了中国企业的身影——中远海运控股股份有限公司（COSCO SHIPPING Holdings；以下简称“中远海控”；股票代码：601919.SH/1919.HK）。

全球第三大班轮公司，专注集装箱航运综合服务

中远海控成立于2005年3月，总部位于上海，现阶段主营业务为集装箱航运（收入占比约为95%）及码头运营管理（收入占比约为5%）两大核心板块，如图1-4-1所示。

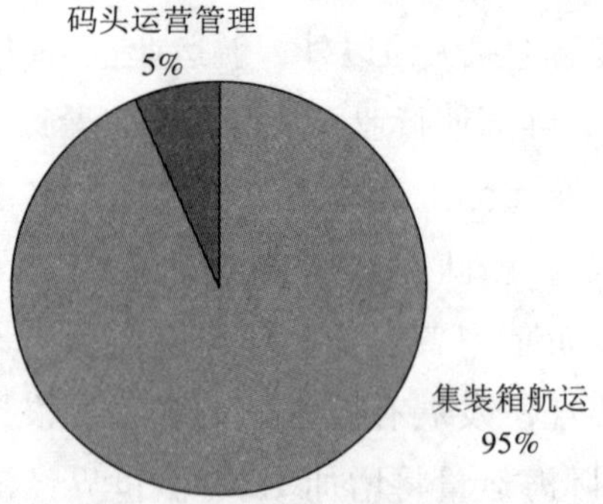

图 1-4-1　2019 年中远海控收入构成

资料来源：2019 年中远海控公司年报。

中远海控分别持有中远海运集装箱运输有限公司、东方海外（国际）有限公司、中远海运港口有限公司 100.00%、75.00%、48.84%的股权，见图 1-4-2。

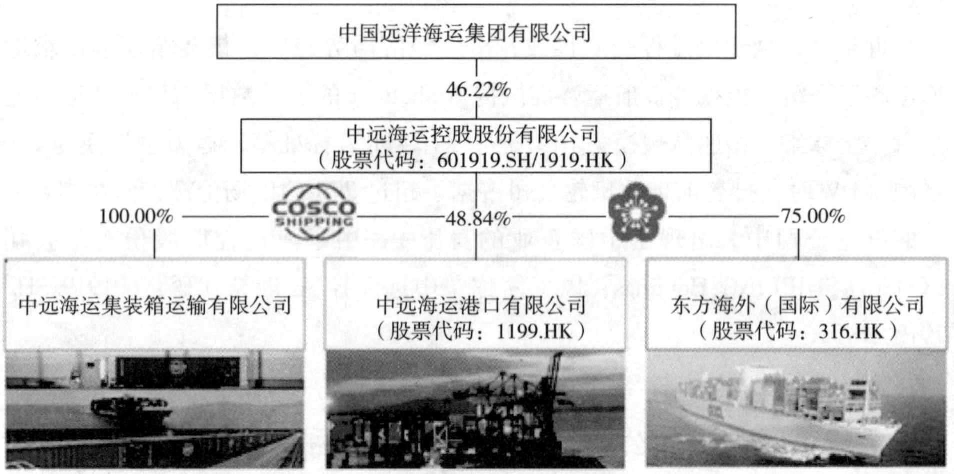

图 1-4-2　中远海控公司架构

注：图中数据截至 2019 年 12 月 31 日。
资料来源：中远海控官网。

其中，集装箱航运业务主要通过全资子公司中远海运集装箱运输有限公司和间接控股子公司东方海外的自营集装箱船队，开展以集装箱为载体的国际、国内海上货物运输及相关业务。截至 2020 年 9 月，其自营集装箱船队运力约 307 万标准箱，占全球市场份额的 12.6%以上，集装箱船队规模世界排名第三、亚洲第一。同时，其设有覆盖全球范围的集装箱航运销售、服务网点约 700 个，共经营 278 条国际航线（含国际支线）、56 条中国沿海航线及 88 条珠江三角洲和长江支线，所经营的船队在全球约 102 个国家和地区的 334 个港口均有挂靠。其码头运营管理业务主要以参、控股或独资的形式成立码头公司，并通过中远海运港口从事集装箱和散杂货码头的装卸和堆存业务。其港口的码头组合遍布中国沿海的五大港口群，欧洲、南美洲、中东、东南亚及地中海等主要海外枢纽港。截至 2020 年 6 月底，其港口在全球 36 个港口投资 46 个码头，营运及管理 360 个泊位。其中 206 个为集装箱泊位，总目标是年处理能力达 1.33 亿标准箱。

资本市场助力，实现凤凰涅槃

大起大落：上市后业绩到达巅峰，数年亏损曾步入低谷

中远海控的前身为中国远洋控股股份有限公司（以下简称“中国远洋”），曾是中国远洋运输（集团）总公司（以下简称“中远集团”）的上市主体。其母公司中远集团成立于 1961 年，是我国大陆地区最大的航运企业，也是我国最早进入资本市场的企业之一。早在 1993 年，其旗下的中远投资便在新加坡借壳上市，顺利进入国际资本市场，成为第一家进入海外资本市场的中国国企。

2005 年 6 月，中远海控在香港联交所主板成功上市（股票代码：1919. HK）。参与国际市场竞争是由航运企业的基因决定的，中远海控想要从跨国经营迈向跨国企业，先进入 H 股市场，在某种程度上来说是一种必然的选择。从上市的时间节点来看，港股市场的体制机制更加健全，融资也相对更加容易，同时更有利于企业进一步提高其在国际市场的竞争力和影响力。当时，中远海控参照“整体上市，分步实施”的方式，将集团的所有航运业务逐步装进上市公司平台。2007 年 6 月，中远海控回归 A 股，在上交所上市（股票代码：601919. SH）。2016 年 11 月，中国远洋也正式更名为“中远海控”。

2005 年上市后的中远海控可以说赶上了航运大周期，并在 2007 年走向巅

峰。从2007年公司披露的收入结构来看，中远海控的主要收入来源为干散货航运及集装箱航运业务，占比分别达到52.86%、43.63%。其中，收入占比最高的干散货航运，其运输的货物以铁矿石、煤炭和粮食为主。

随着世界钢铁产业的快速发展，铁矿石航运量基本占干散货货运总量的1/3，且需求量一直保持较高的增长速度。2000年以后，全球铁矿石的航运量持续攀升。中国作为国际上最重要的铁矿石进口国，自2004年以来，铁矿石消费所占的全球比例从2001年的20%增长到40%；进口铁矿石海运增量也始终占全球铁矿石海运增量的80%左右。2006年，全球铁矿石海运量7.22亿吨。其中，中国占45%，约3.25亿吨。另外，粮食也开始大量进口。2004年，我国出口粮食479.5万吨，进口975.3万吨，进口增幅大大超过出口增幅。各类因素的叠加促使全球干散货运输迎来了大牛市。2007年前后，行业周期达到巅峰，景气度持续高涨，航运企业也开始疯狂订购新船以满足运力需求。在干散货航运贡献了大部分利润的前提下，中远集团以154亿美元的营业收入入选《财富》世界500强企业。

有起也有落。2008年，国际金融危机爆发，全球贸易紧缩，航运业均受到沉重打击。随后欧债危机等宏观经济波动对航运业的复苏也产生了一定程度的负面影响。世界经济疲软，中国经济增长放缓，国际航运市场运力过剩，供需失衡的矛盾并未得到解决，再加上干散货航运市场运价持续低迷并下滑，燃油等相关浮动成本居高不下。在这样的大背景下，中国航运业也未能幸免。2012年，中国航运业整体呈现低迷状态。如图1-4-3所示，中远海控在2009年、2011年和2012年这三年的合并报表后净利润分别亏损67.37亿元、88.38亿元和81.37亿元。连年的巨额亏损让中远海控在2013年被戴上“ST”的帽子，中国远洋更名为“ST远洋”。

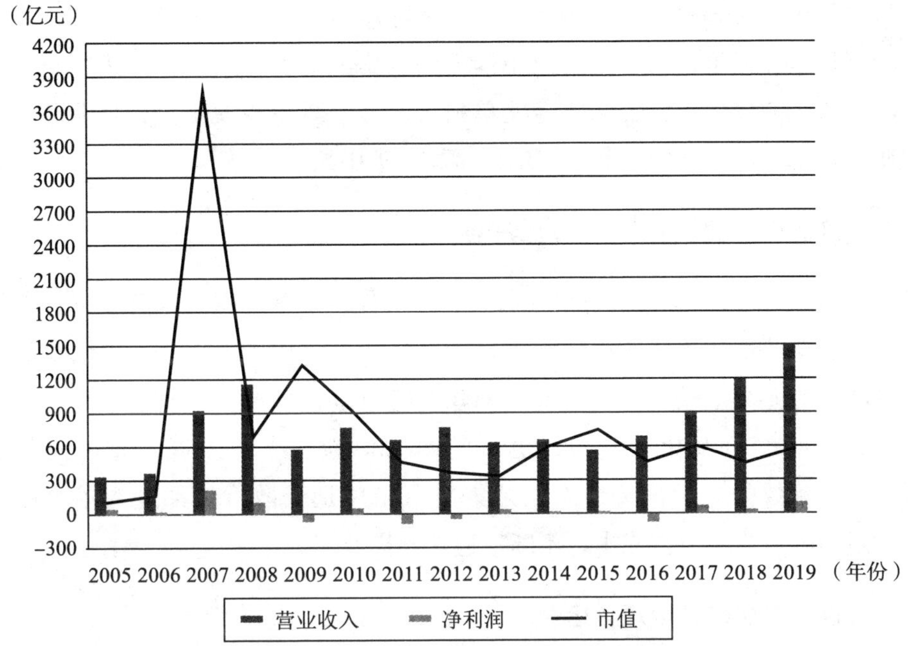

图 1-4-3　2005—2019 年中远海控营业收入、净利润及市值情况

资料来源：中远海控公司年报，Wind 数据库。

浴火重生：中远、中海重组，“海上巨无霸”诞生

危机发生的同时伴随着转机。中远海控经历亏损后，转折点出现在 2015—2016 年的第一次重大资产重组。2015 年 12 月，经报国务院批准，中国两大航运巨头中国远洋运输（集团）总公司与中国海运（集团）总公司（以下简称“中海集团”）重组为“中远海运集团”。当年的重组堪称全球资本市场有史以来最为复杂的交易，共涉及资产交易 74 项，交易金额 600 亿元。中远集团和中海集团均因连年巨亏被质疑“大而不强”，合并后的“中国神船”能否走出全球航运的周期性低谷，令世界瞩目。

国有企业做强、做优、做大

在 2000 年前后，国企改革大多采用“分离”或“拆分”的思路，从而造就了一批具备独立市场主体和行业地位的优质企业。而在 2015 年，当一些国有企业或股份制企业兼具一定的市场竞争力和市场活力的时候，便会考虑如

何将国有企业做强、做优、做大。对于国际航运海运行业来说，从最开始参与的便是国际竞争，而不是局限于国内的竞争。中远集团和中海集团虽属国内航运企业的佼佼者，但两家企业单独来看并不具备规模优势，且业务资源同质化程度较高，在国际和国内细分市场竞争中缺乏优势。

经济放缓引发行业动荡，趋势转变

自2008年国际金融危机爆发以来，欧美经济复苏缓慢，国际航运市场持续低迷。全球集装箱航运市场因供过于求导致运价持续下探，而干散货航运市场的形势尤为严峻。与此同时，国际航运市场也呈现出经营规模化、业务联盟化、船舶大型化等趋势，更多的船公司为了生存发展，通过兼并重组，形成有效的规模优势，无论是集装箱船还是干散货船都进入了大船时代，各船公司为了节省成本，不断地追求规模效应。

规模化发展带动全球化运营

提到规模化，航运业除了具有周期性强的特点以外，规模化优势也非常明显。在重组之前，中远集团和中海集团的运力水平均在60万~80万标准箱，在市场中属于中型班轮公司。这样的运力水平仅够支撑以中国为母港，往返北美和欧洲的东西干线。而东西干线仅是一条参与者众多、竞争激烈的航线。众所周知，中国是世界工厂，大量的货物从中国出发运往世界各地，而运往欧洲和美国这两大经济体的货运量大、航线多，各家班轮公司投入的运力也多。当市场上有数十家班轮公司参与这条航线时，竞争就会越来越激烈，毛利率自然也低。如果没有足够的运力投入且不具备规模优势，便很难参与全球化的运营。

拨云见日：行业生态及公司发展现曙光

面对严峻的市场形势和日趋激烈的竞争格局，中国航运企业面临重重困难，想要走出亏损的迷雾，两大航运巨头最终选择抱团取暖，强强联合，这也是一个必然的选择。

行业竞争格局得以改善

资产重组实施完成后，在中远海运集团的协调运作下，龙头企业的示范效应让市场竞争更加理性有序，国内的行业竞争格局得到了很大的改善。过去行业间竞争多采用较为激进的运价策略，既不利于服务品质的保障，也会造成一定的经营风险。如今，同业竞争更趋理性，经过重组后的中远海运集团各个子公司也可以最大限度地发挥其专长，实现规模化发展。同时，规模化发展使得中远海控具备了全球化服务的能力，使其能够提供更“优质优价”的端到端全程运输服务。

收获一个“第四”和一个“第一”

两大国企的重组充分凸显了“1+1>2”的优势。当时的中远海控成为以集装箱航运服务链为核心的全球第四大、亚洲第一大集装箱班轮公司，船队运力仅次于马士基航运、地中海航运与达飞轮船，其集装箱码头总吞吐量更是位居世界第一，约占全球市场份额的13%。

专注于发展集装箱航运服务供应链

在重组前，中远海控主营业务为集装箱航运、干散货航运、码头和集装箱租赁业务。基于从“产品思维”到“客户思维”，以及业务架构从多元化到专业化的考虑，中远海控的战略定位实现了从“综合性航运服务”到“专注于发展集装箱航运服务供应链”的转变。

目前，中远海控专注于集装箱运输与码头投资经营业务，这也成为中远海运集团核心产业中最重要的组成部分。对于集装箱航运业务，中远海控对集运资产进行优化配置，通过采用租赁和收购双管齐下的方式，有效整合两大集团的集运资产，扩充船队和集运网络，进一步提升公司在国际市场上的竞争力，大幅缩小与世界前三大航运公司的差距，并在运力和航线支持上实现全面增长。对于码头业务，中远海控的码头网络得到拓展，遍布中国五大港口群及海外枢纽港，且实现沿海省份全覆盖，从而大幅提高上市公司码头业务的竞争力，并在新的集运业务板块和码头业务板块之间发挥出重要的协同效应。

在具体操作上，中远海控通过下属子公司从中海集运购买大连集运等 33 家集运公司股权，并租赁中海集运拥有或经营的集装箱船舶和集装箱。同时通过中远海控下属子公司中远太平洋，从中海集运、中海集团下属子公司中海香港控股购买中海港口 100%的股权，使上市公司专注于集装箱运输与码头投资经营业务。

剥离干散货运输业务

近年来，干散货市场走势持续低迷，供需关系严重失衡，干散货运输业务面临严峻挑战；而经营干散货运输业务的中散集团利润率水平较低，对上市公司盈利能力产生了一定的影响。中远海控最终将中散集团 100%的股权出售给中远集团，从而将干散货运输业务剥离了上市公司主体，继而转移至集团层面进行整合。这一举措更有利于中远海控优化业务结构，集中精力实施业务转型，进一步提升自身的盈利能力。

某种程度上，中远集团和中海集团通过重组整合迅速做大集装箱船队规模，也为后续收购东方海外、进一步发挥规模优势和协同效应、提升主业核心竞争力奠定了基础。

更上一层楼：规模化协同效应显现，业绩回升

海运服务并不是新兴的产业，至今已历经上百年的发展，利润早已经开始走下坡路，但作为国际贸易的重要一环，其依然需要在夹缝中谋求发展。从 2015 年开始，行业内掀起一轮并购重组浪潮。各家班轮公司都试图通过收购兼并的方式增强自身实力。纵观那些年发生的典型案例，包括：上述提及的 2016 年中远集团和中海集团完成整合，中远海控跃升全球第四；同年，达飞轮船收购美国总统轮船（APL），经过资源整合及航线调整，第二年 APL 便扭亏为盈，达飞的出手可以说成功挽救了 APL 作为保守老美企业陈旧落后的局面；2017 年，赫伯罗特完成对阿拉伯联合国家轮船的收购，进一步巩固了其作为世界第五集装箱航运公司的地位；2018 年，日本三大班轮公司日本邮轮、商船三井和川崎汽船集装箱业务重整合并，组成了新公司“Ocean Network Express”，在正式投入运营后，其成为就运力而言的全球第六大班轮公司。如果从国家战略发展的角度出发来看，全球范围内的重组其实更像是国与国之间的竞争；而从行业的角度出发来看，处于低谷期的航运市场，如果想要在维持现有市场份额的基础上不断提升竞争力，收购兼并是当下较为可行且有效的方法。

继 2015—2016 年中远集团和中海集团重组后，中远海控在资本市场上也有了新的动作。2017 年 7 月，中远海控通过境外全资下属公司 Faulkner Global Holdings Limited 与上港集团 BVI 发展有限公司，向在香港联交所主板上市的东方海外（股票代码：00316）的全体股东发出以每股 78.67 港币购买其持有的已发行的标的公司股份的现金收购要约。2018 年 8 月，中远海控正式完成了对东方海外的收购。

当时的东方海外已是世界上具有规模的综合国际集装箱运输及物流公司之一，拥有全球最大的集装箱船，其服务网络广泛，覆盖了亚洲、欧洲、美洲、非洲及澳大利亚等地区，在行业中也以营运能力良好而闻名，且盈利能力一直强于中远海控。尤其在航运市场受 2008 年国际金融危机影响而陷入低迷时，东方海外的盈利能力更为突出，只有 2009 年和 2016 年这两年出现了亏损，2010 年更是出现了反弹，超过 9 亿美元的营业利润成功弥补了前一年的亏损。收购东方海外后，中远海控实行了“双品牌”运营，意在充分发挥规模优势与协同效应，在航线网络规划、集装箱管理、供应商采购、信息化系统建设等方面取得了较好的效果。

2017 年，正值国际集装箱运输业由“高风险、高投入、低回报、强周期”的传统运营模式向“规模化、低成本、联盟化”的模式转变。集装箱班轮公司正以并购重组和组成联盟的方式努力实现规模经济效益、成本协同效应，巩固竞争力。

规模效应：运力规模得以提升

在收购案实施前，根据航运咨询机构 Alphaliner 的统计数据，当时中远海控的全球排名为第四，东方海外的全球排名为第八；收购案实施后，两家公司的运力规模合计超过 270 万标准箱，一举超越达飞轮船，排名全球第三，全球运力占比达到 12%。

在规模化的优势下，经济效应也慢慢凸显。其实班轮公司的合并收购、抱团分摊成本是核心目的之一。作为单独的个体，其货运收入不一定能支撑成本的消耗，但当合并在一起共享资源后，成本便能有所下降。

成本节约：航线、集装箱、码头等资源得以优化

收购案实施后，双品牌在航线规划方面实现了优势互补，东方海外逐步进入非洲和南美洲市场，中远海运集运的支线及船代服务也实现对东方海外的开放使用。这样的统筹安排，使各航线的运力达到最优，协同效应得以充分展现。

另外，货船上的集装箱是在全球流动的。受贸易进出口结构性不平衡因素的影响，每条航线运载的集装箱货量存在差异，不利于成本控制。收购案实施后，通过统筹管理集装箱，利用信息系统共享两家集运公司的集装箱盘存信息，有效提升了集装箱整体使用效率。当船队和集装箱资源得以合理且充分利用时，成本便得到了有效控制。

同时，货物运至码头，需要支付码头装卸的操作费用。中远海控自营集装箱船队运力从原来重组、收购前的仅 80 余万标准箱飙升至如今的 300 万标准箱左右，从而具备了良好的议价能力。这其中的逻辑相当于团购，货量大则价格优。

联盟化：服务能力进一步提高

2017 年 4 月，全球航运市场正式启动三大航运联盟格局（2M+现代、OCEAN Alliance、THE Alliance）。航运联盟有助于联盟成员的航线互补、舱位互换、资源共享，从而提高船舶利用率，节约运营成本，增加航班密度，提高服务品质，增加客户黏性。

而在联盟格局中，由于中远海运集运和东方海外同属 OCEAN Alliance，虽然三大联盟的竞争格局未变，但在 OCEAN Alliance 内部，并购案的完成相当于将四家成员变成三家，中远海控的规模化优势将进一步凸显，在联盟中的话语权也随之增加。

助攻：信息化建设助力中远海控降本增效

东方海外的长期核心竞争力之一来源于其信息科技优势，其先进的集装箱运输管理系统可以说是行业内最优质的的系统之一，帮助其有效地提高经济效益，降低运营成本，也使其营业利润率在行业中始终保持领先地位。

从 2019 年 8 月起，中远海运集运分批次、分航线逐步切入 IRIS4 系统。依托领先的信息系统，中远海运集运的订舱平台功能、中转操作、班期管理等得到较大改善，服务可靠性得到提升。在优化舱位管理和订舱操作方面，全球 2 小时订舱确认率由 2018 年的 95%提升到 98%；全球范围内的制单及时率超过 99%；在国内全部口岸及海外 23 家重点公司，98%的到货通知实现至少在货物到港前 1 天发送给客户。

小　结

经历了公开市场上市、两大国企重组及收购同行业优势企业后，中远海控充分利用了资本市场的融资、收购兼并等手段，将国有企业做强、做优、做大。其在行业低谷期认清方向，找准定位，积极调整业务结构，专注于集装箱航运及码头运营管理，同时集中了这两大板块的优势资源，取得了船队运力规模排名世界第三、集装箱码头总吞吐量排名世界第一的优异成绩，在现阶段具备显著的规模优势。

2017 年以后，三家公司的联动使得近三年的公司利润得到大幅改善，并逐步回升。在尝到了规模化发展带来的甜头后，中远海控始终坚持推进全球化的运营发展战略，持续关注世界贸易格局变化给行业带来的影响，并灵活调整服务网络布局，希望能够及时把握新兴经济体发展和中国扩大进口市场的机遇。

另外，中远海控也积极顺应“一带一路”倡议及中国企业“走出去”战略，充分发挥收购东方海外后的规模优势与协同效应，优化内部资源配置，加快实现从整体规模优势向规模效益转变，不断提升自身的盈利能力和抗风险能力。同时凭借“中远海运”和“东方海外”两个集装箱运输服务品牌在全球网络、数字化能力和物流布局等方面实现优势互补，为客户提供更全面的全球化网络支持、更差异化的产品服务，以及更数字化的客户体验。

第二章

激发民营企业发展活力

民营经济是我国经济制度的重要组成部分，是推动中国特色社会主义市场经济体制发展不可或缺的力量。改革开放以来，我国民营企业竞争力逐步成为国家综合竞争力的重要元素，民营经济的发展取得举世瞩目的成就，在经济增长、民生就业、科技创新等方面做出重要贡献，在推动我国经济体制改革中发挥了重要作用。自党的十八大以来，习近平总书记多次强调要坚持“两个不动摇”，民营经济在我国经济社会中的重要地位和作用始终不变，支持民营企业发展是党中央的一贯方针。

民营企业的发展离不开资本市场的支持。通过运用各类资本市场工具，民营企业可以拓宽融资渠道，解决“融资难、融资贵”的问题，满足其不同发展阶段的资金需求，在资本市场的要求下进一步优化经营和治理结构，推动自身进行转型升级。科创板注册制的推行和创业板注册制的改革更是为民营企业上市打开了政策空间，有利于吸引更多长期资金进入资本市场，促进民营经济的发展，从而助力公开、公平、公正的市场环境和生态的形成。

本章将以隆基股份、用友网络、恒力石化、浙江龙盛、均胜电子和浙江鼎力作为案例，体现民营企业借助资本市场进行转型升级、收购兼并等成为产业龙头的经验。

隆基股份通过有效运用各类资本市场工具进行再融资，保障了公司一系列扩产项目的顺利实施，企业竞争优势不断增强，借助资本市场成为光伏产业龙头。

用友网络实现企业的三次成功转型，并通过股权激励在提升公司价值的同时为员工带来增值利益，实现员工与公司共同成长，从而优化治理结构，保证企业长期稳定发展。

恒力石化通过两次重大资产重组登陆资本市场，并进一步实现了全产业链一体化发展的战略目标，为成为国内民营石化巨头奠定了坚实的基础。

浙江龙盛三次突破瓶颈，转型成为国内资本市场关注的染料化工龙头上市公司。

均胜电子通过全球化布局，在产品研发、营运水平、欧美销售渠道等方面获得快速提升，成长为国际汽车零部件行业领头羊。

浙江鼎力通过资本市场的助力，加强各类智能高空作业平台的研发、制造、销售和服务。通过技术升级不断丰富产品线，发力高端制造，成长为国内领先、世界知名的高空作业平台制造企业。

隆基股份成立于2000年，于2012年在上交所主板上市，通过持续的技术创新，已发展成为全球最大的集研发、生产、销售、服务于一体的光伏单晶产品制造企业，引领了全球光伏技术的颠覆式创新。本节描述了隆基股份面对不断发展变化的行业，凭借技术优势引领全球光伏单晶技术发展方向；同时探讨了隆基股份有效运用各类资本市场工具进行再融资，保障其一系列扩产项目的顺利实施，增强其竞争优势，借助资本力量成为光伏产业龙头的成功经验。

隆基股份：推动全球光伏技术变革的引领者

从多晶到单晶，光伏产业历经颠覆式变革

光伏（Photovoltaic）是太阳能光伏发电系统（Solar Power System）的简称，是一种利用太阳能电池半导体材料的光生伏特效应，将太阳光辐射能直接转换为电能的一种新型发电系统，见图2-1-1。

图2-1-1 太阳能电池板

光伏属于非化石能源的一种，其他的非化石能源包括核电、水电、风电、

生物质能。与化石能源发电（如火力发电等）相比，光伏发电具备来源可持续性强、低污染、产能提升灵活以及应用场景广泛等特点，如表 2-1-1 所示。

表 2-1-1　我国非化石能源开发潜力

类型	开发潜力	潜力程度
光伏	太阳能资源丰富，装置条件灵活	高
风电	风能资源丰富，但设备装置限制较多	较高
生物质	资源条件有限，开发成本较高	一般
核电	安全问题突出，成本过高	一般
水电	已占经济可开发容量的 91%	较低

近十年来，由于技术的快速发展，光伏发电成本下降速度较快。2009—2019 年，光伏发电成本下降达 89%，平均度电成本 0.4 美元/kW·h，在我国个别光照条件极为优越的地区，发电成本甚至下降到 0.1 元/kW·h。相比传统火电的 0.25~0.42 元/kW·h 的基准上网电价（未含从发电厂到用户的传输成本的电厂出厂价），光伏发电成本已经逐步有了经济性的优势，将逐渐成为各类发电途径中成本最低的方式之一。光伏电站的建设成本也较低，2019 年我国光伏地面电站平均成本为 4.55 元/W。未来光伏成本仍将以年均 5%~10% 的速度下降，至 2025 年将进一步下降至 2.62 元/W，成为全球最廉价的能源。

光伏产业链简介

光伏产业的核心为光伏电池的制造。如图 2-1-2 所示，按照光伏电池片的材质，光伏发电电池大致分为两类：一类是晶体硅太阳能电池，包括单晶硅太阳能电池、多晶硅太阳能电池；另一类是薄膜太阳能电池，主要包括非晶硅太阳能电池、碲化镉太阳能电池以及铜铟镓二硒太阳能电池等。

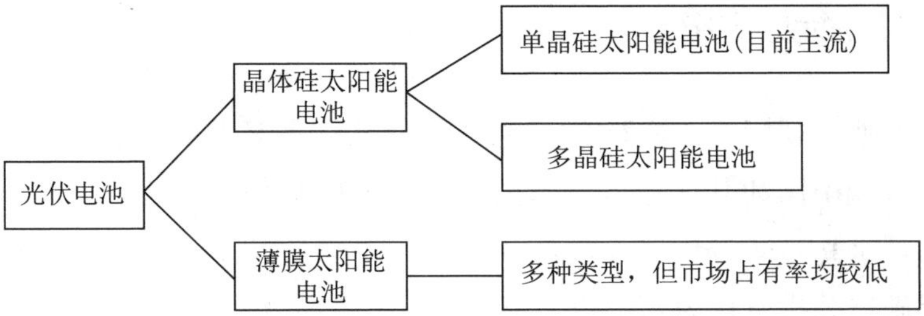

图 2-1-2　光伏电池的分类

目前，以高纯度硅作为主要原材料的晶体硅太阳能电池是主流产品。根据 Photon Consulting 的数据，2011 年起晶体硅太阳能电池占全球太阳能电池 90%的市场份额，目前薄膜太阳能电池的市场占有率极低。如图 2-1-3 所示，晶体硅太阳能电池的产业链主要划分为：①上游——从晶体硅原料制作成单晶硅棒或多晶硅锭，再将其切成硅片；②中游——将硅片制作成光伏电池片，再将这些电池片组装到一大块光伏组件上，成为常见的光伏发电板；③下游——主要包括将光伏电池板运到空旷统一的地区组建集中式光伏发电站，将生产的电力并入电网供远方用户使用，或是运送到居民区等地方，在屋顶阳台铺设太阳能发电板，形成分布式光伏发电站，生产电力供当地居民或企业使用。

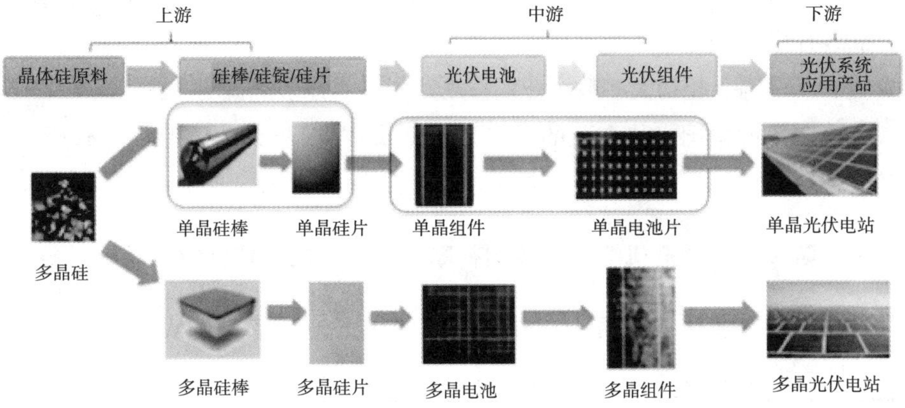

图 2-1-3　晶体硅太阳能电池产业链

光伏行业的发展历程

光伏产业是朝阳产业，21 世纪初才开始从欧洲等发达国家先行发展，现已逐步扩散到中国和其他地区。不过光伏行业的规模提升迅速，根据国际可再生能源署（International Renewable Energy Agency，IEA）的数据，2004 年全球光伏年新增装机量仅为 1.1GW，而到 2019 年新增装机量已达到 114.9GW；截至 2019 年底，全球累计装机量达到 627GW，中国累计装机量为 205.7GW，中国已成为全球最大的光伏市场。回顾全球光伏行业的发展，经历了三个阶段，实现了从多晶到单晶的颠覆式变革。

第一阶段：欧洲需求兴起，中国代加工“两头在外”

光伏行业的发展，主要从欧美国家开始。2004 年，德国出台《上网电价法》，以高电价政策鼓励建设光伏电站。随后，意大利、西班牙、法国、希腊相继出台鼓励政策。欧盟对光伏发电设备的大量需求给中国产业界带来商机，再加上美国、日本和韩国也紧跟欧洲步伐，世界光伏制造业规模迅速扩大。

这一时期，主要的光伏行业厂商大部分分布在国外，我国光伏行业的从业者敏锐地发现了全球市场需求激增，也积极参与到光伏行业的发展中去，形成了一批具有代表性的光伏企业。如尚德电力（于 2005 年 12 月在纽约证券交易所成功上市）等，起初大多数企业的技术路径基本以多晶硅为主流。

这一阶段的中国光伏企业的特点是“两头在外”，即上游的多晶硅原料和生产设备都由国外厂商提供，产品购买方也在国外，国内只是进行加工业务。

第二阶段：金融危机爆发，欧洲补贴退坡，中国光伏行业洗牌

我国光伏企业这种“两头在外”的模式极大地降低了光伏企业的抗风险能力。随着光伏行业在 2004 年后的快速发展，多晶硅料的供应一度极为紧缺。在供不应求的情况下，2008 年其价格一度从 40 美元/公斤暴涨至接近 500 美元/公斤。在原料价格暴涨的趋势下，我国大部分光伏企业为避免后续原料价格继续暴涨，和国外原料商签订了长期“锁价锁量”协议。但是，随着 2008 年国际金融危机和多晶硅料产能释放，多晶硅料价格又从 400 美元/公斤

下跌至 50 美元/公斤，在经历了一段波动之后，其价格跌至 30 美元/公斤，并稳定在一个较低水平。在原料价格暴跌的行情下，这些光伏企业因前期锁价还需要高价购买原料，使其成本激增。

另外，随着 2008 年国际金融危机和后续欧债危机的爆发，欧洲各国政府对光伏的补贴力度急剧下降；2012 年，美国、欧盟等地区又相继宣布对中国的光伏产品进行反倾销反补贴调查，两者叠加导致了我国光伏企业的海外需求和收入大幅度下降。部分企业因为前期扩张较为激进，资产负债率持续提升，在金融危机和需求下降的过程中，资金链出现问题，这些企业（包括一些当时的龙头企业）无奈退出历史舞台。

第三阶段：中国光伏市场接棒，产业进一步向中国转移

2013 年起，我国为了大力推进光伏及其他非化石能源发展，对光伏提供了固定电价的补贴，这使我国的光伏企业纷纷将市场转向了国内。我国企业开始了自主研发、进口替代之路。根据中国光伏行业协会数据，截至 2019 年，中国光伏产业规模连续多年世界第一，拥有全球 69. 0%的多晶硅料产能、93. 7%的硅片产能、77. 7%的电池片产能和 69. 2%的组件产能，产业化技术也处于全球领先水平。

在我国光伏行业迅速发展的过程中，隆基股份主导的技术变革为行业整体的技术提升带来了深刻的影响。

发展二十载，公司成为光伏产业龙头

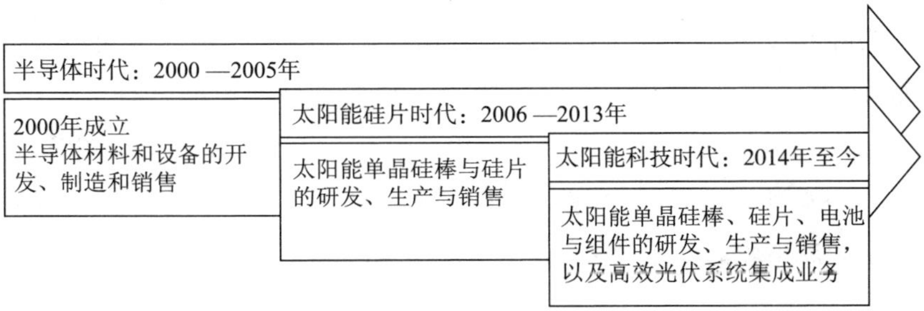

图 2-1-4　隆基股份发展历程

隆基股份（股票代码：601012. SH）的前身是西安新盟电子科技有限公司，成立于2000年，2007年更名为西安隆基硅材料有限公司，2012年上市。隆基股份发展至今已成为全球最大的集研发、生产、销售、服务于一体的光伏单晶产品制造企业，并在国内外多地开展光伏电站开发及系统解决方案供应业务。根据中国光伏行业协会发布的《2019—2020年中国光伏产业年度报告》统计数据，隆基股份位列2019年全球十大硅片企业产能产量第一（单晶、多晶合并计算），并入选工信部首批制造业单项冠军示范企业（主营产品：单晶硅片）。

回顾隆基股份的发展历程，可以分为三大阶段。

发展初期（2000—2005年）：半导体时代

隆基股份的创始人李振国1990年从兰州大学物理系半导体材料专业毕业，毕业后被分配到华山半导体材料厂，由拉制单晶硅棒起步，开始从事硅片行业。两年后，24岁的李振国递交辞呈，去当地的一家小型器件厂工作。1995年，李振国在西安理工大学的协助下建设单晶生产线。2000年，李振国注册成立自己的公司——西安新盟电子科技有限公司，这就是隆基股份的前身，从事半导体材料和设备的生产，主要产品是半导体级别的硅片晶棒。2007年12月，为纪念兰州大学已故校长江隆基先生，公司更名为“西安隆基硅材料有限公司”。2008年7月5日，李振国、李喜燕等48位股东作为发起人签订了《发起人协议》，同意整体变更设立股份公司，正式更名为“西安隆基硅材料股份有限公司”（隆基绿能科技股份有限公司的原称）。

初创时期的隆基股份以半导体材料和设备的开发、制造、销售为主要业务。凭借半导体领域的知识储备，2002年9月，西安隆基硅技术有限公司成立，成为隆基股份旗下第一家全资子公司，隆基股份开始进行硅片原料的技术革新和制造。2004年4月，另一家子公司西安矽美单晶硅有限公司成立。2004年底，隆基股份的第一根半导体单晶硅棒拉制成功，开启了单晶硅时代的大门。2005年，隆基股份器件级单晶硅产能达到了30吨/年，不过早期的单晶硅生产成本较高，主要为一些欧洲客户服务。

太阳能硅片时代（2006—2013 年）：领跑单晶硅赛道

正如上文“光伏行业发展历程”介绍的一般，2004 年起，世界光伏行业迎来了快速增长期。而这一时期也是中国光伏产业发展的初期，光伏设备厂商的技术路线主要集中于多晶硅一侧。当时单晶硅和多晶硅相比，属于“双高”产品，即光电转换效率高，成本也高。厂商更多地关注眼前利益，单晶硅由于投资过高，被定位为高端产品，不被广泛接受。

隆基股份团队主要成员来自兰州大学物理系，凡事始终追求事物的第一性原理，即对事物需要分析其最本质的要点，并从源头解决问题。他们对光伏行业未来技术路线反复论证研究，坚定选择了当时市场较为少见的单晶硅路线，并认为这一路线未来将会有极大的发展空间，甚至能取代当时更为流行的多晶硅路线。在确定了单晶硅这一技术路线后，隆基股份就此开始了长期的、专注的发展历程。

2005 年 12 月，隆基股份第一批 18 台单晶炉投入生产，并形成年产 30 吨单晶硅棒的能力；2007 年 9 月，宁夏隆基一期 1000 吨单晶硅棒项目建成。此后，隆基股份不断进行单晶硅产能扩张，经过多年的技术积累、驱动和产能扩张，硅片供给份额持续向龙头公司集中。2012 年 4 月，隆基股份在上交所主板正式上市后，进一步提高单晶硅产能。截至 2013 年底，公司已具备 2. 2GW 单晶硅棒和 1. 6GW 单晶硅片生产加工能力，为全球最大的单晶硅片供应商。

太阳能科技时代（2014 年至今）：一体化太阳能科技公司

自 2014 年至今，是隆基股份实现重大技术突破并将技术全面产业化落地的阶段。

在这一阶段，隆基股份依然专注单晶硅技术路线，并通过持续的研究，率先研发和产业化应用了一系列重点单晶硅技术，如金刚线切割技术、单晶硅材料薄片化技术、单晶 PERC 电池等高效电池和组件技术等。

隆基股份凭借其技术优势和工匠精神推动了单晶硅成本的快速下降。依托公司极具竞争力的单晶硅片，隆基股份向光伏下游的单晶硅光伏电池组件、单晶硅光伏电站等环节进行了业务延伸，迅速成长为中国光伏龙头企业。

隆基股份的技术不仅为自身带来了良好的发展基础，还影响了整个行业的市场格局。在隆基股份单晶硅技术的引领下，全光伏行业的单晶硅路线对比多晶硅路线成本更低、经济性更好、转化率更高。因此单晶硅市场份额快速提升，实现了对多晶硅市场占有率的反超。与此同时，引领的光伏发电成本逐渐降低至低于传统化石能源发电的成本，光伏发电逐渐成为国际新增发电装机中越来越重要的组成部分。

坚持自主创新之路，光伏技术不断突破

回顾隆基股份发展壮大的过程，可以发现其发展的关键因素是重视技术研发，且实现了单晶硅技术的不断突破。

2006 年的战略选择：以单晶技术为核心的发展路径

如图 2-1-5 所示，对比单晶和多晶工艺。单晶硅和多晶硅的产业链结构非常类似，产品形式也非常类似，但单晶硅物理结构更加纯净、规整，而多晶硅具有很多晶粒和晶界，杂质较多，极大地影响了其物理导电性和发电效率。

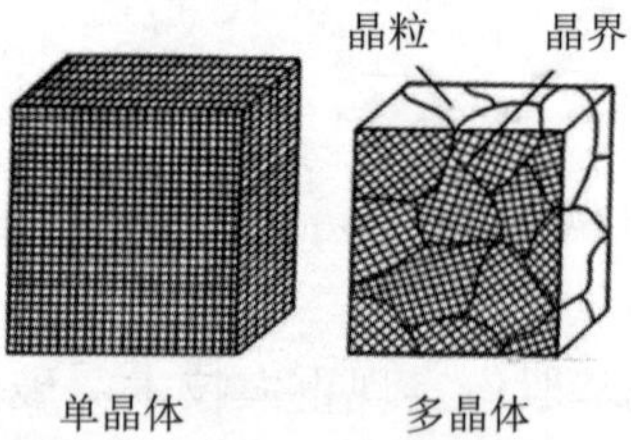

图 2-1-5　单晶体和多晶体

两者结构的差异，导致生产高纯度的单晶硅初始成本较高，但是在后续的降本增效方面，理论上难度较小。而生产杂质多的多晶硅门槛较低，所以在我国光伏产业发展初期，大多数光伏企业选择了多晶硅技术路线。单晶硅组件则因高昂的价格在国内市场竞争中处于劣势地位。

隆基股份团队对光伏行业未来技术路线反复论证研究后认为，单晶硅虽然成本高、建设周期长、技术要求也高，但是转换效率更高。长远看，单晶硅成本一定会下降，而封装材料成本几乎不会有下降空间。此外，客户往往关注长期发电成本，从客户价值出发，也要坚持走单晶硅技术路线，专注单晶硅的研发、生产和销售，不能为眼前利益所动。

正是隆基股份“关注光伏行业发展本质+以长远的、发展的眼光进行战略决策”的思路，使得其在发展早期就对行业具有深刻的洞见，从而坚定选择了一条非常超前的技术路线。

持续技术创新：攻克成本难题，构筑技术优势

为了使光伏发电与传统火力发电等方式相比具有经济性，非常重要的一点是将光伏发电设备的成本和售价降至较低水平。为了实现这一目标，隆基股份凭借对行业的热爱以及对研发的重视，始终大力投资单晶硅光伏技术的研发，在单晶硅发电设备制造的各个环节都取得了技术突破，降低了成本。截至 2020 年 6 月底，累计获得各类专利 858 项，在单晶生长技术、金刚线切割技术、单晶硅材料薄片化技术、单晶 PERC 电池等高效电池和组件技术产业化应用研究等方面均形成了较强的技术积累。具体见图 2-1-6。

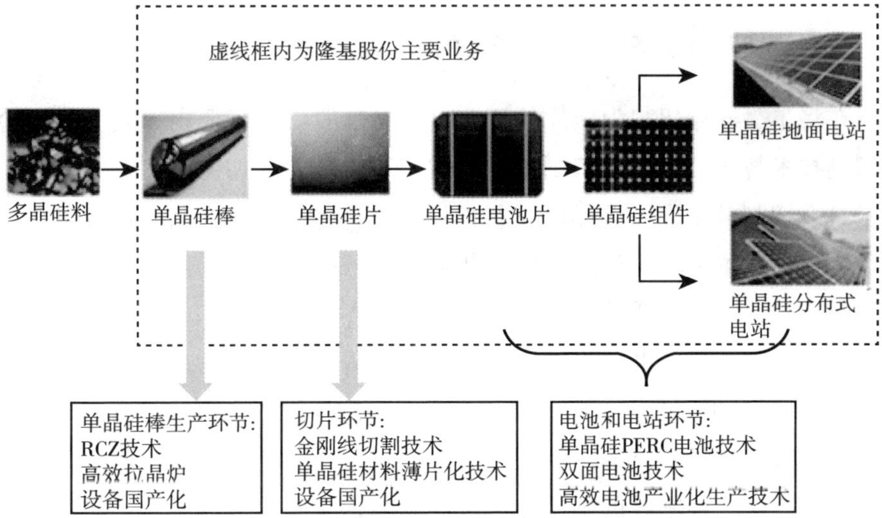

图 2-1-6　隆基股份各环节降低成本的重要技术

单晶硅棒生产环节关键技术：RCZ 技术等

隆基股份在建立初期就已攻克了单晶生产多次加料（RCZ）技术，并量产导入，应用此技术可以在短时间内实现多次拉晶。相比传统技术，RCZ 技术减少了停、拆炉再填料的时间，同一时间生产出更多的单晶硅棒，从而降低了分摊到每公斤晶棒的拉晶时间和固定成本，提高了能源利用率，降低了生产成本。

在此基础之上，隆基股份持续研发了单晶高速生长连续加料（CCZ）技术，即可实现晶棒拉制与硅料加料、融化同时进行，成为连续流水线作业。相比于 RCZ 技术，CCZ 技术在生产效率上将提升 20%以上，综合成本降低 10%左右。除此之外，长晶环节还可通过增加投料量、提高长晶速度、优化热场结构、采用低氧工艺等途径提高单产、降低生产成本，提高产品品质。隆基股份与上游的北方华创和连城数控共同研制拉晶炉，实现了生产设备的国产化研发与替代，实现了单晶硅棒拉晶环节成本的进一步降低。

2014 年，公司成功完成研发，顺利导入生产单晶快速生长技术和高效晶硅生长关键技术及成套工艺等。单晶快速生长技术可以带来单晶生产速率 30%~40%的提升。这些关键技术的研发和产业化应用，有效降低了单晶硅棒的生产成本和售价，为隆基股份奠定了坚实的业务发展基础。

金刚线切割为隆基早期降本增效的核心驱动力

在将单晶硅棒切割为硅片的环节上，隆基股份在行业内率先实现了金刚线切割技术替代传统砂浆切割技术。相较于传统砂浆切割工艺，金刚线切割技术具有切割效率高、单晶硅材料损耗少、出片率高、产品质量提升、电力人员等运营成本下降等优势。应用此技术，可以有效降低生产单个硅片所需的原料用量，从而降低原料成本。

同时，隆基股份也在积极培育国内设备研发和材料的进口替代。隆基股份从 2004 年起采用金刚线切割技术。当时金刚线设备主要从日本进口，成本高昂，为进一步降低成本，隆基和国内厂商杨凌美畅新材料股份有限公司合作，加速推进了金刚线的国产化进程。此外，隆基股份与大连连城形成战略合作伙伴关系。2008 年，大连连城研发出我国第一代具备自主知识产权的多线切方机。随着设备逐渐实现了国产化以及金刚线成本的快速下降，隆基股份也在 2015 年率先完成了金刚线切割的技术改造。相比于传统技术工艺，金刚线切片效率提升了 5~6 倍，损耗降低，切片成本也大幅降低。隆基股份引入的金刚线技术对生产线改造要求低，且成本下降幅度大，在行业内掀起了金刚线革命。

技术革新使得隆基股份的单晶硅片毛利率领先竞争对手。得益于金刚线和连续直拉技术，隆基股份毛利率一度超过 30%左右，领先同类公司接近 10 个百分点。

单晶硅材料薄片化技术

根据国际光伏技术路线图（ITRPV）的数据，2017 年硅片厚度在 180μm 左右。隆基股份相比同行，较早完成了单晶硅材料薄片化切割技术的研究，使公司的单晶硅片厚度降至 130μm。单晶硅材料薄片化技术的研发，使得隆基股份单晶硅片的成本进一步降低。

PERC 高效电池技术

隆基股份很早就开始布局并实现单晶 PERC（Passivated Emitterand Rear Cell）电池产能规模化。PERC 电池与常规电池最大的区别在于：背表面介质膜钝化，采用局域金属接触，有效降低背表面的电子复合速度，同时提升了背表面的光反射。双面 PERC 的优势包括：可双面发电、双玻封装可靠性高、铝浆用量降低、弯折率降低、与原有 PERC 生产线兼容、成本优势显著。

PERC 技术除了成本优势，还有一个优势：只要对厂商原有生产线增加少量的改造费用，就可以快速提升产品电池的太阳能转化率，使同样面积和规格的产品可以发出更多的电。这一技术叠加单晶硅片，使太阳能转换为电能的效率更高，进一步提升单晶硅技术的市场份额。而这种转换效率的提升是一个持续的过程，需要不断提升转换效率等技术指标，持续推动行业度电成本的降低。其单晶 PERC 电池转换效率最高水平达到 24. 06%，打破了行业此前认为的 PERC 电池 24%的效率瓶颈，其单晶硅电池组件转换效率持续刷新世界纪录，见图 2-1-7。

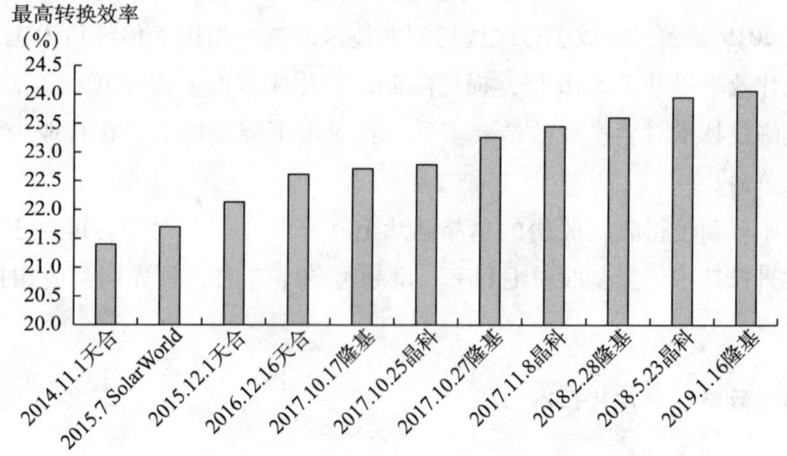

图 2-1-7 单晶 PERC 电池片转换效率

资料来源：北极星发电网。

在不断强化和完善技术创新与研发体系的同时，公司还高度重视研发成果的产业转化，逐步将领先技术成果导入量产，通过生产线自动化及优化工艺，持续降低了光伏发电设备的成本和售价。另外，基于对技术的理解和对未来发展方向的准确判断，隆基股份对设备的生命周期进行管理，采用自主集成设计与自有控制系统，使设备拥有更好的自动化扩展功能，在同等条件下有效减少了固定资产投资，实现了投资效率最大化。

以资本为翼，助力技术产业化落地

面临行业波动，加大研发投入

2012 年 4 月 11 日，隆基股份在上交所挂牌交易，发行人民币普通股 7500 万股，每股发行价格 21 元，募集资金 15.75 亿元。但隆基股份上市后，中国光伏企业随即遇到美国、欧盟等国家对中国光伏产品的反倾销反补贴（以下简称“双反”）调查，国际需求大幅下降，而国内需求尚未形成，产品价格大幅下跌。如何应对行业风险，如何使自己的单晶硅产品在光伏市场中占据更加重要的地位？这是隆基股份当时面临的重大挑战。

通过对市场的分析，隆基股份发现，光伏行业的剧烈波动主要是因为市场需求较为依赖欧美国家对光伏的高补贴。若光伏发电本身对比传统火电更有经济性，那么即便欧美光伏补贴退坡或者欧美对中国提起“双反”调查，国内和除欧美的其他国家的需求也会大幅降低行业整体的对外依赖风险。因此，提升公司抗风险能力的要点，还是加大技术研发力度，尽快降低单晶硅发电的成本。

基于这一思路，2012 年，上市之时就面对行业不利影响的隆基股份加大研发投入，苦练内功，2013 年即获多项技术重大突破，并将其研究成果陆续投入生产，使其单晶硅产品不断降低成本、提高品质。同时，隆基股份还不断完善内部收益核算体系，整合供应链资源，提升计划与物控能力，实施技术工艺管理系统化、标准化，持续降低了运营成本。在降本增产的目标下，加上资本市场的融资助力，隆基股份完成多个基地的建设，单晶硅产能不断增加，2013 年 10 月，其年度出货量突破了 1GW。

进行产业链延展，通过示范效益提升单晶硅市场份额

从 2014 年开始，隆基股份全面推广金刚线切割技术，迅速带动硅片行业成本的下降。传统上，把单晶硅棒切割成硅片，使用的是砂浆钢线。此后，日本厂商将用于蓝宝石等硬脆材料切割的金刚石线，应用于晶体硅片的切割。面对昂贵的进口金刚线材料，隆基股份和国内厂商合作，开始金刚线的国产化进程。在金刚线切割技术全面导入的 4 个月内，成本就和砂浆切割技术持平。和砂浆切割技术相比，金刚线切片速度更高，线耗也更低，切片成本得到大幅降低。

但当时市场上大多数厂商还在做多晶硅，同时多晶硅厂商拥有大量客户资源和渠道资源。这些多晶硅厂商相对保守，虽然单晶价格已经较低，但他们都不愿意成为“吃螃蟹的人”率先尝试使用单晶硅产品。如此局面不利于单晶硅产品渗透率的提升和对单晶硅价值的认知。

为了迅速扩大单晶硅的影响力，隆基股份开始谋求直接向光伏产业链下游扩张，通过自身的示范效应，让终端客户感受到单晶硅产品的价值。为此，2014 年下半年，隆基股份收购了一个终端组件厂——乐叶光伏，并以此为标志，迈入新的发展阶段，积极推动战略转型，由单一单晶硅片生产商向

一体化的太阳能科技公司转变。

自收购乐叶光伏之后，隆基股份用自己的单晶硅片，在乐叶生产了物美价廉的单晶硅电池组件产品，并推向市场。通过市场的实际应用和竞争，隆基股份充分地向下游的组件和光伏电站客户证明了自己的单晶硅产品的优势。隆基股份不断扩充单晶硅组件产能，成为除单晶硅片外的一个新的收入和利润增长点。

多次融资扩充产能，将技术优势转化为利润增长

在2014年获得市场的广泛认可之后，单晶硅片和组件的需求急速增加。对于隆基股份而言，如何快速扩大产能以满足市场需求成为新的发展要点。

为了进一步发展，隆基股份从2014年至今先后进行了7次再融资。其中包括两次定向增发（分别融资19.60亿元和29.80亿元）、一次公司债发行（融资10亿元）、两次可转债发行（分别融资28亿元和50亿元）、一次配股发行（融资38.75亿元）、一次短期融资券发行（融资5亿元），累计融资金额近200亿元。

表2-1-2　隆基股份融资概况

公告日期	融资方式	年份	发行价（元）	募资总额（亿元）	募资净额（亿元）
2012-03-26	首发	2012	21.00	15.75	15.13
2015-06-26	定向增发	2015	15.30	19.60	19.20
2016-03-03	公司债	2016	100.00	10.00	10.00
2016-09-10	定向增发	2016	14.20	29.80	29.42
2017-10-31	可转债	2017	100.00	28.00	27.61
2018-12-17	短期融资券	2018	100.00	5.00	5.00
2019-04-03	配股	2019	4.65	38.75	38.28
2020-07-29	可转债	2020	100.00	50.00	49.55
合计				196.90	194.19

资料来源：Wind数据库。

从资本市场获得的资金保障了隆基股份一系列扩产项目的顺利实施，使公司的技术优势彻底转化为产能、产量、销量、收入和利润，企业竞争优势不断增强。

硅片产能从上市前的0.71GW提升至2019年底的42GW，增长了58

倍，预计 2020 年底将达到 75GW 以上；组件产能从 2014 年的 0. 2GW（2014 年底进入下游组件领域）提升至 2019 年底的 14GW，增长了 69 倍，预计 2020 年底将达到 30GW 以上。

自上市以来，隆基股份的营业收入从 17 亿元增长至 2019 年的 329 亿元，复合年增长率达到 52. 59%；2019 年净利润达到 56 亿元，加权平均净资产收益率达到 23. 93%。隆基股份的市值也从 2012 年上市时的 63 亿元增长至 2020 年的超过 2500 亿元，增长了超过 38 倍。具体见图 2-1-8。

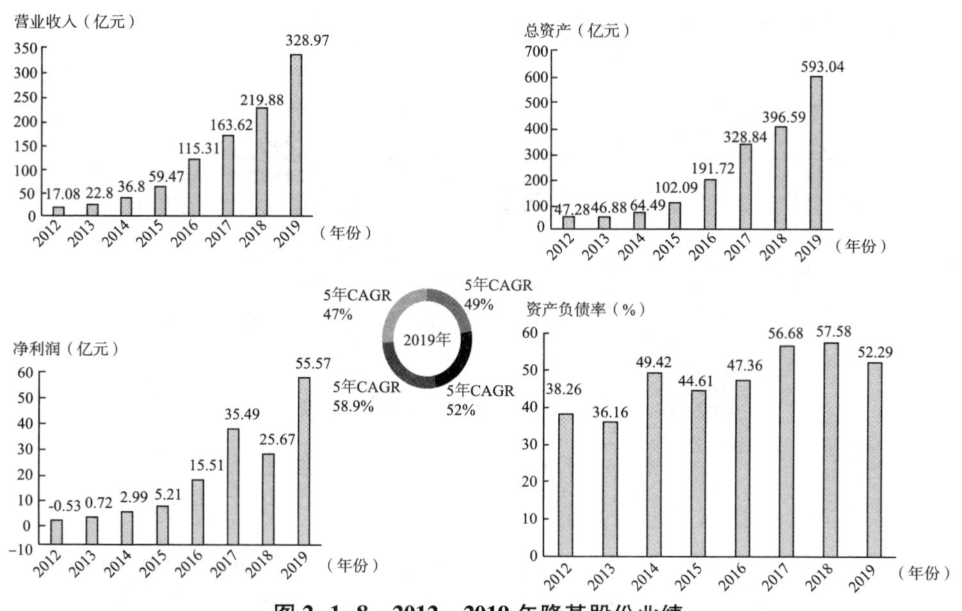

图 2-1-8　2012—2019 年隆基股份业绩

资料来源：隆基股份公司资料。

隆基股份在快速发展的同时，坚持秉承“产品领先，高效运营，唯实协作，稳健经营”的经营方针，将自身的资产负债率水平一直保持在 60% 以下，维持了同行业中更低风险、更健康的资产结构。这也使其成为海外光伏客户的优先合作对象，从而为隆基股份的海外拓展和全球光伏技术变革提供了重要的便利条件。

资本助力盈利增长，巩固单晶硅技术引领者的地位

资本助力下的盈利增长，也为隆基股份持续的高额技术投资提供了资金保障。为了保持技术的领先性，隆基股份持续进行高研发投入，与高校深度合作。一直以来，隆基股份视研发和技术为企业发展的重中之重，其研发费用占总收入的5%~7%，远超同行水平。从金额来看，隆基股份2019年研发投入达到16.77亿元，这一数字超过了同期美国两家最大的光伏企业研发投入之和。2012—2019年隆基股份研发投入情况见图2-1-9。

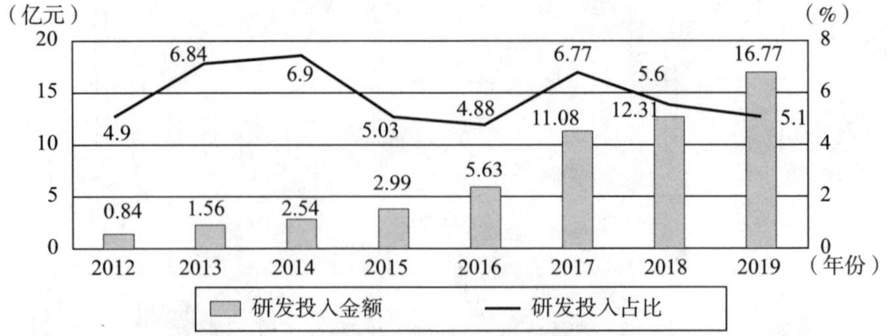

图2-1-9　2012—2019年隆基股份研发投入情况

资料来源：隆基股份公司资料。

由于持续的技术突破、精细化的管理、设备的国产化等多方面因素叠加，在隆基股份的单晶硅片生产中，非硅成本持续下降，如图2-1-10所示。

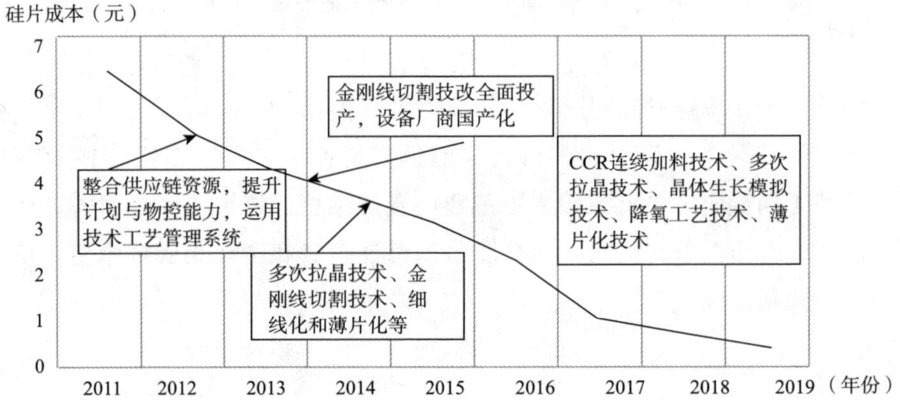

图2-1-10　2011—2019年隆基股份单晶硅片成本下降趋势

资料来源：隆基股份公司资料。

单晶硅组件国内市场占有率从2013年的不到5%迅速跃升至2019年的65%，彻底颠覆了行业内多晶和单晶的市场占有率对比状况，引领行业完成了从多晶硅路线向单晶硅路线转变的全面技术变革。

小　结

隆基股份依托从前端硅材料到下游组件的全产业链优势，将积累的大量领先研发成果导入量产环节，保证了产品的高效率、高可靠性和高收益，隆基品牌在全球单晶硅片及组件领域的影响力持续提升。在成为国际龙头的路上，隆基股份总结了自身发展的重要经验：

第一，要“做正确的事”。首先需要选择一个好的行业。隆基股份之所以在光伏行业取得了长足的发展，一方面是因为光伏行业乃至能源行业的空间足够大；另一方面是因为管理层在对光伏行业的热爱之下，以实干家的精神长期深耕该行业，并坚持“光伏发展将改变能源格局”的长期信念毫不动摇。

第二，要“正确地做事”。隆基股份认为，坚持事物的第一性原理，分析事物的本质，并从根源上解决问题，是找到正确策略的关键。也正是基于这一分析思路，隆基股份确立了单晶硅技术路线及经营理念，奠定了公司长期发展的基础。

第三，研发投入是关键。对于光伏这样的由技术和成本驱动的行业，技术领先对于龙头企业而言至关重要。隆基股份正是利用技术产业化获得的利润和资本市场的融资保障，不断进行更高额的研发投入，从而实现了重点技术的频繁突破和量产。在获得龙头地位后，隆基股份依然保持对技术的持续关注，从而不断巩固自身的技术领先优势。

第四，财务稳健是保障。在高速发展的同时，隆基股份始终认为，若要成为一家长久发展的企业，控制风险和保持财务稳健是非常重要的因素。良好的财务指标也为隆基股份获得了更多的国际发展机遇，协助隆基股份从国内龙头发展为国际光伏龙头。

用友网络创立于1988年，公司成立三十二年来，一直专注企业服务领域，参与和见证了中国商业的发展和企业的成长。从一家传统的财务软件提供商，蜕变成亚太地区ERP企业龙头，再到成为领先的企业云服务提供商，用友网络在不断变化的大环境中准确地抓住时代机遇、把握行业浪潮，不断转型和突破，积极融资发展，实现了深度行业化，推进产业升级发展。

用友网络:人才机制助力企业转型升级

中国软件业驶向新蓝海，用友网络深耕企业市场三十二年

在20世纪80年代之前，企业内部的财务管理常常需要以传统人工操作的方式进行。随着国产微机技术的发展和成熟，1980年前后，社会上掀起了会计电算化的热潮，这一阶段开始出现很多以开发经营会计核算软件为主营业务的专业软件公司。

20世纪90年代前后，随着SAP、Oracle等国际著名企业资源计划（Enterprise Resource Planning，ERP）软件厂商进入中国，我国企业管理开始进入ERP时代。到了21世纪，随着互联网技术的发展，云计算开始兴起。2006年3月，亚马逊推出弹性计算云（Elastic Compute Cloud）服务；同年8月，谷歌首次提出了“云计算”（Cloud Computing）的概念，这也是现代云计算产生的正式标志。按照服务方式，云计算可以分为三大类：基础设施即服务（IaaS）、平台即服务（PaaS）和软件即服务（SaaS）。

从IaaS的发展历史来看，2008年左右，美国龙头企业亚马逊迅速发展，而2013年左右，中国龙头企业阿里云迎来了快速增长期。从SaaS的发展历史来看，美国SaaS产业的快速发展始于2018年国际金融危机之后的两三

年，而中国 SaaS 从 2015 年开始才逐渐发展起来，且目前正处于快速增长的初级阶段。

2019 年，Salesforce 在资本市场的市值突破了 1790 亿美元，首度超过了有着悠久历史的软件巨头 Oracle，这一消息也提振了全球 SaaS 从业者的信心。Salesforce 是 SaaS 的开创者，代表了全新的云时代；而 Oracle 是称霸世界的软件龙头，代表了曾经辉煌的软件时代。两者市值地位的转变，似乎暗示着"云"才是软件的未来。

新基建浪潮之下，中国企业云服务正驶上快速发展的列车道。在需求端，企业对云计算的需求不断上移，从基础云服务 IaaS 延伸到 PaaS、SaaS、应用创新等多层次服务；在供给端，阿里、华为、腾讯三家企业几乎垄断了国内云服务市场的底层基础设施。基础硬件层之上，还有平台服务商和应用服务商等软件层，老牌企业用友网络就是其中之一。

用友网络（股票代码：600588. SH）创立于 1988 年，是全球领先的企业与公共组织软件、云服务、金融服务提供商。公司的发展历经了三个阶段：1. 0 阶段，用友网络从财务软件起航，通过普及财务软件的应用，推动了中国企业的会计电算化进程；2. 0 阶段，用友网络由财务软件向企业管理软件 ERP 转型，帮助企业优化流程、提高效率，打破了 ERP 市场被国外厂商垄断的局面；3. 0 阶段，用友网络形成了软件、云服务、金融服务融合发展的新战略布局，公司致力于打造全球领先的企业云服务平台，助推企业数智化转型和商业创新。三十二年来，用友网络只做了一件事：专注企业服务，用创新与技术推动商业和社会进步。这家企业在 1. 0 阶段做到中国财务软件市场领先，2. 0 阶段做到亚太企业管理软件市场领先，3. 0 阶段的最终目标便是构建和运营商业创新平台，并达到全球领先水平，见图 2-2-1。

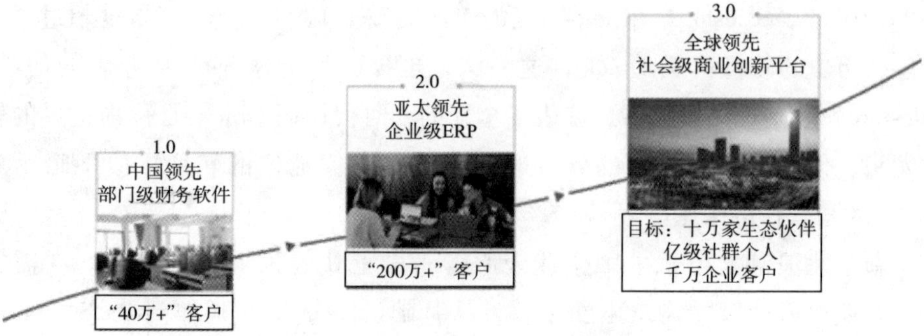

图 2-2-1 用友网络发展历程

把握时代潮流，转型拥抱未来

用友 1.0，会计准则规范化助力企业初期发展

1988 年，中关村潮头涌动，北京新技术产业开发试验区（中关村科技园区前身）成立，中国高科技行业的历史翻开崭新的一页。彼时的中关村，整条街都在卖硬件。在软件搭着硬件送的环境下，用友网络另辟蹊径，选择做起了企业财务软件。

谈及原因，首先，和财务背景出身的创始人王文京不无关系。创立用友之前，他任职于国务院机关事务管理局，在各部委机关推动会计电算化。其次，那个时候，中国的大部分企业使用手工和算盘记账，记账方式很原始。20 世纪 80 年代末，随着微机和 PC 的陆续出现，使用计算机来替代手工记账成为可能。王文京敏锐地意识到，行业正在迎来信息化的大浪潮，财务软件将大有可为。

王文京对市场的判断很快就得到了印证：从 1988 年用友财务软件服务社成立，到 1991 年财务软件市场占有率全国第一，用友网络只用了三年时间。1989 年，用友网络自主研发的"UFO—用友电子报表软件"解决了财务人员编制大量财务报表的烦琐工作。由于该软件功能强大、使用方便，被会计人员誉为“中国第一表”。1990 年，用友财务软件（DOS 版）获得财政部的评审，成为中国第一批获得财政部资质认证的财务软件，同时也成为全国会计人员会计电算化资格认证学习最为普及的软件，推进了中国会计人员信息化水平的提高。1996 年，用友网络推出管理型财务软件（V6.0 For DOS），这是财务软件在应用深度上的一次突破，它将财务软件的功能延伸到了管理会计、成本会计、财务分析、财务预算等更深的层次。

与此同时，国内会计准则的规范化也助推了企业初期的发展：

1992—1993 年，财政部先后发布了《企业会计准则》《企业财务通则》，以及十几个分行业的会计制度和财务制度（以下简称“两则两制”），并规定于 1993 年 7 月 1 日起在所有企业实施。“两则两制”结束了几十年来计划经济下的会计模式，吸收中外合资经营企业会计模式，向国际通行做法靠拢。1993 年开启的“会计风暴”，更是加速了国产财务软件的发展。而且由于国内会计准则的特殊性，海外公司几乎没有插手这个领域。因此，用友、金蝶等国产财务软件公司如鱼得水。而当年主导这场变革的领导，还称赞用友网络“用大众的技术、优惠的价格、高质量的服务，赢得了市场，为新会计制度作出了贡献”。

用友 1.0—2.0，资本市场助力用友 ERP 转型成功

继财务软件之后，ERP 软件在国内兴起。ERP 即企业资源规划，由美国知名 IT 分析公司 GARTNER 于 20 世纪 90 年代初提出。ERP 的前身是物资需求计划（Material Requirement Planning，MRP），源于制造企业，兴于工业时代。历时多年的发展和演变，ERP 逐渐成为当时国外主流的企业管理模式。相较于单一应用的财务软件，ERP 打通了多个业务部门，从后端采购，到中端制造，再到前端的销售，企业开启了基于系统的多部门的协作。数据也从单一的财务部门流转到多个业务部门，并开始跨越企业边界。销售部门可以直面客户，采购部门可以直接对接内部各部门与渠道商。

1989 年，世界软件巨头 Oracle（甲骨文）正式进入中国市场，其首创的关系型数据库技术也从此开始服务中国用户。1995 年，全球最大的管理软件厂商 SAP 在中国成立分公司。外资 ERP 大规模进军中国，凭借多年的企业管理软件经验，“如入无人之境”，占据了中国软件市场的半壁江山。

面对这一新理念的冲击，创始人王文京的判断是：在 ERP 面前，独立的财务软件公司未来将不复存在。用友网络几乎没有太多的犹豫，迅速决定将业务向 ERP 市场转移。同时，这一时期用友 1.0 的发展取得了较好成效。1997 年，公司营收突破 1 亿元大关。王文京把维持企业持续经营的能力总结为“冲浪模型”，即针对每一波技术浪潮，企业必须把握和主导这一趋势，并在资金最充足的时期转型到下一个阶段。

这一次转型，让公司承受了巨大的压力。1997 年，用友网络开始谋划从财务软件向企业管理软件转型。次年，公司发布了两大系列企业管理软件 U8 和 NC 的早期版本，NC 面向高端，而 U8 面向中端市场。两大产品线担负起了用友的转型大任。

NC 产品线面向大型集团企业，这一市场之前一直被国际管理软件公司垄断。用友网络一度将 2/3 的研发力量投入 NC 中，展现了用友网络进军 ERP 高端市场的决心。然而事与愿违，被公司寄予厚望的 NC，自 1998 年面市后集聚了大量的资源，却历经多年的亏损。究其原因是高端市场客户更看重产品和服务，对价格相对不敏感。对比而言，国外成熟的 ERP 系统配备了更加完整的服务体系，从售前到人员教育、软件实施、二次开发都有相应的人员互相衔接，在服务中除了教会企业使用软件外，还提供很多咨询服务，与客户一起探讨更合理的管理模式。

而用友网络的另一条产品线 U8，一面市就赢得了国内中小企业的青睐。在用友，U8 一直充当着现金流的角色，但符合市场定位的定价和相对较高的服务标准依旧压低了用友网络的利润空间。

NC 的快速内生发展及大量研发投入给用友网络的现金流与组织资源带来一定的压力，直到 2001 年用友网络上市，情况才有所缓解。2001 年，用友网络通过上市募集了 8 亿多元的资金，创造了软件行业的一项纪录。通过充沛的资金，用友网络随后开启了积极的并购，不断扩充软件人才队伍，增强公司软件技术。2001 年，用友网络收购了台湾汉康、安易软件等 ERP 软件供应商，形成了比较系统的研发团队。2006 年，公司开始推出股权激励计划，旨在留住人才、激励人才，这也是软件行业首次进行规范化的企业股权激励。

2001 年，用友网络以 2000 万元收购了台湾汉康公司的制造业 ERP 产品和在南京的研发团队，并将产品整合进入公司原有的 U8 产品中，形成了面向制造业的 U8M。但是这一版本的产品最开始在市场上的表现并不突出：从客户量上看，它从问世那天开始一直没有获取到很多客户，市场接受度不高；从财务指标上看，这款产品产生的现金流一直是负数；但是从企业战略上来看，收购汉康却为 U8 以后的发展奠定了坚实的基础。通过对汉康的收购，用友网络拥有了真正谙熟生产制造管理的研发团队，这也让公司其他研发人员第一次有机会深入地理解台湾地区 ERP 产品的生产制造流程，第一次了解了怎样从全业务角度而非从财务管理的角度去理解 ERP 产品。之后的一段时间内，用友网络先后推出了 U852 和 U860 两款产品，这两个版本的产品在生产制造模块上突飞猛进，成为了针对国内中型企业的最合适的 ERP 系统，用友网络也因此成为国内中端 ERP 市场的龙头。

一方面，用友网络通过并购将资本用到了市场拓展和产品服务能力的建设上。另一方面，以王文京为首的公司董事会始终坚定支持用友网络抢占 ERP 高端市场的策略，不减少 NC 产品线的研发投入，把精力主要放在提升产品的性能上。用友网络深知，对于高端客户，只有更加努力才能打开市场需求。凭着不懈的努力和坚持，用友网络 ERP 软件逐步迈向高端市场。2005 年，NC 产品线开始发力，突破盈亏平衡点。一旦打破盈亏平衡点后，这款产品就产生了爆炸性增长。NC 产品线 2007 年的收入比 2006 年增长了 51%，达到了 3.2 亿元；2008 年，它的年化收入增长率超过了 40%。

据 CClD（赛迪资讯顾问公司）发布的《2002—2003 年中国管理软件市场研究年度报告》：2002 年，用友网络继续保持了中国管理软件市场份额的第一名和中国财务软件市场份额的第一名。同时，用友网络在 ERP 市场上超过国际龙头 SAP，获得中国市场份额的第一名。2007 年，用友网络市值首次突破 100 亿元。其间，公司通过不断的研发，先后发布了 CRM/ERP/HRM 等新品，三大产品线的市场占有率于 2009 年达到了国内的第一名。这一阶段，用友网络服务了国内 200 多万家企业的信息化建设，成功完成了由财务软件向企业管理软件的华丽转型。

用友 2.0—3.0，从 ERP 到 BIP，用友网络腾云而起，助力企业数智化转型

随着传统软件企业的发展与竞争，行业中发生了一场巨大的技术变革。以亚马逊、阿里为代表的互联网企业把企业应用推向了云服务时代的新阶段。作为企业宏观战略的制定者，王文京也敏锐地察觉到了这一点。早在 2010 年底，用友网络就发布了云战略。从 2015 年开始，用友网络进入了 3.0 战略的新时期。同年，用友网络募集资金 16.2 亿元，促进公司由 ERP 厂商向云服务厂商转型，为 3.0 战略加码。2016 年，用友网络正式宣布进入以“企业互联网服务”为主体业务的 3.0 时期。

2017 年 7 月，用友网络推出第一款完全云化的 ERP 产品 U8 Cloud，主要针对成长型、创新型企业。同年，用友网络推出面向小微企业的云产品 T+ Cloud。2019 年，用友网络又推出针对大型企业的 NC Cloud，以及面向中型企业的云服务套件 YonSuite。2020 年 8 月，用友网络战略升级，推出了新品 YonBIP 用友商业创新平台，作为用友 3.0 阶段的核心产品和服务，标志着用友 3.0 战略的实施进入了第二个阶段。

迄今为止，用友网络已完成 PaaS（平台服务）、SaaS（软件服务）、BaaS（业务服务）、DaaS（数据服务）、FaaS（金融服务）等较完善的云布局，而 YonBIP 的推出与建设标志着该公司从产品服务模式（以 SaaS 为主）升维到平台服务模式（“PaaS+SaaS+BaaS+其他 XaaS”，即“用友+”生态），并以此更有效地支撑企业客户的转型与商业创新，助其实现持续发展。用友企业云服务的客群定位见图 2-2-2。

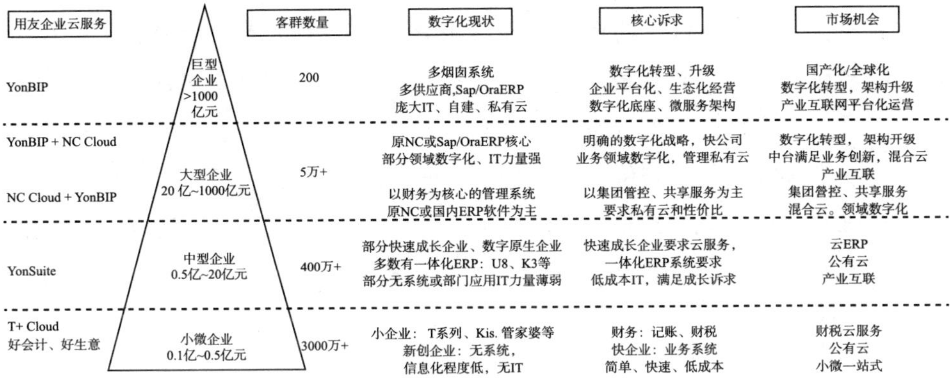

图 2-2-2　用友企业云服务的客群定位

当然，云转型对传统 ERP 企业也充满了挑战。首先，原有系统的改造和重构需要高额的研发投入：自 2012 年以来，用友网络每年的研发投入在总营收中占比均在 15%以上，2015 年开启云转型后提高至近 20%。近三年合计研发投入超过 44 亿元。2020 年，用友借力资本市场开启第二轮非公开发行，募资 53 亿元构建全球领先的云服务平台。其中，46 亿元用于 YonBIP 商业创新平台项目的打造。其次，经营模式不一样，新业务是平台服务，老业务是项目交付；盈利模式不一样，新业务是租，老业务是售。此外，观念、制度、流程也不一样。这些都冲击着用友网络的每一个员工。

针对这些挑战，用友采取了一系列措施助力企业转型升级。在人才队伍方面，从 2017 年开始，公司开展了新一轮的股权激励计划，帮助企业吸引人才、留住人才、激励人才；同时，在薪酬管理和人才培养方面，公司也出台了一系列政策。针对与 2.0 阶段不同的经营和盈利模式，用友网络还联手合作伙伴，构建行业生态，实施“平台+生态”战略，转客户经营模式为客户运营模式。通过大中型企业云服务一体化发展，用友发展领域云、行业云、生态云等产品，逐步打造云市场。

回看用友网络自 2016 年以来的整体表现，公司已经连续四年营收均保持两位数以上增长：据 2016—2019 年年报，用友网络营业收入分别为 51. 13 亿元、63. 44 亿元、77. 03 亿元、85. 10 亿元，同比增长率分别为 14. 87%、24. 06%、21. 44%、10. 46%。毛利率也始终稳定在 65. 00%以上：据 2016—2019 年年报，用友网络毛利率分别为 67. 85%、71. 43%、69. 95%、65. 42%。

与传统 ERP 软件许可和系统集成的销售模式不同，云服务卖的主要是产品与服务，公司未来持续的现金流更多依靠的是公有云客户后续订阅的持续付费以及私有云客户的升级与复购。但转型对于用友网络来讲，不可避免地抑制了自身传统软件业务的发展。在这段转型的阵痛期内，“云业务收入占比”这一数字就成了评判传统软件公司转型上云成功与否的重要标准。

从 2017 年云战略落地至今，已经过去了三年。单从财报数字上看，用友网络的云服务业务收入高速增长，其转型上云迄今为止十分成功，如图 2-2-3 所示。

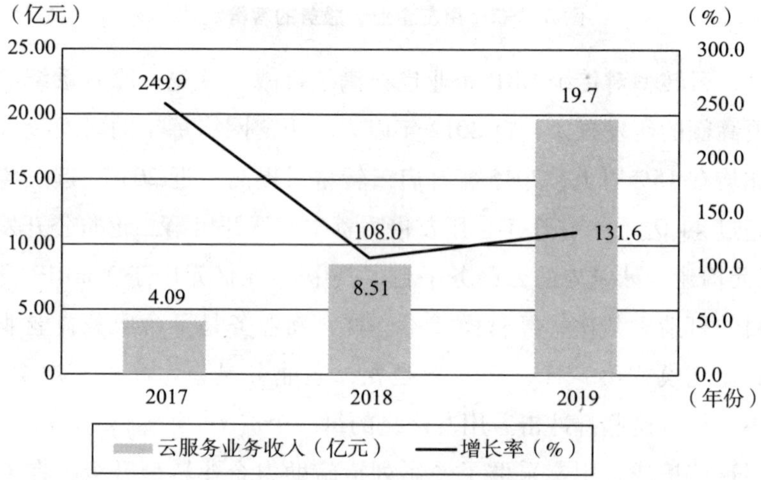

图 2-2-3　2017—2019 年用友网络云服务业务收入

2016 年，用友网络的云服务业务（不含金融类云服务）收入 1.17 亿元，在总营业收入中占比仅 2.0%。2017 年，云服务业务（不含金融类云服务）收入 4.09 亿元，同比增长 249.9%，占总营业收入的 6.45%。2018 年，云服务业务（不含金融类云服务）收入 8.51 亿元，同比增长 108.0%，占总营业收入的 11.05%。2019 年，云服务业务（不含金融类云服务）实现收入 19.70 亿元，同比增长 131.6%，占整体营业收入的比重已达到了 23.2%。云服务收入规模也随着新品迭代而高速成长，成为用友网络营业收入增长的主引擎。

激发人才创新活力，助力企业转型升级

股权激励计划

人才是知识密集型科技类企业持续创新发展的重要保障和发展动力。自2006年起，根据发展需要，用友网络共实施了7期股权激励计划，激励对象覆盖广泛，包括公司高级管理人员等核心骨干员工及其他重要骨干员工，建立起良好的激励与约束机制，优化公司的治理结构。

2006年，《上市公司股权激励管理办法（试行）》《国有控股上市公司（境内）实施股权激励试行办法》发布，我国股权激励开始规范实施。为完善公司激励机制与体系，增强公司的人才竞争力，用友网络董事会迅速做出反应，着手安排人力部门讨论并制定了《用友软件股份有限公司股权激励计划（草案）》，获中国证监会批准后，于2007年完成了首次股权激励计划，这也是国内软件行业中首次规范化的企业股权激励计划。

2013年的激励提升了转型期的人才吸引力；2017—2019年的连续激励将发展的成果和员工分享，保持了团队的战斗力。2020年5月21日，用友网络发布了最新的股权激励方案：本次激励计划授予的激励对象总人数为1696人，约占公司员工总人数的9.82%，激励人数大幅增加。公司拟向激励对象授予不超过1848.07万股限制性股票和496.33万份股票期权，分别占公司总股本的0.57%和0.15%。本次激励计划的业绩考核要求与上年类似，要求以2019年为基数，“软件业务营业收入”和“云服务业务营业收入”之和在2021年度增长率不低于20%，2022年度增长率不低于30%。企业未来关于云服务业务的收入预期也彰显了用友网络对云计算产业发展和公司云业务增长的信心。具体见表2-2-1。

表 2-2-1 2006—2020 年用友网络股权激励计划

年份	方式	股本占比（%）	对象	人数（人）	授予价/行权价（元）	考核要求
2006	股票	3.85	公司监事、高管、其他骨干员工和董事会认为确有必要进行激励的其他人员	1014	18.17	加权平均 ROE>10%，扣非净利润为基础计算的加权平均 ROE>10%
2010	期权	2.7	高管（21 人）+骨干员工（1885 人）	1906	25.16	扣非 ROE>12%；扣非净利润以 2009 年基数，2012 年增长 120%，2013 年增长 185%
2013	股票	1.5	高管（15 人）+专家、中层及骨干（1626 人）	1641	6.76	扣非 ROE>10%；扣非净利润以 2012 年基数，2013 年增长 20%，后两年增长 44%、73%
	期权	1.5	高管（15 人）+专家、中层及骨干（1626 人）	1641	12.63	
2017	股票	1.32	高管（14 人）+骨干员工（1430 人）	1444	4.12	合并营业收入以 2016 年为基数，2017 年增长率不低于 10%，2018 年不低于 20%，2019 年不低于 30%
	期权	2.64	高管（14 人）+骨干员工（1430 人）	1444	15.88	

续表

<table>
<tr><th>年份</th><th>方式</th><th>股本占比（%）</th><th>对象</th><th>人数（人）</th><th>授予价/行权价（元）</th><th>考核要求</th></tr>
<tr><td rowspan="2">2018</td><td>股票</td><td>0.023</td><td>骨干员工</td><td>28</td><td>5.99</td><td rowspan="2">合并营业收入以 2016 年为基数，2018 年增长率不低于 20%，2019 年不低于 30%，2020 年不低于 40%</td></tr>
<tr><td>期权</td><td>0.047</td><td>骨干员工</td><td>28</td><td>28.18</td></tr>
<tr><td rowspan="2">2019</td><td>股票</td><td>0.03</td><td>高管（1 人）+骨干员工（155 人）</td><td>156</td><td>6.11</td><td rowspan="2">2019 年“软件业务收入”和“云服务业务收入”之和不低于 69 亿元；两数据之和以 2019 年为基数，2020 年增长率不低于 10%，2021 年增长率不低于 20%</td></tr>
<tr><td>期权</td><td>0.06</td><td>高管（1 人）+骨干员工（155 人）</td><td>156</td><td>28.15</td></tr>
</table>

续表

年份	方式	股本占比(%)	对象	人数(人)	授予价/行权价(元)	考核要求
2020	股票	0.57	高管（12人）+骨干员工（1684人）	1696	24.45	“软件业务收入”和“云服务业务收入”之和以2019年为基数，2021年增长率不低于20%，2022年增长率不低于30%
	期权	0.15	高管（12人）+骨干员工（26人）	38	37.47	2022年营业收入达到1470469万元，云服务业务收入达到983663万元，归属于上市股东的扣除非经常损益后的净利润达到132314万元，以2022年营业收入为基数，2023年营业收入增长率不低于10%

用友网络的股权激励计划中还设置了多层业务指标，除公司一级指标外，各个业务团队还有二级业务指标。如公司一级指标不达要求，股权激励对象的期权就无法行权。通过这一方案，用友网络在员工和公司之间架起了桥梁，员工的成长带动了公司战略目标的实现。

此外，用友网络的股权激励计划具有很强的连续性，一旦股权激励即将到期，公司就会及时推出新的股权激励计划，持续推进股权激励、大手笔回购彰显了公司的长期信心。同时，公司进入3.0阶段后，每年都会推出新的股权激励计划，既能有效加强对骨干员工的管理，又提高了新骨干员工的工作积极性。

人才培养计划

除股权激励计划外，用友网络人才队伍的搭建也离不开人才的招聘与培养。用友网络的干部专家队伍中，有80%是从企业内部培养和提拔出来的。

2008 年，公司成立了独立的内部培训机构——用友大学，对企业员工进行线下和线上涉及研发、管理、销售等不同业务线的全面培养。剩余还有约 20% 的干部专家是用友网络请进企业的行业人才，其现阶段的“数智百咖”计划已经为企业招聘了六七十名行业高端专家。除此之外，用友网络还有高龄干部退出计划、优秀应届生招聘计划、干部轮岗计划、人才考核末位淘汰、客户和员工“专家面对面”等人才培养计划。软件和信息技术服务行业的快速发展使得公司对人才的需求和要求也在不断变化，人才培养计划的实施为公司的战略发展奠定了高质量的人才基础。

用友人才计划的效果

财务效果

从股票价格来看，用友网络的股价在 2013 年和 2017 年两次大的股权激励后增长迅速，企业成长能力表现出色。这也是因为企业在 2014 年和 2015 年明确了云服务转型和互联网金融的发展战略，为后续发展带来了新的增长点。用友网络股价变化见图 2-2-4。

图 2-2-4　2001—2020 年用友网络股价变化

从人均创收来看，用友网络的数据稳中有升。尤其是 2017 年新一轮股权激励计划实施后，人均创收增长幅度较大。2018 年，公司人均创收达 47.9 万元，同比增长 14.8%；人均创利达 5.0 万元，同比增长 36.7%。这说明股权激励计划的实施将人才与公司业绩较好地关联了起来，通过激励人才帮助公司实现了营业收入的增长。具体见图 2-2-5。

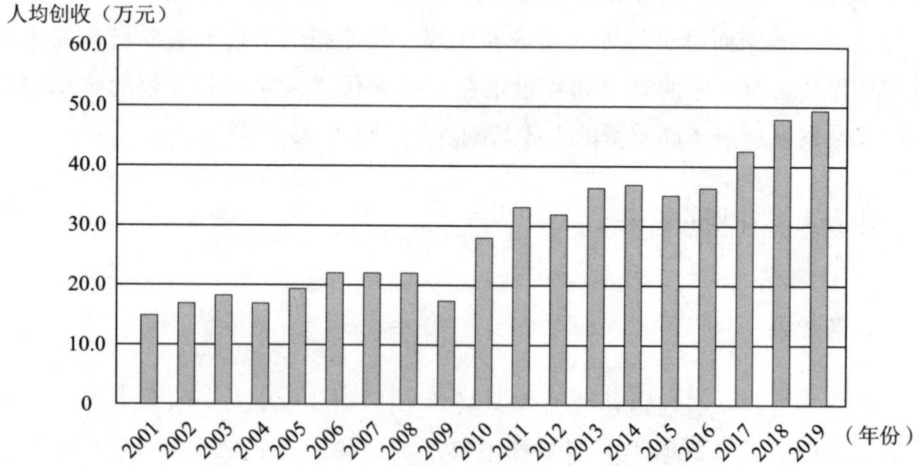

图 2-2-5　2001—2019 年用友网络人均创收情况

由图 2-2-6 可知，从营业收入、利润总额和资产方面来看，这些财务指标虽然受到了市场、行业的宏观影响，但用友网络的数据总体保持稳中有升，经营状况较为出色，可见股权激励对用友网络的发展起到了积极作用。

图 2-2-6　2006—2019 年用友网络财务情况

非财务效果

高管和核心员工忠诚度。用友网络实施股权激励政策旨在建立长期激励约束机制，实现人力资本参与公司利益分配，吸引、激励和稳定公司高级管理人员和核心人才。用友网络在2006—2019年，除了因内部职位调整、公司免职和任职期满，高级管理人员无主动离职情况。另外，公司业务方面的资深专家和核心人员也无影响经营活动的重大变动。这说明用友网络的股权激励计划对高级管理人员和核心员工的稳定起到了积极作用。

人员结构和离职率。软件和信息技术服务行业属于知识密集型产业。对用友网络而言，只有拥有一批高素质的研发团队，才能保障企业不断发展。用友网络的激励对象主要为高管与骨干员工，骨干员工多为技术研发人员。

用友网络2001年上市之初时员工规模为2000多人。在2006—2012年，用友网络高速发展，2012年的员工人数已达到13075人。在接下来的两年里，公司因受宏观经济低迷的影响开始裁减员工，公司员工数量出现一定的下降。2015年公司转型，员工规模再次扩大。2019年末，公司员工已达到17271人。

2005—2007年，用友网络技术人员的绝对人数和相对占比都有所下降，说明公司存在着人才流失的情况，这也是用友网络加大实施股权激励的动因之一。2007年以后，技术人员的绝对数量和相对占比都在上升，2019年技术人员数量达到6065人，是历年技术人员数量的最高值。这说明股权激励对公司建立一支稳定积极的研发团队起到了正面效用。具体见图2-2-7。

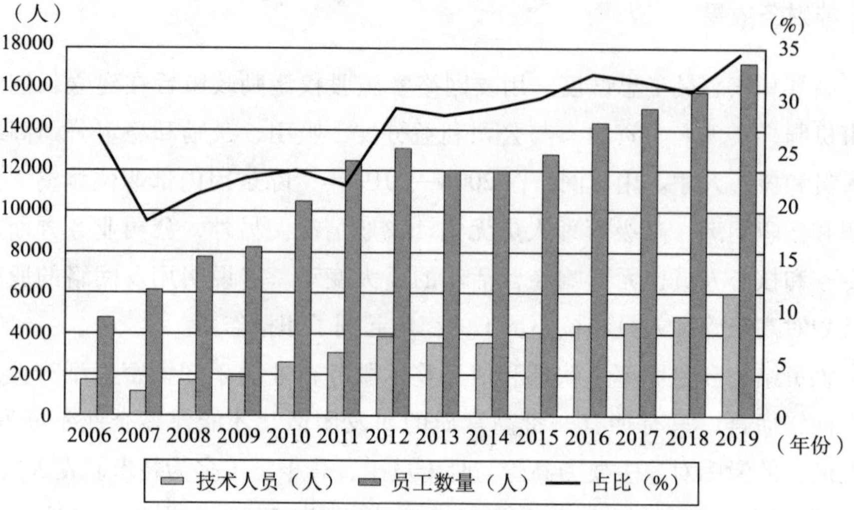

图 2-2-7　2006—2019 年用友网络技术人员占比情况

从离职率来看，根据前程无忧 2017 年发布的《2017 离职与调薪调研报告》，高科技行业年度主动离职率达 21.6%，而近几年软件行业的年度离职率也保持在 20%左右。通过访谈，我们了解到在参与用友网络股权激励计划的对象中，各年度离职率不足 7%，且离职人员多为考核不达标人员。由此可以看出，用友网络的股权激励计划较好地实现了留住有用人才的战略目标。

研发创新能力。软件和信息技术企业的研发能力是保证企业长远发展的根本基石，而行业中最重要的无形资产之一就是软件著作权。除被收购企业转入的软件著作权外，用友网络的年度新增软件著作权数量自 2006 年第一轮股权激励计划后整体为上升趋势，即股权激励有效地提高了员工的积极性和创造能力，从而提升了公司的创新能力和核心竞争力，如图 2-2-8 所示。

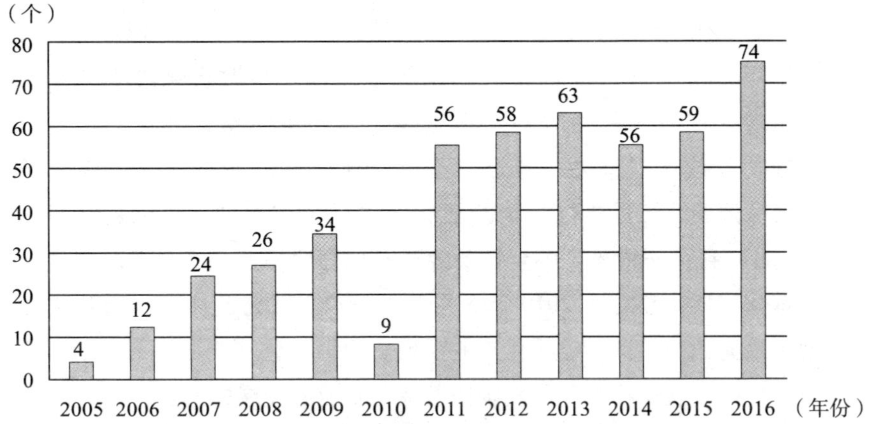

图 2-2-8　2005—2016 年用友网络新增软件著作权情况

小　结

用友网络通过财务软件到 ERP 再到“云服务”的企业转型，抓住了国家的时代机遇和软件行业的产业浪潮，借力资本市场积极融资，实现了深度行业化，推进产业升级发展。同时，作为一家轻资产高科技企业，人才对用友网络的发展具有重大影响。用友不仅采用股权激励计划，在提升公司价值的同时为员工带来了增值利益，实现员工与公司共同成长，还通过人才培养、生态合作等方式优化治理结构，保证了企业长期稳定发展。当前，数智化已被全球的企业广泛关注。数智化能为企业带来全新价值，驱动企业业务创新、管理变革、金融嵌入、IT 升级等，并实现增加收入、降低成本、提高效率、改进质量、控制风险等企业运营基本目标。用友网络对企业数智化的助力也推动了社会的转型升级，具有十分深远的意义。

恒力石化是世界500强企业恒力集团的上市子公司，是以炼油、石化、聚酯新材料全产业链发展的国际型企业。恒力石化成立二十余年，实现了从"一桶油"到"一根丝"的产业升级，并借力资本市场，成功形成了"原油—芳烃、乙烯—PTA、乙二醇—聚酯—涤纶长丝、聚酯薄膜、工程塑料"全产业链一体化发展模式，推动完善了从"一桶油"到"一根丝"的全链条战略布局与全覆盖业务经营。恒力石化的炼化一体化项目于2019年5月全面投产，成为国内八大石化产业基地中最先建成的世界级石化产业项目。恒力石化从产业链下游到全产业链布局的发展道路开创了我国民营炼化企业的发展先河。

恒力石化:崛起中的中国民营大炼化巨头

传统石化发展陷入瓶颈，民营大炼化推动产业升级

石油化学工业简称"石化工业"，是指以石油和天然气为原料，既生产石油产品又生产石油化学产品的加工工业。石化工业是重要的基础性工业，从能源开采炼化，到各类工业与民用材料的生产，再到涉及民生的衣、食、住、行，都离不开石化及其衍生化学产品的应用。石化工业产业链庞大而复杂，应用面极广，是我国的支柱产业之一，如图2-3-1所示。

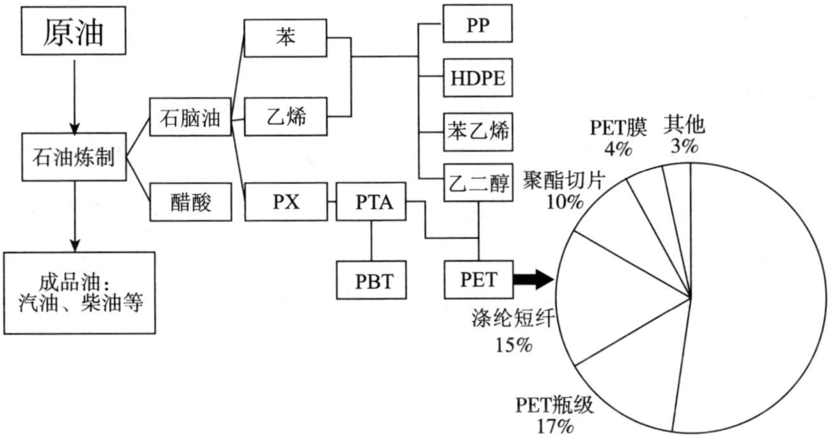

注：PX：对二甲苯（重要的芳烃产品之一，主要用于制备PTA）。
PTA：精对苯二甲酸（大宗化工原料，主要用于生产PET）。
PET：聚对苯二甲酸乙二醇酯，简称“聚酯”，广泛用作纤维、薄膜、工程塑料、聚酯瓶等。
PBT：聚对苯二甲酸丁二醇酯，工程塑料之一，应用于很多日常用品。
PP：聚丙烯，一种轻质通用塑料，广泛应用于电子、汽车、包装等多个行业。
HDPE：高密度聚乙烯，主要用于制造塑料管材。

图 2-3-1 石化工业产业链

我国石化行业发展中的问题

虽然我国经济的发展驱动了石化产品的需求和进一步发展，但我国石化行业仍面临着一些问题。

大而不强，供给存在结构性短缺

从炼油规模来看，我国目前为全球第二大炼油国，仅次于美国。2009—2019 年，我国的炼油能力已经从 5.6 亿吨/年的规模增长至 8.8 亿吨/年，年均复合增速 4.6%，远高于全球 1.0%的行业数据。但 2019 年，我国石油炼化工厂的开工率只有 74.5%，远低于美国 90.0%的水平。行业存在严重产能过剩，汽柴油消费量低缓，部分油品逐渐形成了长期过剩的趋势。但是，部分重要的化工原料却严重依赖进口，如 PX2018 年进口依存度高达 61.16%，乙二醇的进口依存度也达到 59.49%，供给结构性短缺严重。在产业规模增大的同时，对比全球炼厂的平均水平和产品结构能力，我国炼化产业呈现出典型的产能供给端“大而不强”和产出端“油化的低端品过剩与高端品短缺两个局面并存”的结构性特征。

产业链发展不均衡

产业链发展不均衡是导致供给结构性失衡的本质原因。当前，我国的炼厂类型多以燃料型加工为主，化工型炼厂占比较低。2018 年之前，我国千万吨级以上的原油炼化企业有 27 家，其中多是燃料型加工工厂。产业链发展的不平衡导致了行业利润的不合理分配。典型的从原材料到终端产品的产业链流程为：从原材料（石油）加工生产 PX，进而依次生产下游的 PTA、聚酯，直至纺织行业的基础材料涤纶。自改革开放以来，由于人口红利等诸多有利因素，我国纺织行业获得了快速发展，相应地，纺织行业中的直接原材料涤纶长丝等行业也快速崛起。目前，我国已在“石油—PX—PTA—聚酯—涤纶长丝”的产业链中取得了显著的竞争优势，但是由于炼厂结构的不合理，且 PX 被国外巨头垄断，导致这一产业链的利润高度集中于上游的“石油—PX”环节，大量利润被国外炼厂所攫取。2014—2018 年，我国 PX 自给率连续五年下滑，而进口依存度却逐年走高。PX 国外厂商话语权高，产品利润高；国内 PTA 和涤纶长丝产能较为过剩，对下游的议价能力弱，产品利润微薄。

民营大炼化破局我国石油行业结构性失衡问题

由于能源安全关乎一国可持续发展的安危，以“三桶油”为代表的大型石化国企的性质决定了它们要集中精力专注产业链上游，通过勘探开采和进口保障我国的原油供应和战略储备。发展民营大炼化项目将是解决我国石化行业结构性失衡的有效措施。

民营炼化企业崛起，迎来炼化一体化发展新格局

为优化我国石化产业结构，加快产业升级，2015 年，国家发改委对石化产业基地的设立条件提出了指导意见，并提出“发展七大石化产业基地”的规划，鼓励石化行业全产业链一体化发展。这也使得在 2018—2025 年的炼油格局中，民营企业作为主力力量登上了中国炼油产业链的舞台。

政策鼓励和产业结构调整的要求使得民营大炼化项目快速崛起，迎来炼

化一体化发展新格局。我国政府出台了《石化产业规划布局方案》，促进炼化产业高质量发展，由大做强。方案提出将重点打造“七大石化产业基地”，包括大连长兴岛、河北曹妃甸、江苏连云港、上海漕泾、浙江宁波、广东惠州及福建古雷。2020 年 6 月，山东裕龙岛项目也顺利获批，成为第八大石化产业基地。八大石化产业基地的建设将推进我国石化行业高质量工业园区的建设，加强高效益化学品及新材料的供应，助推我国石化行业转型升级，高质量发展。具体如表 2-3-1 所示。

表 2-3-1　我国八大石化产业基地

项目名称	产业基地	炼化产能	投产日期（预计）
旭阳石化 1500 万吨项目	河北曹妃甸	5000 万吨/年	2023 年
浙石化 4000 万吨项目 大榭石化扩建项目 镇海炼化项目	浙江	4000 万吨/年（浙石化）+ 600 万吨/年（大榭石化）+ 3800 万吨/年（镇海炼化）	浙石化已投产 2000 万吨，二期在建；大榭石化在建；镇海炼化 2300 万吨投产，其余在建
古雷石化炼化项目	福建漳州古雷	5000 万吨/年（规划）	2023 年
恒力石化 2000 万吨项目	辽宁大连长兴岛	2000 万吨/年 （恒力石化）	恒力石化 2019 年投产
裕龙石化 6000 万吨项目	山东龙口裕龙岛	6000 万吨/年	计划三期，一期在建
盛虹集团 1600 万吨项目	江苏连云港	1600 万吨/年 （规划 3600 万吨/年）	2021 年
高桥石化 2000 万吨项目	上海漕泾	2000 万吨/年	无进展
中海油惠炼一期 1200 万吨 中海油惠炼二期 1000 万吨 南海石化三期 1000 万吨	广东惠州大亚湾	3200 万吨/年	一、二期已投产， 三期预计 2023 年投产

近两年，随着恒力石化长兴岛项目、浙石化炼油项目等民营大炼化项目相继投产，我国炼油产能保持了每年 5%以上的较高增速。民营炼化一体化项目的顺利建设和投产，标志着我国民营大炼化全面迎来炼化一体化发展的新格局。图 2-3-2 为 2018—2019 年民营炼化市场占比情况。

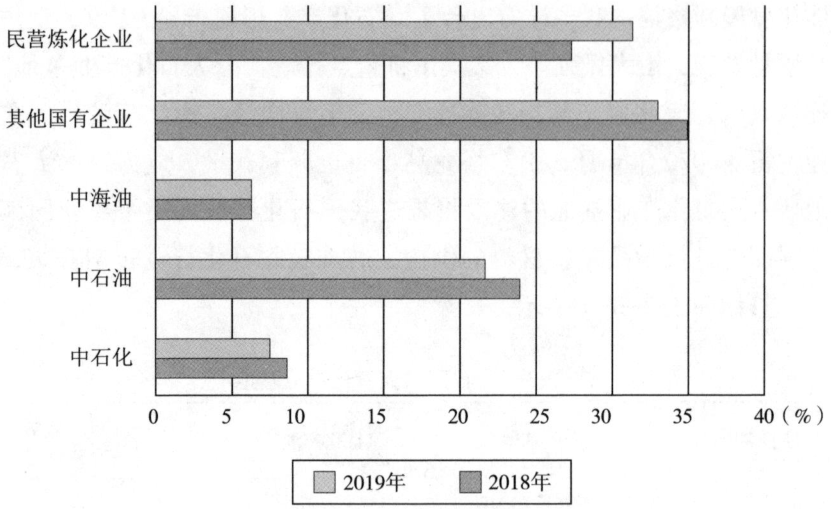

图 2-3-2　2018—2019 年民营炼化市场占比

民营炼化企业成为我国 PX 供应主力军，推进进口替代过程

原油在开采后，可以通过常减压蒸馏等工艺手段制得石脑油，再通过石脑油提取芳烃制备 PX。PX 是一种重要的有机化工原料，其下游产业是 PTA 和 DMT（对苯二甲酸二甲酯），目前全球 97%的 PX 被用来生产 PTA，而 90%以上的 PTA 则被用来生产 PET。PET 是纺织的主要原料，它的下游应用涉及化学纤维、轻工、电子、建筑等国民经济的各个方面。

我国 PX 在供应上存在较大缺口，进口依存度较高，PTA 企业的日常生产有时会受到 PX 原料供给端的影响。自 2010 年以来，我国 PX 进口依存度快速增长。2018 年，进口依存度高达 60%以上，主要进口来源是日、韩等国家。这些国家的企业占据了全球 PX 供应的主导地位，具有较强的定价能力，这也导致我国 PTA 企业的生产成本受进口 PX 价格波动影响较大。

2019 年，我国 PX 产能迎来爆发式增长，PX 产量明显提升，新增产能达到 1075 万吨/年，同比增长 78%。与此同时，进口依存度也下降至 50%左右，较 2018 年大幅下降了 10%。恒力石化和浙石化两套超大型装置的投产进一步打破了由传统“三桶油”主导的行业格局，逐步成为我国 PX 供应的主力军。PX 产能的集中释放快速推动了我国 PX 产业的进口替代进程，日、韩等国家逐步退出我国的 PX 进口舞台。2000—2019 年我国 PX 进口数量及依存度如图 2-3-3 所示。

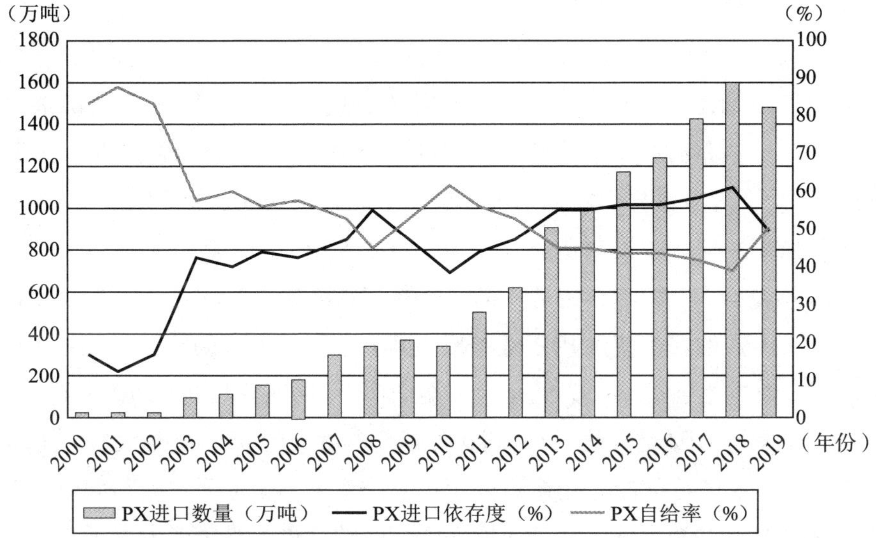

图 2-3-3　2000—2019 年我国 PX 进口数量及依存度

民营企业从 PTA 向上游 PX 原材料的延伸，不仅降低了公司对 PX 的进口依赖度，而且填补了国内部分 PX 的供应缺口，有利于公司 PTA 产品的稳定生产和成本优化，也将助力我国在全球 PX 行业话语权的提升。世界 PX 格局在未来将迎来大变革，预计东南亚和东北亚地区规模小、成本高、生产工艺较为落后的 PX 装置或将率先出局，我国将成为世界重要的 PX 产业中心，全球定价权和话语权也将进一步得到提升。民营“炼化四小龙”——恒力、荣盛、桐昆、恒逸也都基本遵循了这样一条“从下游 PET 到中游 PTA 再到上游 PX”的产业一体化之路。未来，随着民营大炼化项目的逐步落成，国内基础石化行业将完成产业优化，大型炼化一体化项目的规模效应将逐步凸显，我国基础化工品的生产和加工成本有望进一步降低，进而为新材料及高端制造业的发展提供保障。消费者也将会有更多质优价廉的商品可供选择，以此促进消费增长。

借力改革东风，引领行业变革

恒力集团始建于 1994 年，起步于化纤织造，逐步发展成为以炼油、石化、聚酯新材料和纺织全产业链发展的国际型企业。恒力集团 2019 年总营收为 5567 亿元，现居世界 500 强第 107 位、中国企业 500 强第 28 位、中国民营企业 500 强第 4 位、中国制造业企业 500 强第 8 位。

2018 年及以前，恒力石化是一家以聚酯产业链为主业的企业。2018 年，恒力石化（大连）的并表使得 PTA 业务成为其大于长丝业务的第一大业务。恒力石化总资产由重组前的 28.97 亿元上涨至 2020 年第三季度末的 1933.57 亿元；净资产由原来的 4.92 亿元增长到 2020 年第三季度末的 436.72 亿元；营业收入规模由重组前 8 亿元左右增长到 2020 年第三季度末的千亿元；净利润由原来的连续亏损改善到 2020 年第三季度末的百亿元；随之也给投资者带来了丰厚的回报，公司总市值由重组前的 56 亿元左右增至 2020 年第三季度末的 1300 亿元左右，增长约 23 倍。2015—2019 年恒力石化总资产、营业收入和净利润情况如图 2-3-4、图 2-3-5 所示。

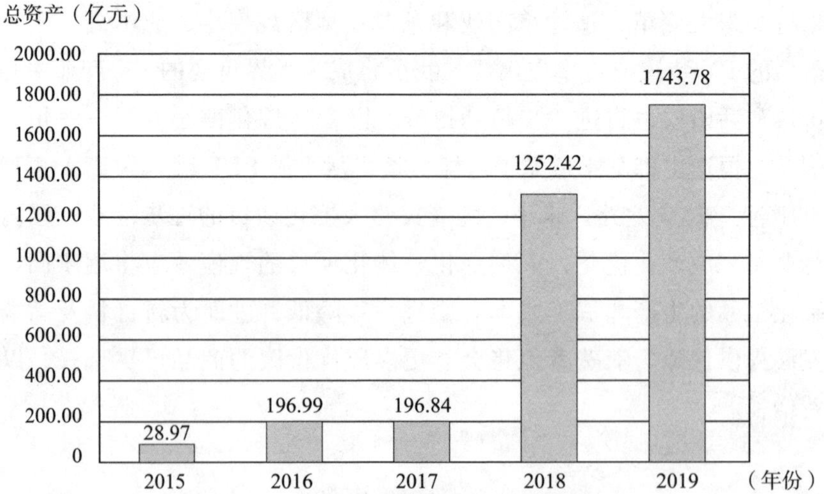

图 2-3-4　2015—2019 年恒力石化总资产

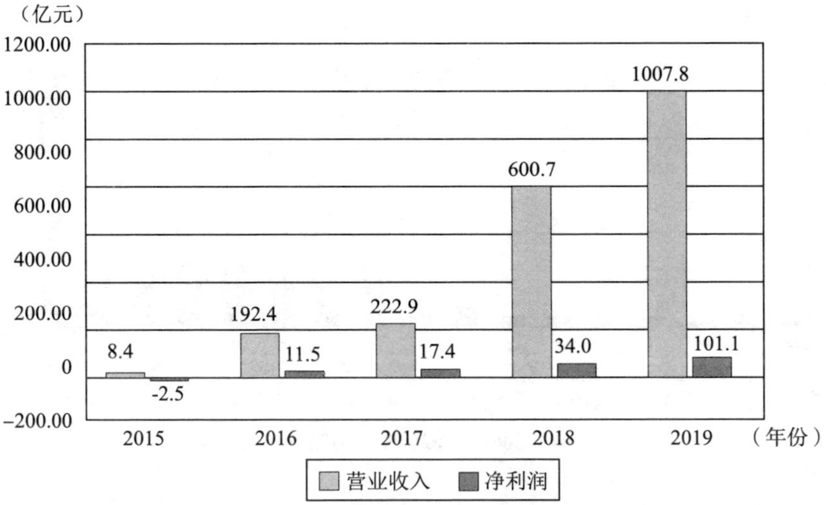

图 2-3-5　2015—2019 年恒力石化营业收入和净利润

与此同时，恒力石化在 PTA 和聚酯端还在继续扩大规模，不断夯实下游基础，巩固行业领先地位。目前，恒力石化共拥有 5 条 PTA 生产线，合计 PTA 年产值达到 1160 万吨。公司已启动惠州 500 万吨新产能建设，预计其 PTA 总产能规模将于 2021 年底达到年产 1660 万吨，恒力石化也将成为全球产能规模最大、技术工艺最先进、成本优势最明显的 PTA 生产供应商和行业内唯一千万吨级以上的产能公司。在下游的 PET 产业领域，恒力石化布局了年产超过 300 万吨的高端聚酯产能，主要分布在民用丝、工业丝、聚酯薄膜和工程塑料等高端产品研发领域，同时正在加快建设 135 万吨民用丝产能和 20 万吨工业丝产能的生产线，PET 总产能规模将突破 400 万吨/年，产能规模质量达到国内领先水平。具体情况如图 2-3-6 所示。

2019 年 5 月，长兴岛 2000 万吨一体化项目投产并开始增加营收，公司的业务结构正式变为以炼厂为主体，并完成了上下游一体化发展的业务架构。2020 年 7 月，恒力石化产能 150 万吨/年的乙烯工程项目正式投产，进一步打通了“烯烃—乙二醇—聚酯”的产业链条。通过两次资产重组，恒力石化完善了其一体化的产业布局，拥有炼化业务和化纤业务两大模块。

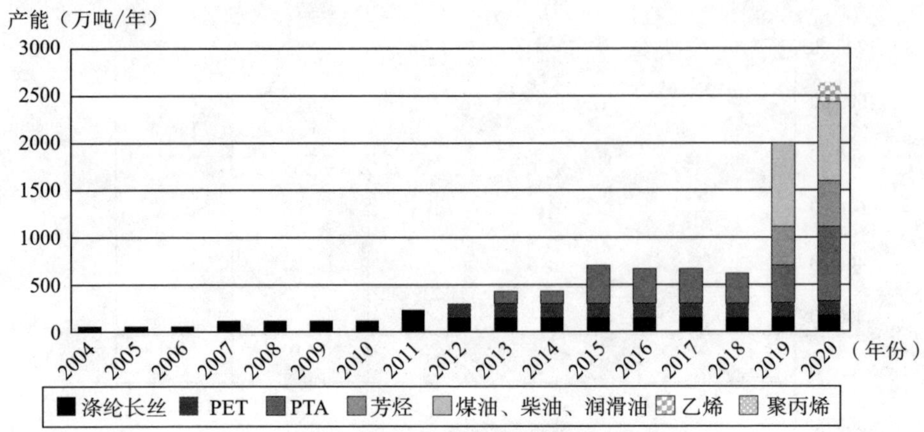

图 2-3-6　2004—2020 年恒力石化产能增势

溯流而上发展，从“丝”的高端差异化到“油”的一体化

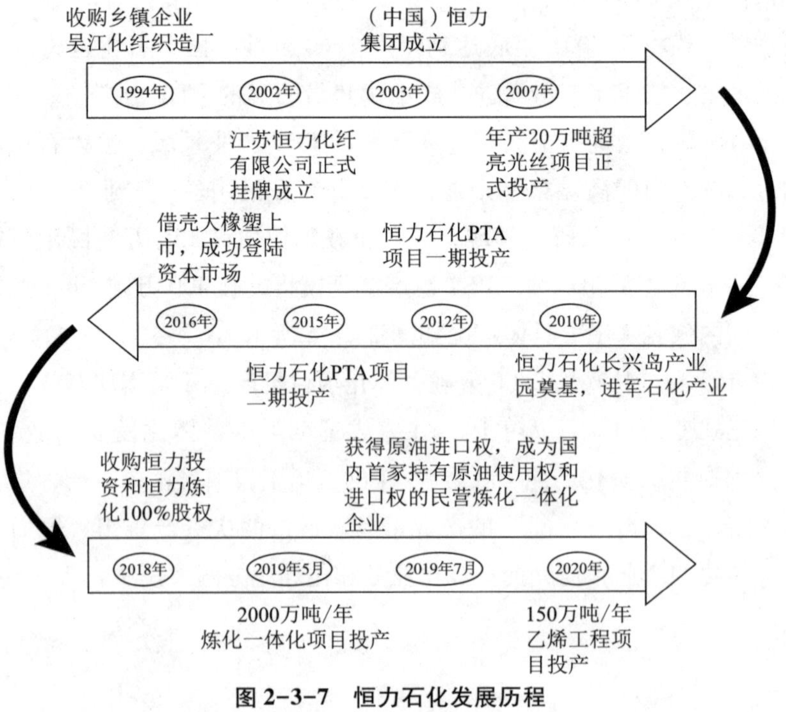

图 2-3-7　恒力石化发展历程

织造起步，发展高端差异化产品

1994 年，年仅 23 岁的陈建华用走南闯北做废丝贸易攒下来的 369 万元收购了濒临破产的镇办企业——吴江化纤织造厂，开创了当地私人独资收购集体企业的先河，他也成为苏州吴江第一批民营企业家。2002 年，产业规模继续扩大，陈建华投资 32 亿元，成立了江苏恒力化纤有限公司。

与化纤业内主流企业桐昆、新凤鸣等不同，恒力石化战略目标的实现靠的是一条差异化发展之路。公司放弃了市场上体量最大的中低端涤纶长丝（POY）市场，全力聚焦生产高端全拉伸丝（FDY），产能高达 110 万吨，市场占有率稳居国内第一。尤其在最高端的涤纶 7D 产品（一种超细旦涤纶纤维）领域，恒力石化更是市场上唯一的供应商。“掐尖”的战略性产业布局给公司带来了非常稳定的盈利，恒力石化的 PET 单吨毛利率远高于业界同行。即使在行业最低谷的 2013—2015 年，公司 PET 业务每年也有 3 亿~6 亿元的净利润。

扩充产能，布局中游原料 PTA

在恒力石化发展初期，国内纺织产业链并未打通，其中游原材料 PTA 仍由国外控制，巨大的成本负担让民营化纤企业步履维艰。恒力石化从 2010 年开始建设 PTA 项目，2012 年投产 440 万吨，2015 年又投产一套 PTA 生产线，基本实现自给自足。

在高端纺丝领域，恒力石化虽是当之无愧的绝对王者，但在 PTA 领域，公司过去却是新晋的挑战者。从业内布局来看，在恒力石化第一套 440 万吨装置投产之前，民营巨头恒逸和荣盛合资的逸盛石化产能合计就已达到 550 万吨，居于行业的绝对领导地位。从外部机遇来看，这两家企业完整经历了 2009—2011 年的 PTA 牛市，获得了超过 80 亿元的巨额利润，为其后的价格战积累了充足的资金。2012 年，随着恒力石化等企业对大装置的投产，PTA 行情急转直下，龙头企业又不断通过价格战主导洗牌，行业竞争异常激烈，甚至连远东、翔鹭等昔日巨头都沦落到破产重组的境地。面对如此困境，恒力石化却选择在周期高点继续扩产，上马 220 万吨的 PTA 三期项目，在产能规模上和恒逸、荣盛实现了三足鼎立。

溯流而上发展，进行全产业链布局

虽然恒力石化在化纤上游原料 PTA 制造上掌握了一定的主动权，但整个产业链并未完全打通，PX 还是主要从日韩进口。早在 2010 年，恒力集团董事长陈建华就登上了大连长兴岛，决定将这里作为恒力进军石化产业的登陆点，为公司制定了大化工扩张发展之路。

2016 年，恒力石化响应国家号召，启动了 2000 万吨大炼化项目。该项目由恒力石化 100% 独资建设，是国家对民营企业开放的第一个重大炼化项目，公司也通过这一项目正式切入了石化产业链的最上游。恒力石化 2000 万吨炼化项目于 2017 年 3 月动工，总投资额 564 亿元。2018 年 12 月，项目成功投料开车，2019 年 5 月开始满负荷运行，从破土动工到全面建成仅用了 19 个月，刷新了全球石化行业最快建设和最快开车的纪录，成为我国八大石化产业基地中最先投产的行业领军者。

由于石化行业环节众多，所以只有实施一体化才能促进行业经济发展。目前，恒力石化在一体化的道路上远远走在行业前端，补齐了高端产能的短板。公司的 2000 万吨炼化项目于 2019 年投产后，乙烯项目也于 2020 年投产，旨在生产出国内紧缺的各类高端化工品（包括纤维级乙二醇、苯乙烯、聚丙烯、高密度聚乙烯、丁二烯等）。乙烯项目的全部原材料基本都由上游的 2000 万吨炼厂供应，减少了很大一部分额外成本。

此外，恒力石化炼化项目在公用工程配套方面具备较高的优势，恒力石化炼厂配套了包括自备燃煤发电厂，自建煤制氢联产甲醇、醋酸装置，自备原油码头（2 个 30 万吨级规模）、成品油码头、原油罐区等，预计年节省成本在 30 亿~40 亿元。另外，炼化项目生产出来的 PX 和醋酸直接管道输送到园区内恒力石化下游 PTA 装置，每年能够节省大量的进口运费、关税、损耗等中间成本。恒力石化不仅拥有国际领先、国内一流的工艺技术水平与装置加工规模，同时具备难以复制且卓越齐备的电力、能源、港口、管道、罐区、煤制氢等产业配套能力，从而提升了炼厂能够实现全球性标准的市场竞争能力。

借力资本市场，石化巨擘扬帆起航

国有炼厂资金压力远低于民营炼厂。一方面，国有炼厂历史悠久，1982年中海油成立，1983年中石化成立，1998年中石油成立，“三桶油”经过自改革开放以来多年的经营积累，账面现金充足，资产负债率低；而民营企业相对杠杆较大，企业知名度低。另一方面，我国存在国有企业融资成本远低于民营企业、融资途径远多于民营企业的现象。当前国有炼厂融资成本在3.3%~3.5%，而同期民营企业融资成本在6%以上，“融资难、融资贵”的问题进一步加大了民营炼化项目短期资金的压力。

第一次资产重组：登陆资本市场

“行远者擅借力而行”，在恒力石化的发展过程中，资本市场为公司迅速做大做强和实现跨越式发展提供了机遇。

第一次资产重组帮助恒力石化成功登陆资本市场。恒力石化作为上市公司，其前身是大连橡胶塑料机械股份有限公司（以下简称“大橡塑”）。2016年5月，上市公司完成重大资产重组，整体置出原大橡塑的橡胶通用设备和塑料加工业务，置入江苏恒力化纤股份有限公司99.99%的股权，公司主体经营范围变更为化学纤维业务，控股股东变更为恒力集团，实际控制人变更为陈建华、范红卫夫妇。公司通过第一次重组聚酯化纤业务实现了江苏恒力化纤资产的借壳上市，并随后收购了营口康辉石化，公司的主营业务也变更为以聚酯化纤业务板块为主，主要包括恒力化纤名下的民用丝（FDY、DTY、POY、聚酯切片）和工业丝业务产品，以及康辉石化名下的聚酯薄膜、工程塑料和膜级切片等产品，都属于产业链下游的聚酯化纤业务。与此同时，上市公司也完成了第一次重组的配套融资工作，共计向8家定增机构非公开发行251572300股，定增方认购价格为6.36元/股，合计募集配套资金约16亿元。

第二次资产重组：实现产业链一体化发展战略

第二次资产重组帮助恒力石化进一步实现了全产业链一体化发展的战略目标，解决了一体化项目的资金缺口问题。2017 年 1 月，恒力股份发布预案，拟通过发行新股的方式购买大股东范红卫名下恒力投资 100%股权和恒力炼化 100%股权，募集配套资金不超过 115 亿元人民币。本次交易完成后，恒力投资、恒力炼化将成为恒力股份的全资子公司。恒力炼化主营业务为原油炼化一体化及化工产品的生产和销售。恒力投资是国内领先的 PTA 生产企业之一，主营业务为 PTA 的生产和销售。资产重组帮助恒力石化将 PTA 资产以及在建的 2000 万吨炼化一体化项目注入了上市公司。

重组历经一年多的时间，最终于 2017 年 12 月 14 日通过了中国证监会的审核，2018 年 2 月 1 日完成了资产注入，并顺利实现了 71. 84 亿元人民币炼化一体化项目配套融资。此外，恒力集团与国家开发银行等 8 家银行共同签署 310 亿元人民币、12 亿美元（约合 394 亿元人民币）的银团合作协议，总计获得了约 400 亿元人民币的贷款支持。重组完成后，银团配套的项目贷款也随之到位，为炼化项目的快速稳步推进提供了保障。

恒力石化 2000 万吨/年炼化一体化项目（2000 万吨炼化+150 万吨乙烯）耗资约 770 亿元人民币，是全球一次性建设规模最大、技术工艺最复杂、加工流程最长、业务一体化程度最高、产业配套最齐全的重大石油炼化项目，也是我国八大石化产业基地中最快建成、最早达产的大型炼化项目。资本市场成为其项目快速实施的助推力量之一。

从涤纶纤维业务到原油炼化业务，恒力集团通过资产重组将主营业务整合进入上市公司体系。今天的恒力石化已站上了“千亿产值、百亿利润”的新起点，未来恒力石化仍会聚焦石化主业，继续做大做强整条石化产业链，努力成为世界一流的能源化工企业。

小　结

我国传统石化行业发展缓慢、供给失衡、产业链发展不均衡，民营炼化发展成为破局关键。政策鼓励和产业结构调整的需求使得民营大炼化快速崛起，恒力石化长兴岛项目成为我国重点打造的八大石化产业基地之一。恒力石化借力资本市场的融资力量，快速完成了恒力石化的长兴岛炼化一体化项目，成为第一个投产的民营大炼化项目。在国家政策的引导下，资本市场为民营企业有效注资，助力其完成重资产、高资金需求项目的建设，从而打破了国外对 PX、PTA 等重要原材料的控制，促进了我国“石油—PX—PTA—聚酯—涤纶长丝”产业链的畅通发展和国际竞争力的提升，同时有效优化了国内乙烯下游各类短缺高端化工品的供给，为我国石化行业的腾飞做出了贡献。

浙江龙盛是一家生产染料及化工中间体的企业，借助资本市场力量集聚技术和资本优势，现已发展成为全球染料行业的龙头企业，并带动我国成为全球最大的染料生产国。本节描述了浙江龙盛五十年的发展历程，逐渐调整产品结构、产业结构，从单一的助剂生产转向染料、化工中间体的生产；不断进行技术革新，提升品质管理，在市场中形成拳头产品，一举超越国际同类型产品，海外市场逐渐扩大。同时总结了浙江龙盛在上市后如何利用资本市场为其带来的发展平台，并成功向国际化迈进的经验。

浙江龙盛：引领产业升级的全球染料龙头

我国染料行业发展迅速，公司逐渐成为行业龙头

染料是指能将纤维和其他材料着色的物质，主要应用于各种纺织纤维的着色，同时广泛应用于塑料、橡胶、食品、皮革、造纸、涂料、油墨等领域，赋予世界绚烂的色彩。染料的最大用户是纺织印染行业，其用量占染料产量的90%，因此染料行业的发展对纺织服装产业链具有重要的影响。我国纺织行业虽然历史悠久，但与其密切相关的合成染料行业却在20世纪80年代才开始起步。

20世纪，世界染料行业的巨头均在英国、德国、美国等先进发达国家，如英国的帝国化学（ICI），德国的巴斯夫（BASF SE）、拜耳（Bayer），美国的杜邦（Dupont）等。20世纪90年代，世界染料行业在经历了一系列并购整合后，形成新的行业格局。1995年，德国拜耳和赫司特公司（Hoechst AG）的染料部门剥离出来合并为德司达集团（DyStar）；1999年巴斯夫的染料业务也加入其中；德司达于2000年10月正式开始挂牌运行。1995年，科莱恩公司（Clariant）从瑞士山德士公司（Sandoz）分拆出来独立运行。1997 年，汽巴精细化学品公司（CIBA Specialty Chemicals，以下简称“汽巴精化”）从瑞士汽巴公司（CIBA）中分拆独立。21 世纪初，全球染料行业形成了德国德司达、瑞士汽巴精化［2006 年被亨斯迈（Huntsman）收购］及科莱恩“三足鼎立”的态势，这三大巨头合计占据了全球染料市场份额的 50%。

20 世纪末，因全球染料生产的激烈竞争，染料的生产与供应也逐渐形成全球化趋势，逐步将非核心产品生产向低成本的亚洲转移，亚洲成为染料行业的生产中心，但亚洲地区的产品质量、技术工艺等还有较大差距。染料行业产业链如图 2-4-1 所示。

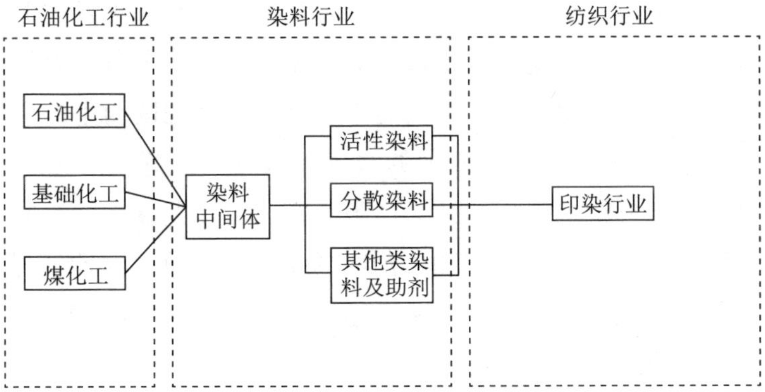

图 2-4-1　染料行业产业链

我国染料行业的发展

改革开放和纺织行业的大发展推动了我国染料工业的迅猛发展，特别是民营企业的加入为这个行业带来了极大的活力。据染料工业协会的统计数据，2000—2019 年，我国染料产量从 25.7 万吨增长到 79.0 万吨，约占世界总产量的 70%。我国已成为全球染料生产、出口和消费的第一大国。

从“十二五”开始，我国染料行业也逐渐开始淘汰落后产能、调整结构，走向绿色发展之路。近年来，随着政策的引导和市场的竞争，我国染料行业内企业下降至 300 余家，行业集中度不断提高，浙江龙盛凭借全球年产 30 万吨染料和年产约 10 万吨助剂的产能在全球市场列居首位。

浙江龙盛跃升为全球染料行业龙头

浙江龙盛（股票代码：600352. SH）前身是浬海公社微生物农药厂，改革开放后于1979年转型生产染料助剂，这成为其事业发展的起点。在之后四十余年的发展历程中，浙江龙盛一方面不断进行技术革新，提升品质管理，调整产品结构、产业结构，从单一的助剂生产转向染料、化工中间体的生产，在市场中形成拳头产品，一举超越国际同类型产品，海外市场逐渐扩大；另一方面，浙江龙盛逐步改革成为股份制公司，2003年成功上市，资本市场为其带来了更大的发展平台，助力其向国际化迈出坚实的一步。

浙江龙盛在前两次成功转型之后，A股上市给其带来飞跃式的发展。借助资本市场的力量，浙江龙盛在主营业务上的发展如虎添翼，逐步形成了以染料、助剂为主的纺织用化学品和以间苯二胺、间苯二酚为主的中间体产品生产链，并得益于德司达并购带来的技术、服务、品牌、渠道、产能等优势，成为全球最大的纺织用化学品生产服务商。浙江龙盛现已发展成为拥有113家子公司的全球化企业，遍及国内多地及新加坡、印度、印度尼西亚、日本、巴西、美国、土耳其等国，拥有超过年产30万吨染料和年产约10万吨助剂的产能，在全球市场中列居首位。

在浙江龙盛的产品中，染料和中间体产品的收入几乎每年都维持在总资产的50%以上。浙江龙盛主要生产的染料为分散染料、活性染料、酸性染料和蒽醌染料等，其中以分散染料和活性染料为主，这些染料基本都用于纺织品的上色与着色，针对不同的布料一般会使用不同的染料以达到最佳的效果。

除了染料外，浙江龙盛主要的营业收入组成部分是化工中间体产品，这一类产品的占比逐年递增，从2003年的3%增长至2019年的近20%，增速较快。由于浙江龙盛在化工中间体项目具有较强的技术优势和市场定价权，因此这部分的毛利率一直保持在较高水平，并持续为公司提供高额利润。

自浙江龙盛2003年上市至2019年末，销售收入增加了21倍，净利润增加了47倍，总资产增加了67倍，净资产增加了79倍。从2003—2019年，浙江龙盛的净资产收益率基本保持在16%左右。截至2019年末，公司总资产为516亿元，归属于母公司净资产245亿元。具体如图2-4-2、图2-4-3所示。

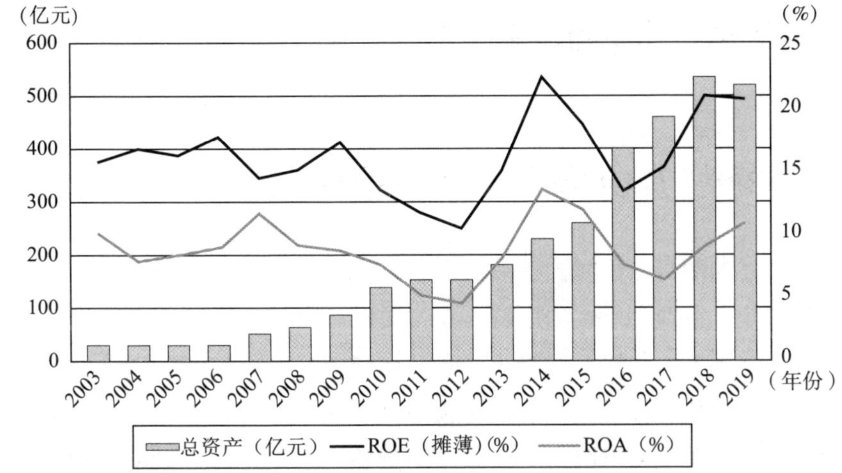

图 2-4-2　2003—2019 年浙江龙盛上市后的总资产及回报率

资料来源：浙江龙盛年报。

自上市以来，浙江龙盛的营业收入也保持了稳健的增长，平均年增速达22%，净利润平均年增速达 29%。2019 年，浙江龙盛实现营业收入 213. 6 亿元，净利润 53. 1 亿元，归属于母公司的净利润 50 亿元。

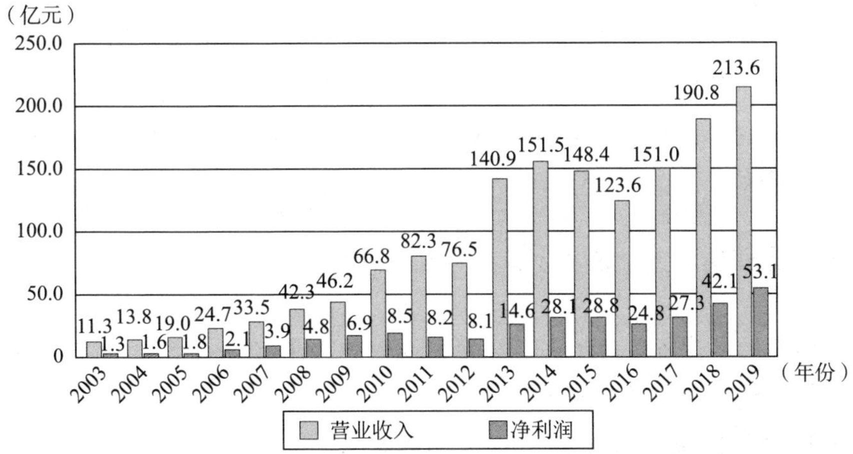

图 2-4-3　2003—2019 年浙江龙盛上市后的营业收入和净利润

资料来源：浙江龙盛年报。

三次突破，从零到行业巨头

第一次转型：从亏损到盈利，抓住机会扭转乾坤

浙江龙盛的前身是浬海公社微生物农药厂，于1970年6月创立，成立之初仅有4间加起来不到112m^{2}的厂房。在当时的环境下，农药厂不可避免地遭遇了瓶颈，亏损严重，九年下来累计产值仅有11.52万元。1978年12月，党的十一届三中全会召开，时局变革，企业领导阮水龙顺应时代潮流，敏锐觉察到织物染剂的社会需求，大胆探索一条全新的道路——企业转产做染料助剂，并毅然前往上海第一绸缎炼染厂学习新技术。1979年3月28日，与上海第一绸缎炼染厂正式签署《联合试制生产染料助剂CPU树脂协议书》。4月底，设备安装完毕。5月4日，CPU树脂小试成功。7月1日，CPU树脂正式投产。投产仅半年，产值便达20万元，比前九年的总和多出近一倍；收获利润11.87万元，超过前九年的产值总和。

这次转型成为浙江龙盛事业发展的起点，成功实现了产品结构的转型，开拓了更稳定、更具前景的新市场，企业一片生机盎然。1980年的销售额达到了100万元。1984年3月，上虞县纺织印染助剂厂更名为“上虞县助剂总厂”。1991年8月，上虞县助剂总厂更名为“浙江省助剂总厂”，企业的规模一再扩大。

第二次转型：从下游到上游，危机中创新求生

当时我国的传统优势工业——纺织业正呈现出方兴未艾的发展态势，与纺织业相关联的印染业也蓬勃兴起，这为染料生产提供了广阔的市场空间。由于染料助剂技术要求不高，行业门槛较低，不断有同类型的助剂厂加入，激烈的市场竞争导致助剂市场出现了饱和并趋于滞销积压的势头，浙江龙盛很快将面临新的发展瓶颈。在这种情况下，浙江龙盛迅速调整思路，改进产品结构，进入上游染料行业。1992年6月，经钱塘江管理局批准开通萧绍海塘，企业老厂区延伸新增项目用地70亩获得上级有关部门批准。1992年

7月，总投资3000万元的分散染料项目开始立项建设。1993年，浙江龙盛的分散染料项目投产。

作为国内第一家开发生产分散染料的乡镇企业引起了行业的关注，但是相对于同类型国外产品，浙江龙盛当年生产的普通型分散染料在市场竞争中不能成为自己的“拳头”产品，难以吸引海内外客户，在广交会上铩羽而归。为改变这种现状，1998年6月，浙江龙盛不惜花巨资从日本等国家聘请了国际上享有盛名的染料专家，直接指导并参与公司的新产品开发、技术革新、技术创造及品质管理等工作，以提高产品的持续竞争力。通过对染料的技术创新和改造，不但从根本上提高了浙江龙盛染料的分散性、匀染性、覆盖性，降低了生产成本，而且克服了一直困扰浙江龙盛甚至中国染料行业的产品质量低下、品质不稳、新品缺乏等问题。

1999年，浙江龙盛的生产能力从1997年的2万吨猛增至5.5万吨，分别占据了我国和全球总产销量的35%和15%，一举超越了国际上最大跨国集团的同类产品规模。浙江龙盛已经成为国内分散染料的龙头企业，并逐渐打开出口之门，在染料市场中为中国民族工业赢得了声誉。

第三次飞跃：从国内到国外，多元发展布局国际

浙江龙盛在高速发展过程中，不断进行改革和体制创新，公司从家族制企业转为股份制企业，提升了技术骨干人员的积极性。2003年8月1日，浙江龙盛在上交所首次发行5700万股，在A股市场成功上市，这为浙江龙盛的飞跃发展创造了更大的平台。

多元化：染料+化工中间体的纵向产业链一体化

20世纪末，染料的上游原料间苯二胺主要依靠进口，对染料生产的成本有极大的影响。为了摆脱国外化工中间体厂家的价格控制，解决国内同类厂家“能耗高、品质差、污染大”的问题，浙江龙盛在上市后，提出了“突出主业，纵深发展，横向延伸，多元运作”的发展战略，并果断从募集资金中拿出1.43亿元投入染料上游的化工中间体——间苯二胺项目。当年仅28岁的阮伟祥（浙江龙盛现任董事长）毅然挑起大梁，组建了100人的年轻科技团队进行技术攻关，建设一流的制造基地。

2005年，一条连续化、自动化、清洁化、年产18000吨的间苯二胺生产线在我国诞生。该工艺以“连续硝化，连续催化加氢，高效精馏分离，废硫酸、硝化尾气和水资源化利用，生产余热回收综合利用”为特征，突破了苯二胺高效分离的关键技术难题，在生产间苯二胺的同时，将原被废弃的邻、对二硝基苯转化为邻、对苯二胺产品，其生产效率是传统间歇装置的7~10倍，硫酸用量减少了25%，污染物排放量比传统工艺降低95%以上。2007年，该项目开始大规模盈利，与传统工艺流程装置相比，成本降低20%以上。2009—2012年，该项目及其苯系化合物连续硝化工艺开发及产业化，获中国石化协会科技进步二等奖；芳香胺系列产品连续硝化、连续加氢集成技术被列入行业重点支撑技术目录，同时获得浙江省优秀工业新产品和新技术二等奖。现浙江龙盛的间苯二胺产品市场占有率达70%以上，稳居全球榜首。

同时，浙江龙盛从2010年开始进行间苯二酚的研发与生产，结合自身优势开发了间苯二胺水解法工艺，根据工艺条件不同，可实现间苯二酚和其他项目的循环经济，生产成本低且更经济环保。

浙江龙盛凭借化工中间体“间苯二胺、还原物和间苯二酚”一体化生产，以及全球领先的技术工艺，在化工中间体市场也成为主要供应商，掌握了一定的定价权，并大幅降低自身染料生产的成本。浙江龙盛拥有年产11万吨的中间体产能，一体化生产带来的成本和环保优势为其成为全球染料龙头企业奠定了坚实的基础。2019年浙江龙盛各产品及收入占比如图2-4-4所示。

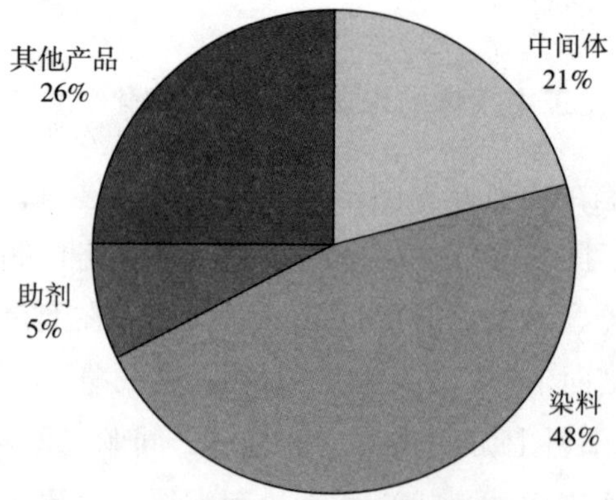

图2-4-4　2019年浙江龙盛产品收入占比

国际化：收购全球染料巨头德司达，成为全球行业引领者

2003 年，时任浙江省委书记习近平调研了浙江龙盛，谈到“浙江龙盛已经是全球分散染料的‘单打冠军’，条件成熟的话可以大胆实施‘走出去’战略”。这番谈话为浙江龙盛指明了发展的方向，其开始布局海外。2004 年首先在香港设立了桦盛有限公司，成为其贸易和融资平台。2005 年，浙江龙盛与世界 500 强企业日本伊藤忠株式商事会社签订协议，投资 1800 万美元合作完成年产 30 万吨硫黄制酸项目。2007 年 9 月，浙江龙盛与印度染料生产商 Kiri 公司建立战略合作关系，双方合作成立了 Lonsen-Kiri 合资公司，并在印度建设最大的活性染料项目。这是浙江龙盛海外布局中最重要的一步。

有 150 多年历史的全球最大的染料公司——德国德司达公司，是全球染料，染料解决方案，皮革解决方案，高性能化学品，新技术和定制生产特殊染料、颜料的市场领导者，并拥有强大且完善的全球销售网络。但 2008 年国际金融危机的爆发极大地影响了全球的染料行业。德司达由于资金链断裂导致经营困难，于 2009 年 9 月向法兰克福法院提出申请，正式进入了破产申请程序。浙江龙盛的战略伙伴 Kiri 公司成立了新加坡 Kiri 公司作为收购主体，并与美国并购基金联合签订了德司达收购协议。然而，承诺出资半数以上收购款的美国并购基金却临阵退却，彼时已成为公司董事长的阮伟祥当机立断，利用 3 天时间筹集资金 2200 万欧元，以其全资子公司桦盛有限公司的名义成功入主德司达。浙江龙盛主导的新加坡 Kiri 公司分两次完成对德司达的收购。收购范围包括德司达在德国的固定资产、存货、专利、知识产权、商标、内部应收款以及在全球 22 个国家的子公司的股权。

2012 年，浙江龙盛完成重大资产重组，德司达也开始扭亏为盈，这次收购既是世界染料行业发展的里程碑，也标志着中国染料企业登上世界染料舞台的中心。

凭借德司达的全球生产和销售网络，浙江龙盛在全球 30 多个国家和地区拥有了生产、研发、营销服务网络，在短时间内实现了资本、业务、研发、营销体系的国际化布局，拥有了全球最完整的产业研发体系。与德司达研发体系融合后，浙江龙盛建立起从产品设计到工艺优化直至应用解决方案的全产业链研发体系，将创新体系建设推上了一个全新高度。目前浙江龙盛下属国家级高新技术企业有7家，拥有行业专利1900多项，参与制定国家、行业标准30多项，拥有自主知识产权的高新技术产品100多种，形成了企业的技术研发和环保治理优势。

2016年10月，浙江龙盛又依托德司达美国公司成立全资子公司Specialty公司，以1.304亿美元的价格购买美国Emerald公司出售的特殊化学品业务，使其美国产能达到近8万吨，占据北美市场龙头地位。

基于全球化资源配置的浙江龙盛，拥有强大的国际创新体系和全球品牌营销体系，已经成为全球染料行业最大的产品供应商、标准制定者及行业发展引导者。

借力资本，全面发展腾飞

作为一家民营企业，浙江龙盛在从产业链下游走向上游、从国内走向国际的发展过程中，技术和人才的积累以及大量资金的投入必不可少。浙江龙盛2003年在上交所A股上市之后，借助资本市场的融资渠道，采用多种融资方式，使其得以在多元化和国际化道路上呈飞跃式前进，这是浙江龙盛成为全球染料巨头的强大助力。

股份制改革和股权激励，极大提高浙江龙盛技术研发和转化水平

1997年，浙江龙盛进行了股份制改革。在此基础上，浙江龙盛大胆推行技术要素参与收益分配，建立以联利为手段、以联心为目的的动力机制，采取奖效挂钩、效益提成、技术作价、参与分配、赠送干股、以股代奖等方法，开创出一条符合实际、富有成效的“让科技人员先富起来”的途径。

从1997—2004年，浙江龙盛花费110万美元从国外高薪聘请了6位著名的染料专家，指导新技术和新产品的开发。为了鼓励“洋专家”长期在公司安心工作并发挥创造性的作用，公司在确定基本工薪的基础上，根据专家开发的高新产品和技术等所产生的经济效益，按不同的比例分档次进行一次性奖励或溢价参股，此后按“同股同利”的原则长期参与红利分配。这样一来，专家由原来的“雇佣”关系转变为“业主”“股东”，有效激发了专家的

积极性、创造性和稳定性。截至 2004 年，浙江龙盛的 280 多名科技人员持有股份 1150 万股，6 名“洋专家”持有 400 万股。这些专家和科技人员参与解决了 5 个国际性难题，成功开发了 40 多个高科技含量的环保型染料产品。

同时，浙江龙盛实行“项目与经济效益挂钩、经济效益和个人利益挂钩”的经济责任制，即开发出一个高科技含量、高附加值的产品，奖励 5000～50000 元，投产第一年按该产品销售情况奖励 5%～10%，第二年奖励 3%～5%。浙江龙盛通过这样的方式把企业的效益、科技人员的成果与收入、产品的销售捆绑在一起，有效地引导科技人员积极开发“黄金”产品，并自觉帮助企业迅速实现科技成果的转化，帮助销售人员尽快推广新产品，形成了“开发—生产—销售”的工作链。目前，浙江龙盛科技成果的转化率已达到了 90%以上，科技进步对经济效益的贡献率超过了 70%。

浙江龙盛在 2008 年推出股权激励计划，主要面向公司经营的关键管理人员，并在 2010 年 2 月至 2014 年 7 月实施，融资规模 5.70 亿元。此举便是利用资本市场的激励机制，在公司融到资的情况下，更好地凝集了公司的核心管理团队，为其长远发展集聚了人才。公司在 2020 年又推出员工持股计划，主要面向公司高级管理人员，共计实施 7000 余万股，融资规模 6.73 亿元，此举对今后高管的稳定也起到一定的作用。

正是由于对科技和管理人员持续的激励，才使得公司攻克乃至升级了染料、中间体等一系列产品的生产工艺，从而奠定了公司业务发展的基础。此外，上市为企业形成的品牌效应也为浙江龙盛吸引了大量优秀的科研人才，并得以和多家著名高校合作形成产学研平台，提升了浙江龙盛的研发效率。

多种融资方式助力浙江龙盛成果落地、产能增长

作为一家民营企业，制约其发展的“融资难、融资贵”等问题，通过资本市场的运作得以解决。浙江龙盛从一家民营企业到上市公司，获得了国内资本市场的广泛关注，其首发融资到的资金为公司化工中间体项目在国内的快速崛起奠定了基础，浙江龙盛也因此深刻体会到资本市场的魅力。

透明的运营情况和规范的治理方式极大地提升了浙江龙盛在资本市场的信用水平。浙江龙盛适时地运用资本市场的直接融资渠道，采用不同的融资方式又进行了四次融资，如表 2-4-1 所示。其中 2003 年、2007 年和 2009 年

的融资，为公司化工中间体的产能提升提供了关键的资金支持，使得公司极具竞争力的间苯二胺、间苯二酚等产品的产能迅速提升，从而逐步提高了市场份额，形成竞争优势并在国际市场中站稳脚跟。

表 2-4-1　浙江龙盛市场融资概况

时间	融资类别	融资金额（亿元）	主要投向
2003 年 7 月	A 股 IPO	4.9	染料
2007 年 10 月	公开增发股票	11.6	化工中间体、染料
2009 年 9 月	发行可转换公司债券	12.5	化工中间体、无机产品
2015 年 3 月	定向发行股票	11.6	补充流动资金
合计		40.5	

浙江龙盛也是第一批发行银行间市场产品的民营企业。近年来，浙江龙盛多次运用发行债券等方式融入大量资金。2020 年，浙江龙盛的公司主体信用评级更是从 AA+提升到了 AAA，成为浙江省第三家获得 AAA 评级的民营企业，短期融资券的借款成本下降至 2.3%。充沛且低成本的资金带给浙江龙盛健康的现金流，为其稳定发展注入了新鲜活力，使其更有效地实现资源配置。

灵活、合法运用金融工具，抓住并购时机

在浙江龙盛成功并购德司达的过程中，可转债功不可没。从确定收购决策到交付第一笔收购资金 2200 万欧元仅有 3 天时间，浙江龙盛在境外子公司的账上尚有相当于 1000 多万欧元的美元，距离第一笔资金还差一半。当时，通过银行贷款等融资方式历时较长，无法迅速解决资金短缺的问题，浙江龙盛想到了 2009 年曾发行过的可转债。基于自身的国际化经验及对行业发展的深刻把握，浙江龙盛迅速与 Kiri 公司谈妥所有法律文件。

浙江龙盛以其在香港设立的全资子公司桦盛有限公司的名义，与新加坡 Kiri 公司、印度 Kiri 公司先后签订《股份认购及股东协议》与《可转换债券认购协议》。

协议的主要内容为：桦盛出资认购新加坡 Kiri 公司 1 股普通股，成为其股东；股份虽小，却具有否决权。根据董事会的制度安排，新加坡 Kiri 设立两名联席董事长，由桦盛董事长阮伟祥与印度 Kiri 董事长 Manish Kiri 共同担

任；设置五名董事，浙江龙盛占三名，重大决策只要过半投票即可通过。这使浙江龙盛能够掌握收购德司达的主动权，并能有效控制风险。按照这个协议，阮伟祥虽然以债券形式介入，但已是新加坡 Kiri 的实际控制人。

桦盛出资 2200 万欧元认购新加坡 Kiri 向桦盛定向发行的可转换债券，债券有效转股期为五年，桦盛在有效期内可随时一次性或分步实施转股，全部转股后桦盛持股比例将达到 62. 43%。桦盛这笔可转换债券将定向用于收购德司达的资产。

桦盛出资后，启动了对德司达的整合，包括总部职能剥离，欧洲业务整合，研发和服务功能的重新评估、定位和精简，加强采购供应链管理，优化全球库存管理，提高效率、降低成本，银行信用、供应商信用逐步恢复。多管齐下，德司达与浙江龙盛形成了互补，技术融合、市场共享等协同效应及规模化优势逐渐显现。2012 年 5 月公司启动债转股，7 月获得浙江省发改委和浙江省商务厅批复同意，8 月国家发改委予以备案登记，并且获得中国证监会的核准，12 月 26 日完成转股的所有手续。转股完成后，公司合计持有德司达全球控股（新加坡）有限公司 62. 43%的股权，成为其控股股东。2013 年开始，德司达实现了扭亏为盈，当年营业收入 8. 29 亿美元，净利润 4992 万美元；后续两年保持较好发展势头，2014 年营业收入 9. 38 亿美元，净利润 1. 03 亿美元；2015 年营业收入 8. 98 亿美元，净利润 9654 万美元。

本次收购方案继续由新加坡 Kiri 担当收购主体，不露声色地“暗度陈仓”，达到曲线收购全球染料巨头德司达的目的。按照这个方案，浙江龙盛可以发挥出“进可攻，退可守”的优势，将收购风险控制在最低水平。首先，从谨慎的角度出发，在快速作出投资决策后，以可转换债券的方式将风险锁定在一定的范围内。其次，从财务角度出发，一方面不会因收购尚未恢复盈利的德司达，而在短期内拖累浙江龙盛的业绩；另一方面可以在德司达恢复盈利后，通过转股进入合并报表，从而快速实现业绩提升。这也为企业的尽调、并购后的整合、整合中的业绩提升提供了充足的时间，极大地降低了并购风险。这无疑是国际并购舞台上的一次模式创新。

此后，浙江龙盛又积极利用资本市场的力量募集资金，灵活运用各种金融产品来提高其资本流动性，并为其带来成本较低的资金，成功助力其维持健康的运营和盈利。

小　结

浙江龙盛作为一家成立较早的民营企业，一路见证并引领了中国染料行业的发展与变革。在行业成长的过程中，面对市场的挑战，浙江龙盛充分发挥自身优势，实现了三次关键性的突破：①从亏损的农药企业转型为盈利的染料助剂企业；②自主研发跨入染料生产行列，并成为国内分散染料龙头；③上市后充分利用资本市场，向上游拓展化工中间体业务，形成染料产业链一体化生产体系，并成功收购全球染料巨头德司达，成为全球染料行业龙头。浙江龙盛不断转型发展的过程，也是其借助资本市场力量集聚技术和资本优势、不断提升竞争力的过程。通过公开市场的披露和宣传，浙江龙盛的发展历程和经验也展现在同行和社会公众面前，起到了良好的示范带头作用，对行业技术水平的提升也起到了积极的促进作用。

均胜电子成立于2004年，通过一系列资本运作和海外并购，在十余年的时间中迅速成长为全球汽车零部件的龙头企业。回顾均胜电子的发展历程，并购德国普瑞奠定了它的发展基础，使其从功能件转型至汽车电子，并迅速切入全球高端市场。上市之后，均胜电子又通过数次并购从业务规模和产品种类上都实现了跨越式发展。并购美国KSS和日本高田更使得均胜电子成功进入汽车安全领域，一跃成为全球第二大汽车安全设备供应商。均胜电子迅速做大做强的全球化发展之路在我国汽车零部件企业中独树一帜，也引发了大家的关注与讨论。

均胜电子：全球并购铸就汽车零部件制造巨头

全球汽车零部件行业整合，均胜电子异军突起

自1886年卡尔·本茨制造了人类历史上第一辆三轮汽车起，已经过去130余年。发展至今，汽车已成为能够大规模量产的最复杂的民用产品。核心的汽车制造行业主要分为整车制造和汽车零部件制造。在社会化大生产、大协作的趋势下，经济全球化和产业分工得到进一步推进。整车厂商纷纷将零部件制造业务交由第三方制造商代工，而自身仅保留具有核心技术的设计与开发、整车装配和销售业务。这种全球化代工生产的模式在优化资源配置的同时推动了汽车零部件行业的发展和壮大。汽车零部件制造位于汽车全产业链的中游，其自身发展对上下游产业具有巨大的带动作用，成为我国近些年以及未来制造业发展的重点行业。汽车产业链如图2-5-1所示。

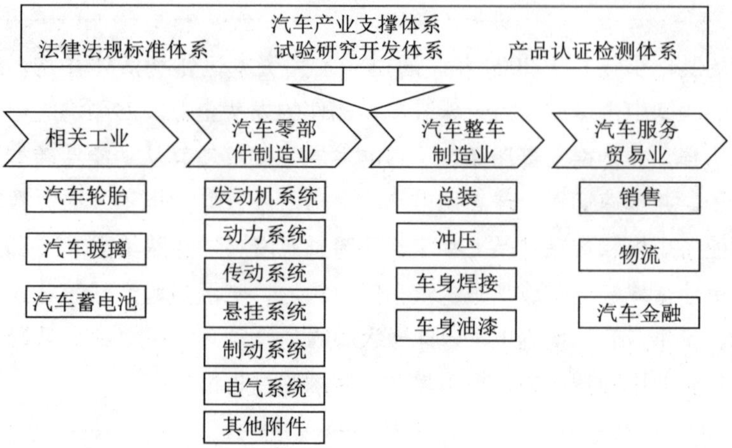

图 2-5-1 汽车产业链一览

德国、日本和美国是最早发展汽车制造的国家，如今在全球范围内具有垄断优势的整车制造商均来自这三个国家。这些整车制造商在周边辐射出大量优秀的零部件制造企业，因此德、日、美的零部件企业在全球汽车零部件行业中占据了显著优势。从全球汽车零部件百强企业来看，这三个国家无论是在数量还是收入水平上均占有主要地位，三个国家的汽车零部件百强企业收入占全球所有百强企业收入的 60.5%。2020 年全球汽车零部件百强企业分布情况见图 2-5-2。

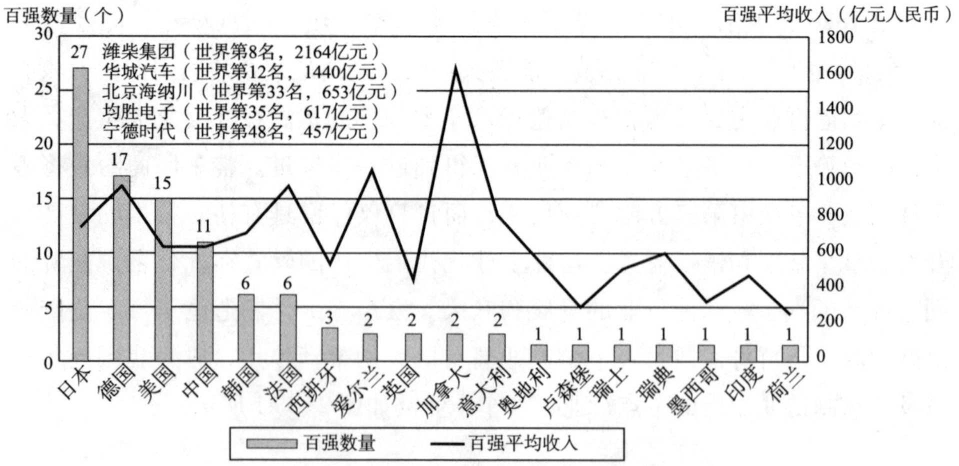

图 2-5-2 2020 年全球汽车零部件百强企业分布

资料来源：《中国汽车报》。

我国汽车零部件行业的发展

我国汽车行业从 2003 年开始大规模发展，现已成长为全球最大的单一汽车市场，但汽车产业链中的很多核心部分仍有较大的提升空间，这也带动了我国汽车零部件行业开始起步且增长迅速。但是我国汽车零部件行业还存在着很大问题：一是没有核心技术，基本都是从生产低附加值零件起家，或是做些代工；二是竞争激烈且受下游整车企业制约，盈利性较差。而汽车零部件的技术研发也具有一定的行业壁垒，研发成本高、实验周期长、整车厂商认可度低，这些都是制约我国汽车零部件发展的关键因素。我国汽车零部件百强企业虽然从数量上已位列世界第四，但从产值上来说，仅占全球百强企业的 9.5%。

如何在德国、日本等国家的行业垄断中突围，充分发挥后发优势和成本优势，加强自主研发能力，并加速促进行业向集成化、网络化和智能化转型，已成为我国汽车零部件行业核心的发展方向。近年来，为了保持我国汽车行业的持续性增长并逐步建立产业优势，我国出台了诸多发展规划和鼓励政策，如《汽车产业中长期发展规划》《车联网（智能网联汽车）产业发展行动计划》《智能汽车创新发展战略》等，并将海外并购作为加快提高我国汽车零部件制造产业水平的重要方式。长期来看，随着新能源汽车的不断发展，汽车智能化的发展正在加速，欧美汽车零部件行业，特别是汽车电子和安全领域的传统优势正在削弱，欧洲企业竞争力也正在下降。而我国在从汽车大国向汽车强国转变的过程中，为汽车零部件行业提供了广阔的空间，前景光明。

在我国汽车零部件行业中，年轻的均胜电子异军突起，通过外延并购的方式逐渐完成产业升级，从功能件向汽车电子、汽车安全发展，并成为我国乃至世界汽车零部件行业的巨头和汽车安全领域的龙头企业。

主营业务及现状

均胜电子（股票代码：600699. SH）现已实现了在汽车电子和汽车安全领域的跨越式发展，成为该领域的全球龙头。在此基础上，均胜电子进一步完善了其在汽车安全和智能驾驶领域的布局，尤其是在汽车安全系统、车联网、新能源汽车技术和新型 HMI 方面。通过协同整合，公司现经营的汽车安全、智能座舱电子、车联网、新能源汽车动力管理系统和汽车功能件等核心业务都取得了良好的发展态势。

如图 2-5-3 所示，均胜电子目前旗下有四大事业部：汽车安全事业部、汽车电子事业部、汽车功能件事业部及智能车联事业部。其产品已经获得全球客户的认可，均已进入主流汽车品牌的核心供应体系，OEM 客户涵盖了德系（大众、宝马）、美系（通用、福特）、日系（丰田、本田）及国产品牌（上汽、北汽）。均胜电子的 OEM 客户如图 2-5-4 所示。

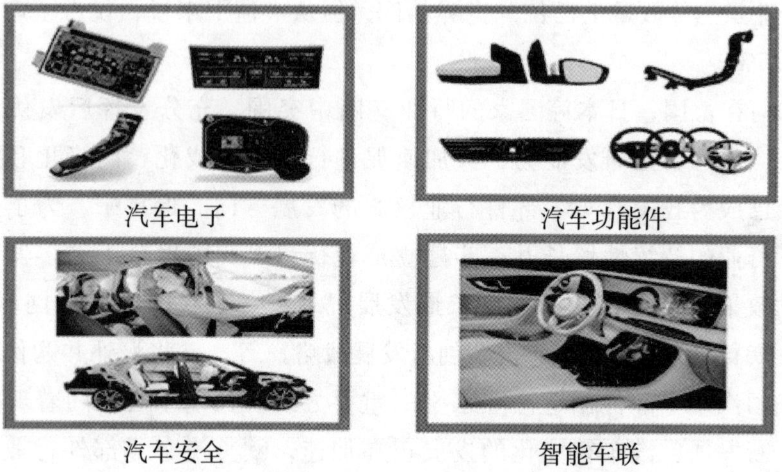

图 2-5-3　均胜电子主要业务范畴及产品类型

图 2-5-4　均胜电子的 OEM 客户

如图 2-5-5 所示，均胜电子的功能件业务板块主要聚焦豪华品牌车型，是公司的现金流业务，为均胜电子贡献了约 7%的营业收入（截至 2020 年 6 月 30 日，下同）。该业务板块主要由 2015 年并购的德国企业 Quin 和自身原有功能件业务整合构成。均胜电子的汽车安全业务从零起步，在 2016 年、2018 年先后收购美国 KSS 公司以及日本高田公司的优质资产后，整合成立了全新品牌均胜安全系统（JSS），直接跃居为全球第二大汽车安全产品供应商，如今已是均胜电子最大的业务板块，营收占比达 71%。汽车电子板块主要基于与德国普瑞联合成立的均胜普瑞，产品主要包括驾驶员控制系统、空调控制系统、传感器系统、电子控制单元、BMS（电池管理系统）、OBC（车载充电机）和 DC/DC 转换器（开关电源或开关调整器）等，这部分已成为均胜电子第二大业务板块，为公司贡献了 14.7%的营业收入。2019 年，均胜电子新设智能车联事业部，进一步聚焦智能驾舱、智能车联、智能云、智能驾驶及软件增值服务领域的发展，为均胜电子贡献了 5.9%的营业收入。2020 年上半年均胜电子营业收入分布如图 2-5-5 所示。

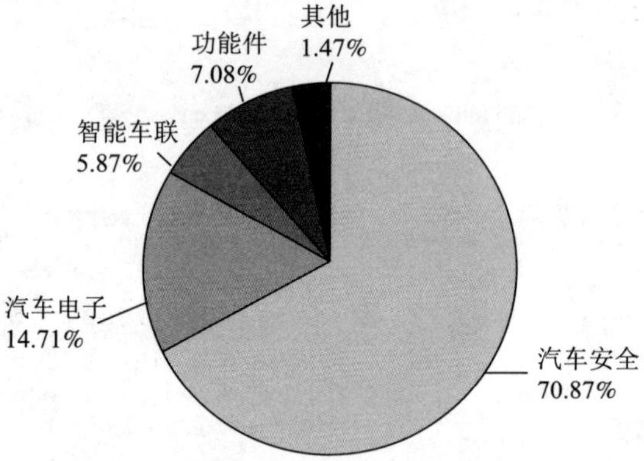

图 2-5-5　2020 年上半年均胜电子营业收入分布

资料来源：均胜电子 2020 年中期报告。

在完成对德国普瑞的整合后，均胜电子进入了快速发展期，通过一系列并购整合完成了业务转型升级与全球化布局的目标，总资产从 2013 年的 57. 5 亿元增长至 2019 年的 569. 2 亿元，仅六年间翻了近十番。其间，均胜电子的资本回报率基本保持在 4%左右，而其净资产收益率则保持在 9%左右。具体如图 2-5-6 所示。

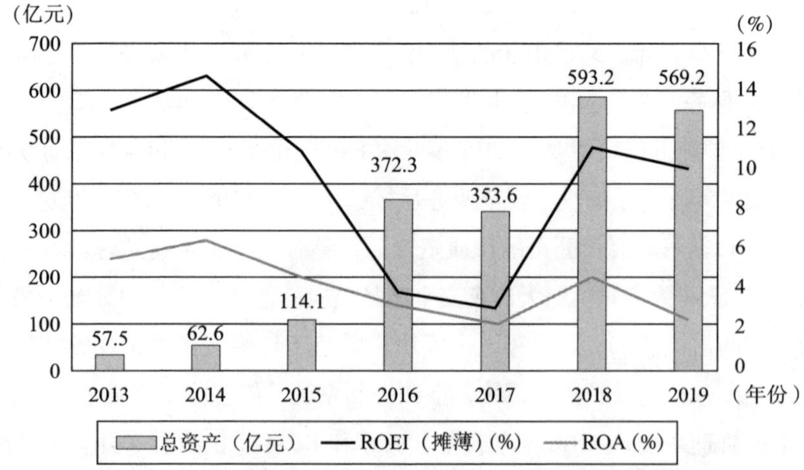

图 2-5-6　2013—2019 年均胜电子总资产回报率趋势

资料来源：Wind 数据库。

凭借在全球近30个国家的业务分部以及全球范围内近百个工厂或营运布点，均胜电子的营业收入在近几年实现了快速增长，2019年达到617亿元，其中境外营收占比达78.28%。其净利润从2013—2018年也高歌猛进，平均年增速约49%，2019年有所下降主要源于并购日本高田优质资产后，公司仍处于持续整合阶段。具体如图2-5-7、图2-5-8所示。

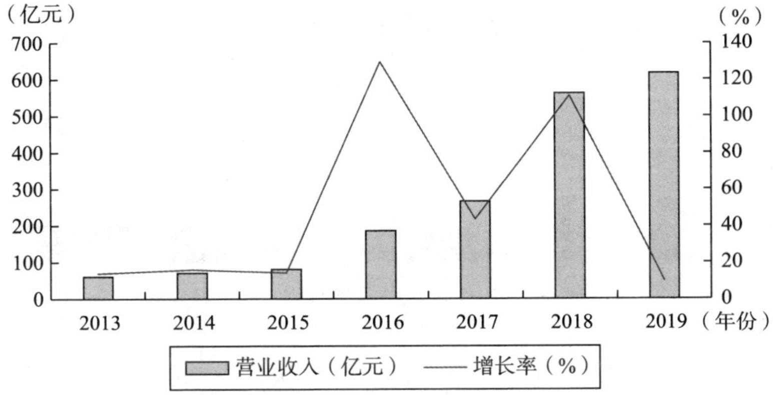

图2-5-7　2013—2019年均胜电子营业收入及增长率情况

资料来源：Wind数据库。

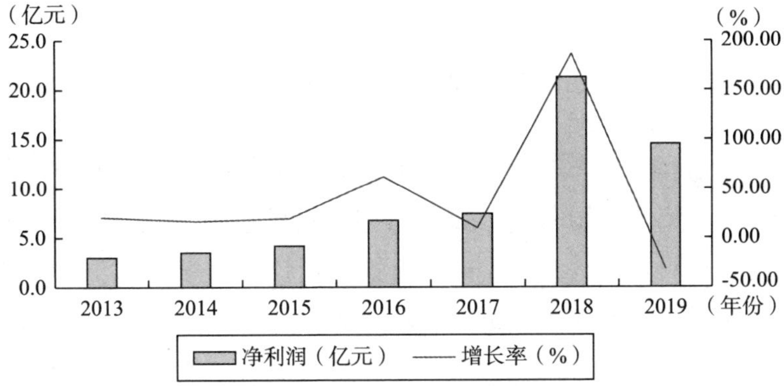

图2-5-8　2013—2019年均胜电子净利润及增长率情况

资料来源：Wind数据库。

不断海外并购，跻身全球领先汽车零部件企业之列

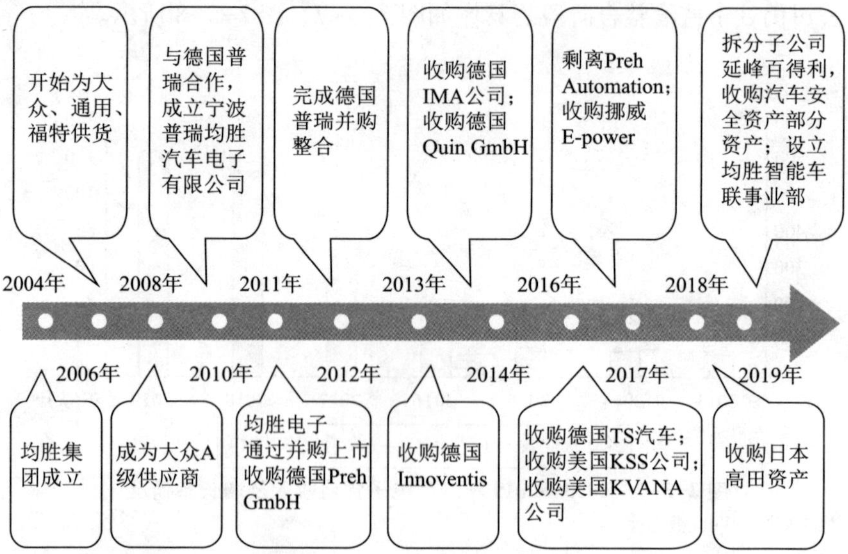

图 2-5-9　均胜电子发展历程

资料来源：Wind 数据库。

初创：以汽车功能件起家，成为通用全球供应商

2004 年，在国际汽车行业经营多年的王剑峰先生和范金洪先生联合创办了宁波均胜投资集团有限公司（以下简称“均胜集团”）。早期业务以内部装饰件和各种塑料功能件为主，产品科技含量较低，行业竞争门槛较低，同类型企业竞争激烈。但均胜集团凭借对国外汽车行业的深入了解，在初创阶段就确立了“从上至下”的发展策略，即先从全球知名汽车企业切入，满足客户需求，为客户量身打造全方位的解决方案。凭借这一理念，2006 年，均胜集团开始成为大众、通用、福特等知名汽车制造商的零件供应商，到 2008 年均胜集团已成为大众 A 级供货商。

2008 年国际金融危机爆发，欧洲经济严重受创，大量车企陷入财务困境，其中，沃尔沃、捷豹路虎以及后来的标致雪铁龙均先后易主。而在这一

时期，国内基础建设飞速发展，汽车以年化 20%～25%的复合增长率迅速普及，均胜集团抓住机遇力求产业与客户的双重升级。2009 年，均胜集团收购了一家位于上海的中德合资塑料制品企业——华德塑料制品有限公司。通过此次并购，均胜集团进一步完成了汽车零配件产品系的拓展和整合，国内知名度获得了迅速提升。在合资企业技术和渠道的加持下，均胜集团在扩张业务规模的同时，成功跻身高端汽车配件供应商行列。

崭露头角：进军资本市场，开启海外并购

2008 年之后，在国家“走出去”整体战略方针的指导下，均胜集团也在寻求新的发展路径。均胜集团首先瞄准了德国普瑞，这是一家德系汽车的高端品牌企业，主要为奔驰、奥迪、宝马等知名车企设计供应中控系统。当时的德国普瑞陷入了经营危机。作为一家民营企业，均胜集团在发展过程中同样面临着融资困难的问题，为了收购德国普瑞，当时的大股东不得不将资产、股权等全部抵押，艰难地完成了第一阶段的收购。2010 年，均胜集团与德国普瑞合作成立宁波普瑞均胜汽车电子有限公司。为了进一步完成该并购交易，均胜集团开始寻求资本市场直接融资。由于当时全国已有 480 余家企业正在排队上市，2011 年，均胜集团无奈之下通过并购重组一家破产的上市企业——辽源得亨得以成功上市，“均胜电子”从此走向了更广阔的舞台。上市后的均胜集团通过定向增发方式募集到近 5 亿元资金，使其收购德国普瑞的交易顺利进入第二阶段，至 2012 年最终完成并购与整合。

通过这次历时三年的并购，均胜集团从技术含量较低的功能件领域逐步向汽车电子零部件领域转型升级，在获得先进技术的同时获得了大量欧洲知名车企客户，为均胜电子开展海外业务打开了一扇大门。

全球化发展：陆续收购世界汽车安全龙头企业，成为行业巨头

从德国普瑞开始，均胜电子开启了其海外扩张之路，从 2013—2016 年，均胜电子先后收购了德国专注于汽车电子产品的 Innoventis、IMA 和 Tech-niSat 以及同样位于德国的功能件生产商 Quin GmbH。一方面，均胜电子巩固了自身原有功能件业务，从低端向高端发展；另一方面，在汽车电子市场继

续扩大自己的市场和客户群体。在巩固并积极开拓原有欧美市场的基础上，积极开拓中国市场，加大在中国的研发、生产、销售基地建设，推动国外先进技术在国内的落地，扩大国内市场份额。经过连续的海外并购和整合，如今汽车电子已成为均胜电子第二大业务板块。均胜电子 2011—2018 年海外并购历程如表 2-5-1 所示。

表 2-5-1　2011—2018 年均胜电子海外并购历程

年份	并购标的	产品类型	交易价格	重大发展	资金来源
2011	德国普瑞	汽车电子	2.43 亿欧元	从传统功能件向汽车电子转型	自有资金+银行贷款→上市募集配套流动资金
2013	德国 Innoventis	汽车电子	56 万欧元	提升汽车电子研发能力	
2014	德国 IMA	智能机器人	0.14 亿欧元	2017 年剥离至母公司旗下	
2015	德国 Quin Gmbh	汽车功能件	0.91 亿欧元	功能件业务进入海外高端市场	非公开发行股票
2016	德国 TS	汽车电子	1.8 亿欧元	布局智能车联	自有资金+银行贷款→非公开发行置换自筹资金
2016	美国 KSS	汽车安全	9.2 亿美元	进入汽车安全领域	自有资金+银行贷款→非公开发行置换自筹资金
2016	美国 EVANA	工业机器人	0.20 亿美元	2017 年剥离至母公司旗下	
2017	瑞典 ePower	汽车电子	—	成为普瑞子公司，Preh Sweden AB	
2018	日本高田	汽车安全	15.88 亿美元	跻身全球第二大汽车安全供应商	自有资金+银行贷款+外部战略投资者

2016 年，均胜电子收购了美国知名汽车安全产品供应商 KSS（Key Safety Systems），一举进军汽车安全业务。KSS 是全球领先的零部件制造商，在汽车安全气囊、安全带和方向盘安全系统等汽车安全产品的设计、开发和制造方面积累了丰富的经验，并在美国、德国、日本、韩国和中国拥有技术研发中心。KSS 还在全球拥有超过 60 家客户，研发、制造的产品被安装在超过 300 种轿车上。2016 年 6 月，在完成了对 KSS 的并购后，均胜电子获得了近 50 亿

美元的新增订单。2018年4月，均胜电子再次完成对前世界著名汽车安全制造商——日本高田的优质资产的并购，斥资15.88亿美元，约合106亿元人民币。至此，全球汽车安全供应商四巨头——美国天合汽车、日本高田、瑞典奥托拉夫和美国KSS中已有两家被均胜电子纳入怀中。均胜电子通过在卢森堡成立子公司——均胜安全来完成对KSS和高田资产的合并，现在汽车安全业务已经成为均胜电子最大的业务板块。截至2020年6月，均胜电子在该领域的订单金额已达2107亿元人民币，贡献了约70%的营业收入，全球市场占有率近30%，跃升为全球第二大汽车安全产品供应商，其营收规模几欲赶超排名世界第一的瑞典奥托拉夫。随着全球业务整合工作的逐步推进，新、旧订单的逐步切换，均胜电子在该领域的盈利能力还将得到较大的提升。

三次关键并购，助力均胜电子飞跃发展

均胜电子在其发展历程中，业务范畴从功能件到汽车电子再到汽车安全，产品种类从低端产品向高端产品扩充，客户群体从德国到美国再到中国，不断地突破自己、突破汽车零部件行业技术的壁垒。均胜电子通过制定了全球化战略，先切入国外高端市场，再发展中国市场，而这样“从上到下”的发展之路都是通过一系列资本融资和海外并购实现的。均胜电子近十年来不断地进行资本运作和收购扩张，现有的四大事业部中有三个是通过收购获得的，这在我国目前汽车零部件企业中绝无仅有。均胜电子上市后多次通过公开市场融资，累计直接权益融资122.83亿元人民币（募资净额）、债券融资86亿元人民币、间接融资210.86亿元人民币。资本市场给予了均胜电子巨大的信心和力量去完成其全球化布局。

这其中有三次关键性的并购成为均胜电子飞跃式发展的里程碑：德国普瑞、美国KSS和日本高田。

并购德国普瑞：均胜电子从功能件转型汽车电子

德国普瑞（Preh GmbH）成立于1919年，是一家为德系高端品牌汽车设计、生产电子控制系统及模块的全球领先供应商，在行业内处于世界领先地

位，拥有多项专利。均胜集团的创始人王剑锋原来在一家外企任汽车零部件部门副总裁，从2003年开始就与德国普瑞有了较多的合作，对其资产质量有充分的了解。2008年，德国普瑞的持股基金德国DBAG计划出售德国普瑞，均胜集团开始积极争取，但作为一家规模还小的民营企业，难以获得德国普瑞的信任。

2009年，均胜集团详细制定了上市策略及发展规划，终于获得了德国普瑞高管团队的认可。时机不容错过，为了同时实现上市和海外并购的目标，均胜集团设计出了一套创新性的并购交易策略，分为两个阶段进行。如图2-5-10所示。

第一阶段，均胜电子母公司均胜集团以16亿元人民币的价格现金收购德国普瑞母公司普瑞控股74.9%的股权和其他投资人持有的德国普瑞5.10%的股权。与此同时，与普瑞控股签订剩余25.1%股权的期权协议。基于该笔交易，均胜集团对普瑞控股形成了控制，从而间接持有德国普瑞71.08%的股权。第一阶段使得均胜集团获得了德国普瑞76.18%（71.08%+5.10%）的股权。

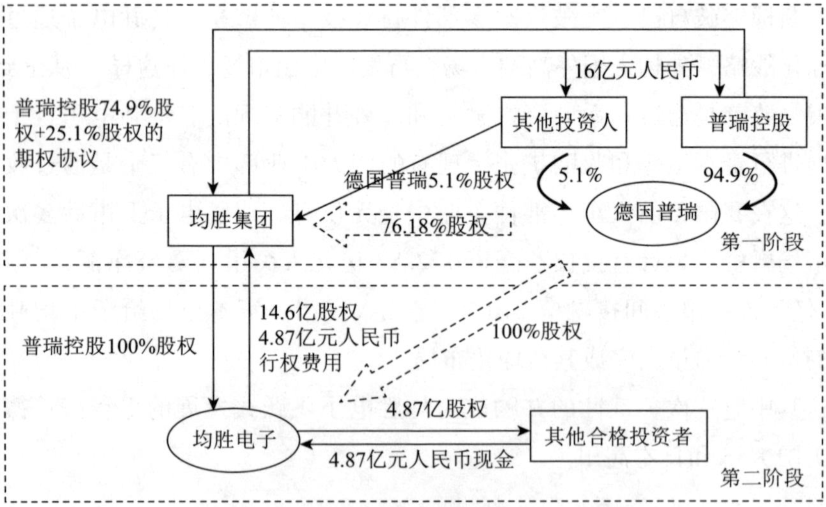

图2-5-10 均胜集团并购德国普瑞过程

第二阶段，2010年，收购合同签署后，均胜集团与德国普瑞合作成立宁波普瑞均胜汽车电子有限公司，并成为辽源得亨控股股东。随后公司将原有的功能件业务注入取得控制权的辽源得亨，并将上市公司正式更名为“均胜电子”。均胜电子收购德国普瑞的交易进入第二阶段。在该阶段，均胜电子向母公司均胜集团定向增发价值14.6亿元的股权，获得均胜集团持有的德国普瑞76.18%的股权。而后均胜电子向其他合格投资者定向增发，并向其他投资人支付现金，购买普瑞控股25.1%股权，同时筹集配套流动资金4.87亿元人民币。2012年3月，均胜电子完成了对德国普瑞的收购。

通过这个并购方案，均胜电子巧妙借力资本市场，一方面，为整个交易赢得了时间；另一方面，均胜电子通过上市后定向增发的方式实现了其并购目的，有效地防止了大量资金缺口的出现。对德国普瑞的收购为均胜电子的汽车电子板块打下了坚实的基础，奠定了其腾飞的基石。

并购美国KSS：均胜电子进入汽车安全领域

美国汽车安全产品巨头KSS成立于1916年，20世纪50年代涉足汽车安全领域，1999年由于债台高筑而被迫申请破产保护，2003年被美国尤因管理集团（EMG）收购，经过战略调整，实现转亏为盈。2007年和2014年，KSS又经历了两次易主，最终于2016年被均胜电子收购。在被均胜电子收购前，KSS已成为全球领先的零部件制造商，在汽车安全气囊、安全带和方向盘安全系统等汽车安全产品的设计、开发和制造方面积累了丰富的经验，并在美国、德国、日本、韩国和中国分别设立了技术研发中心。除此之外，KSS还在全球拥有超过60家客户，研发、制造的产品被安装在超过300种轿车上。2014年和2015年，KSS分别实现营收超过13亿美元和14亿美元，成为全球第四大汽车安全系统供应商。2016年，KSS最终以92116万美元的价格被均胜电子收购。

收购KSS是均胜电子自2011年收购德国普瑞后最大的一笔海外并购交易。为了完成这笔交易，均胜电子先以自有资金和银行贷款支付并购价款9.2亿美元（约合67.1亿元人民币），后续再通过非公开发行的方式募集资金置换前期自筹资金。2016年6月，均胜电子完成了对KSS的并购并获得了近50亿美元的新增订单。2017年1月，均胜电子以32.01元/股的发行价定向增发筹集资金82.32亿元人民币。

但收购后的整合、KSS的后续发展都需要大量的流动资金，均胜电子决定以 KSS 为融资主体，引入战略投资者——国投创新，以此来盘活资产，保证均胜电子的平稳发展。根据协议，由国投创新管理的先进制造产业投资基金（SDIC，以下简称“先进基金”）出资 2.5 亿美元，均胜电子出资 1.5 亿美元，双方共同向 KSS 进行注资，此次注资使得国投创新通过先进基金持有 KSS 15.15%的股权，均胜电子则持有 84.85%股权。不过在实际操作过程中，均胜电子将融资主体做了调整，2017 年 11 月，均胜电子在卢森堡注册成立全资子公司均胜安全控股（Joyson KSS Auto Safety Holdings S. A.，JSH），将 KSS 以股权增资形式注入，增资完成后，先进基金持有均胜安全控股 15.15%股权，而均胜安全的估值增加到 16.5 亿美元。引入战略投资者，既不影响均胜电子对 KSS 业务实施控制，也为 KSS 的业务扩展和进一步的成长提供了资本保障。

这次收购也是均胜电子发展中最重要的一步，使得均胜电子成功进入汽车安全领域，并一举在全球市场占据重要地位。

并购日本高田：均胜电子跃升为汽车零部件龙头企业

高田公司于 1933 年成立于日本东京，历经多年研发，创新性地推出了日本第一款两点式汽车安全带。彼时正逢日本汽车行业进入高速发展阶段，高田的安全带产品一推出就备受欢迎，甚至成功拿下了以安全为主要卖点的丰田公司的采购单。高田公司在研究过程中发现了一种价格低廉且反应效果良好的化学物质——硝酸铵，非常适合用于安全气囊的生产。凭借这一发现，高田公司生产出了价格低廉且性能优良的安全气囊，并获得了本田、宝马、通用等知名汽车厂商的青睐，一时间在海内外声名远扬。但 2010 年之后，高田的安全气囊频频被曝出存在安全隐患，主要涉及硝酸铵气体发生器（PSAN）。2014 年，美国对高田展开调查，并于 2015 年 2 月对高田公司提出了一系列罚款和赔偿要求。一时间，高田公司陷入了亏损、缺乏新订单和巨额债务的困境，不得不于 2017 年 6 月正式向东京地方法院申请破产保护，成为当时日本制造业历史上最大的一笔破产案。彼时，高田是全球第二大汽车安全产品供应商，占有约 20%的市场份额，它的破产对全球汽车产业产生了震荡。

作为一家知名的上市公司，均胜电子已凭借多年的并购积累在全球汽车产业链中占据重要地位，并赢得了一定的声誉。在高田申请破产之后，全球多家知名车企担心高田的其他安全部件订单无以为继，诚邀均胜电子对日本高田进行收购，从而保持产业链的完整性和订单的延续性。当时还在整合KSS业务的均胜电子在评估后认为排除PSAN业务之外的高田仍具有大量优质资产。2018年4月，均胜电子通过其子公司均胜安全以15.88亿美元（约109.3亿元人民币）的价格收购了高田除PSAN业务之外的资产，该笔资产中预计将包括不少于3.5亿美元的现金及现金等价物和其他各类资产包。同时，均胜安全并不承担高田的债权、债务，客户集团也承诺均胜安全免除因PSAN导致的损害赔偿并延续其他部分订单。均胜电子这次的收购规模再创新高，此次收购也被称为“教科书式的困境收购”。

在这次收购中，均胜电子、太盟投资集团以及先进基金共同向均胜安全控股注资。在增资后，均胜电子占股69.22%，太盟投资集团和先进基金合计占股30.78%。另外，均胜电子为支持此次并购筹集资金，向由工商银行和德意志银行组成的银团进行了间接融资，获得了将近10亿美元（约合63亿元人民币）的贷款。此次银团贷款期限为五年，利率仅高于LIBOR 200bp，约3.2%。其中，2018年、2019年已分别偿还本息合计约9.63亿元人民币，2020—2022年将分别偿还10%、30%和50%的本金。

虽然此次并购交易规模巨大，但均胜电子并未如之前收购KSS一般利用股权募集资金，而是选择了债权融资，一个重要原因是避免大量稀释股本，保护股东利益，另一个原因则在于低廉的资金成本。在开展此次并购业务前，均胜电子的市盈率（P/E倍数）长期保持在55倍以上，这为均胜电子通过股权质押获取银行贷款提供了强大的议价能力。

对高田资产的收购进一步提高了均胜电子在汽车安全领域的市场份额，获得了近30%的绝对市场占有率。目前均胜安全已在全球23个国家拥有数十个研发和制造基地，仅通过并购高田就获得2000多项专利技术。近两年，均胜电子按照既有规划，对安全业务板块进行了全球范围内的逐步整合，目前整体进度已处于整合末期。

即使并购后的整合还未完成，2019年均胜电子的整体营收规模已达617亿元人民币，晋升全球汽车零配件前三十强企业，成为全球第二大汽车安全产品供应商。随着海外整合的逐步推进，均胜电子的内外循环还将发挥更大的协同效应。

小　结

均胜电子从功能件到汽车电子再到汽车安全，由低及高、由小及大的发展历程，成为我国汽车零部件企业发展的典型案例。均胜电子灵活运用资本运作，通过外延并购的途径在短短十年间做大做强，特别是对德国普瑞、美国 KSS 和日本高田的三次关键性并购，更使其一举跃升为全球汽车零部件行业的巨头。在此过程中，中国资本市场从时间和空间上都给予了这个成长型企业极大的帮助，使其能全力完成全球化产业布局，平稳顺利地度过并购后的漫长整合历程。上市公司这张名片也帮助均胜电子在海外并购历程中披荆斩棘，获得国外企业的认可，顺利通过反垄断调查。找准方向、利用资源和明晰自身能力是均胜电子在全球化发展中获得的宝贵经验。已居于全球行业前列的均胜电子如何做好内生外延的双轮驱动，开启内外良性循环，拓展新科技、新领域将是其未来发展的重要课题。

浙江鼎力是我国高空作业平台机械的制造龙头。作为把高空作业平台引入国内的“领路者”，浙江鼎力从零开始研发高空作业平台技术，通过定制化研发、严格的质量管理和高效的供应链成本品质管理，逐步获得了海外客户认可。2015 年浙江鼎力上市后，借助资本市场力量，积极培育国内高空作业平台市场，同时利用市场融资扩大产能，并通过海外参股联合研发，实现高端产品的研发和产业化生产。浙江鼎力的案例，切实展现了一家民营企业从零起步逐步成长为国内行业龙头、乃至全球领先企业的过程。

浙江鼎力:高空作业平台的领路者

填补高空作业平台空白，浙江鼎力横空出世

高空作业平台（Aerial Work Platform，AWP）作为一种新型的登高施工设备，主要为满足高空作业而生。在用途方面，主要作为传统脚手架等高空设备的升级替代产品。

根据国家标准《高处作业分级》规定：“凡在坠落高度 2 米以上、有可能坠落的高处进行作业，都称为高处作业。”而高空作业平台专为辅助高处作业需求而生，用以将作业人员、材料和工具等安全送至指定高处位置。高空作业平台与传统运载物品的工程机械最大的不同在于人员处于被运送的高台内，因此需要更安全、更稳定、更舒适。

根据作业平台的底盘是否自带行驶动力，高空作业平台可分为自行走式和移动式；根据动力的不同，可以分为电动式和发动机式；根据举升结构的不同，又可进一步细分为直臂式、曲臂式、剪叉式、桅柱式等。

每类产品的最大提升高度不同，移动范围和摆动范围不同，可适应不同

的作业环境，包括工业领域、商业领域和建筑领域（如楼外立面，体育馆、厂房内部，舰船等大型设备加工厂，空间相对有限的市内礼堂，超市，等等）。

不同类别的高空作业平台的技术含量、应用范围和价格差距较大，其中剪叉式和臂式为市场主流产品。中国高空作业平台市场上，剪叉式占80%左右，臂式占10%左右，剩下的其他类型平台占10%左右。[①]

高空作业平台的普及成为必然趋势

安全性为核心：成为市场主流趋势

根据全球经验，高空作业平台替代传统脚手架等传统登高设备，是必然的趋势。传统设备，如脚手架等，往往需要工人在离地很高、空间狭小、缺乏足够围栏的脚手架上频繁地上下来完成不同高度的作业，使高空坠落成为重大安全隐患。据不完全统计，我国每年仅因城市建筑维护使用的高空作业发生坠落，就导致近5000人死亡。2019年我国房屋市政工程安全事故情况如图2-6-1所示。

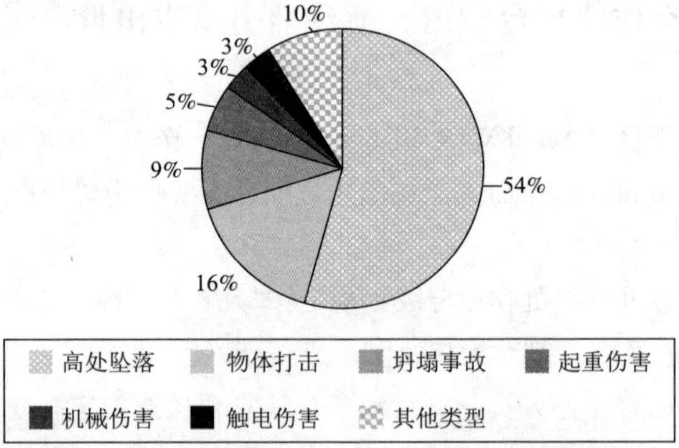

图2-6-1　2019年我国房屋市政工程安全事故情况

资料来源：中华人民共和国住房和城乡建设部。

而高空作业平台的使用，使工人避免在高空进行过多移动，能够有效地

① 资料来源：浙江鼎力调研数据。

降低事故发生概率，提高高空作业的安全性。

自 20 世纪 80 年代起，各国均开始研发采用高空作业平台取代脚手架。英、美、法、德、日等发达国家相继出台脚手架禁用政策，将伤亡事故率降低约 80%。高空作业平台替代脚手架已经成为市场发展的主流趋势。

经济性为主打：促进行业加速发展

未来我国用工短缺、劳动力成本继续提升将是确定事件。随着我国生活水平提高，考虑到建筑工作的危险性和重体力性，青年一代从事建筑行业的意愿下降，这一点已有所体现，我国建筑工人人数从 2014 年 6109 万人的高点呈现逐年下降的趋势，如图 2-6-2 所示。同时，用人成本也在不断上升，建筑工人人均工资从 2013 年的 4.2 万元上涨至 2018 年的 6.1 万元，年复合增长率 7.7%。

在劳动力短缺及人力成本提升的情况下，如何用机器替代人的工作成为提高经济性的关键。

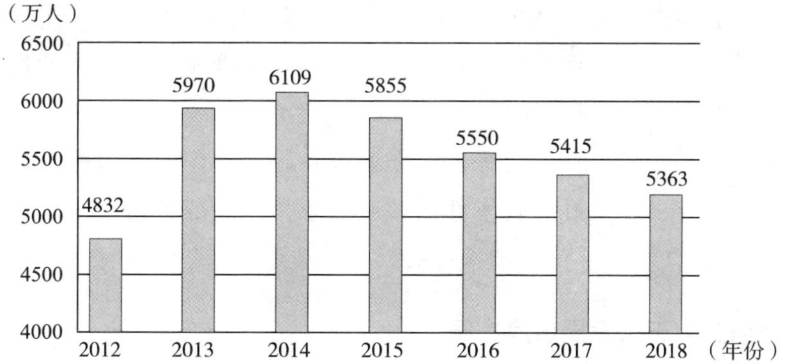

图 2-6-2　2012—2018 年建筑行业工人数量

资料来源：Wind 数据库。

如表 2-6-1 所示，高空作业平台的使用可以减少对人员数量的需求，显著降低人力成本。根据专业机构的调研："脚手架需要一个工人作业+两个工人在底部进行推拉；使用高空作业平台，高空作业人员可以自行控制平台的高度和位置，一人即可完成三人的工作量，人力成本降低明显。以完成某 20 米高建筑工程为例进行测算，租赁臂式高空作业平台相较使用传统脚手架，可节省生产成本。"

表 2-6-1 传统脚手架与高空作业平台经济性对比

项 目	租赁传统脚手架	租赁臂式高空作业平台
设备数量（套或台）	60	5
工资（元/月）	7000	7000
工时（月）	6	4
总工人数（人）	10	5
总工资费用（元）	420000	100000
单位租赁费（元/月）	90	15000
总租赁或购买费（元）	32400	300000
工程总费用（元）	454000	440000

资料来源：招商证券《2019 年高空作业平台行业深度研究报告》。

除人力成本外，由于效率提高，施工总成本也将大幅降低。传统脚手架在转移工作地点时需要拆卸与重新安装，高空作业平台可以自行转移位置，改变作业地点，灵活性更强，提高了施工效率，大大缩短了工期。以西安三星电子芯片项目一期工程为例，在引入高空作业平台进行作业后，工程工期缩短了两个月，工程费用节约了 7000 余万元。①

总而言之，相较于脚手架等传统作业设备，高空作业平台能够满足行业发展对于安全性、经济性、效率性的核心需求，从而成为传统脚手架的良好替代产品。

应用场景为王，发展前景广阔

传统脚手架搭建完成后是固定的，要想升高只能继续搭建，而且没有动力系统，若要移动只能靠人工推动，在空间有限的地方通过性差，狭小空间无法作业；高空作业平台高度可随意调节，且自身带有动力装置可自行移动，由于其收缩后体积小，可通过较窄的空间，作业范围大，可以到达一些狭小的空间进行作业。同时，对于一些特殊的高空作业项目，比如椭圆等异形场馆，搭建脚手架十分不便，而高空作业平台则可以轻松应对。

---

① 资料来源：招商证券《2019 年高空作业平台行业深度研究报告》。

在便捷性上，传统脚手架需要人工进行安装拆卸，需要大量的人力和物力；高空作业平台到场即可使用，工作完成后无须拆卸即可撤离，节省了大量的施工时间。

国内外高空作业的行业格局

行业处于高速成长期，市场成长空间较大

国内的高空作业平台起步较晚，2015 年以前，行业处于萌芽期。2015 年之后，随着浙江鼎力在 A 股上市，将高空作业平台引入中国，各类机械制造商如徐工、中联等纷纷进入市场。在加速行业竞争的同时，也在帮助开拓国内市场，随着参与者增多，行业处于快速成长期。

在参与者提升的同时，浙江鼎力参考国际高空作业平台的主流模式，即“租赁模式”，在国内大力推广和协助培育专业租赁商。到 2019 年，高空作业平台的租赁商数量显著提升，规模化租赁商超过 1000 家。同时中国制造逐步进入在中国的外资租赁巨头（如宏信）的采购列表，行业进入高速发展阶段。

经过多年发展，2019 年底我国约保有 15 万台高空作业平台，但相比其他欧美国家，保有数量仍然较少。根据 IPAF 的统计数据，目前全球高空作业平台保有量约为 148 万台，其中美国保有 60 余万台，欧洲十国约 30 万台，日本保有量超 10 万台。根据专业分析机构预计，中国未来保有量或将达到 70 万台以上，因此预计浙江鼎力所处的高空作业行业未来市场需求较大。

各大厂商加快布局，行业格局或将变化

巨大的市场空间吸引了众多参与者。目前，国内有百家以上高空作业平台制造商，可分为三类：第一类是传统国际高空作业平台巨头，如 Genie、JLG 等，已经在中国设立制造基地，进军中国市场；第二类是类似浙江鼎力这样的高空作业平台优势企业；第三类是如徐工、柳工等传统工程机械巨头，他们被浙江鼎力吸引，正在进入高空作业平台市场。

国际巨头的先发优势明显，后期追赶的传统国内机械巨头实力强劲，就在这样的竞争环境下，浙江鼎力脱颖而出，成为其中的佼佼者。

浙江鼎力——中国高空作业平台龙头

浙江鼎力是国内高空作业平台龙头，也是全球行业十强企业。公司创建于2005年，总部位于浙江德清，致力于各类智能高空作业平台研发、制造、销售和服务。公司技术研发能力强，现有专利200余项，是浙江省示范企业。

初期，公司以单价较低、技术相对易于掌握的剪叉式产品为切入点进入高空作业平台领域，并不断向高端领域进发，产品线布局不断丰富。

公司的发展可以分为三个阶段：2008年以前，公司以叉车和小型高空作业平台为主要业务；2009—2012年，公司开始缩减叉车业务，以高空作业平台为主要发展方向；2013年至今，公司全面转向高空作业平台领域，进一步丰富产品线，开始向高端产品行列进军。目前，公司的产品线已经覆盖臂式、剪叉式、桅柱式等主流产品，能够生产80余种高空作业平台。

在英国知名专业杂志*Access International*发布的“2019全球高空作业平台制造企业20强”（AccessM20）榜单中，浙江鼎力较上年排名大幅提升，列第6位（上年列第11位）；该排名多年来前十均由外资品牌占据，浙江鼎力是多年来首次进入前十榜单的中国企业。作为国内高空作业平台领先企业之一，浙江鼎力已连续多年入选“AccessM20”榜单，连续两年排名靠前。

从零起步，开创高空作业平台新领域

公司转型：从零开始，积累剪叉车核心技术

2005年，浙江鼎力成立。成立之初，基于创始人许树根在叉车制造厂的工作经验，公司最早生产物流叉车并进行出口。经过几年的发展，董事长许树根在国际产品展销会上逐渐注意到当时高空作业平台在日本和欧美等发达国家应用广泛、优势众多，而在国内并未普及。若未来中国以高空作业平台替代传统脚手架，那将是一个多么庞大的市场。许树根发现了其中潜藏的巨大机遇，于是决定全力发展高空作业平台业务，进行公司转型。

为了塑造公司专业、高端的“高空平台设备商”的形象，浙江鼎力在自

身原有叉车业务盈利较好的情况下，毅然决然地逐渐减少这部分原有业务，直至完全专注高空作业平台的研发、生产、制造。

为了将高空作业平台引入中国，并成为国内具有竞争优势的高端龙头企业，浙江鼎力自转型初期就决心通过研发掌握核心技术优势。为了实现这一目标，公司决心从欧美等发达国家市场开始，先攻克最难的市场，再将最好的技术和产品带回国内。

从零学习，先攻克最难市场

高空作业平台产品的技术含量高，且客户对于产品的安全性要求也较高，所以国外欧美市场的竞争格局非常稳定，前十名公司的竞争格局保持了十几年的稳定状态。为了掌握高空作业平台的生产技术，浙江鼎力当时采取了以下三项措施：

第一，国外的高空作业平台市场，以租赁商为大型客户，其余的超市、建筑商、生产厂商为较小规模的购买客户，规模更小的零散客户一般寻找租赁商租用高空作业平台，自身并不购买。基于这样的市场情况，公司找到欧洲当地最大的高空作业平台租赁公司，通过对比租赁公司提供的各个品牌的众多产品深入了解不同公司产品的型号、特性及优劣势，从而把握行业产品和供求的整体特点。

第二，浙江鼎力选择各个品牌的顶尖产品，派遣技术团队对各类产品的技术特性和优劣势进行学习吸收再创新，迅速掌握了剪叉式高空作业平台的生产技术。

第三，欧美国家对于高空作业平台的质量认证标准非常严格，浙江鼎力同样采取“先攻克最难关”的策略，运用自身掌握的技术和生产的产品，首先通过了主要市场国家的最严格的质量和安全认证，为后续逐步获得客户认可打下坚实基础。

从定制化服务入手，获得国外市场认可

公司转型之初，高空作业平台的主要市场分布在美国、德国和日本。浙江鼎力首先选择当地的连锁超市客户。

美国传统高空作业平台生产巨头的产品种类多、规模体量大，主要对接巨型租赁公司，他们对超市这样的中小型客户不能提供精细化服务。浙江鼎力判断到这一点之后，精选超市客户，根据其深度需求，进行定制化设计。

当客户确认设计符合其需求后，浙江鼎力将样机空运送达客户手中，并经过多次往返改进从而获得客户认可，最终取得了第一批次 300 台剪叉式高空作业平台订单。经过一段时间的试用，客户非常满意，因此追加了 3000 台产品订单，这对于当时年产能仅有几千台的浙江鼎力而言，是一个“从零到一”的客户认可的突破。

高标准质量管理，提升公司信誉

浙江鼎力在获得首家超市客户后，客户发现几千台设备中，有一台设备的一个零部件有瑕疵，影响使用的顺畅性。按照传统售后思路，替换这一出现问题的零件即可。然而客户出于安全性的考虑，要求更换这一批次 3000 余台设备上所有的零部件，并要求浙江鼎力对损失的人工、时间等进行赔偿。这一事件发生后，公司董事长许树根意识到，产品做不到质量过关，不仅无法与欧美大公司同台竞争，连自保都困难。

为此，浙江鼎力确立了“质量至上，精益求精”的理念，并参考国际标准建立了质量控制体系。以一台机器为例，我国国家标准只要求做到 3 万次使用无故障，欧洲标准为 4 万次，浙江鼎力的企业标准为 5 万次才合格，最高甚至规定需要做到 8 万次使用无故障。在确立了超高企业标准之后，浙江鼎力在设计、材料、生产、装配等各环节中进行精准把控。同时，浙江鼎力设立了责任追溯和通报机制。一旦发现瑕疵，浙江鼎力会往上追溯到生产的每一道工序和对应的材料供应厂商，避免以后出现类似问题。

正是因为浙江鼎力行之有效的质量管理体系，使得公司的产品返修率和售后投诉率大幅下降，逐步获得了国内外客户的认可和好评，市场份额逐步提升。

持续优化产品型号，提高用户黏性

浙江鼎力用定制化设计赢得客户试用，用质量提高客户持续使用时间和业内口碑。除此之外，浙江鼎力还持续对客户进行回访，不断地进行产品升级，针对客户不同阶段的新需求设计新的产品。

通过产品的迭代，客户已经适应了浙江鼎力定制的便捷、贴心的产品，而且这样的产品很难在市场上找到类似的产品进行替代，由此客户对浙江鼎力的依赖性也在不断加强，用户黏性不断提高。公司也依靠这样的策略，稳扎稳打地获得了80多个国家众多客户的逐步认可，提升了自身的规模和效益，达到了上市的要求。

上市之路：技术形成竞争力，急需资金将技术转化成产能和利润

产能饱和，发展受限，急需资金扩展生产能力

浙江鼎力通过多年的积累，综合竞争实力显著增强，所生产产品在国际市场上优势突出，出口量持续增长。2015年上市之前，公司产品销量的快速增长已使公司产能潜力得到全部释放，受场地和设备的限制越发明显，产能不足成为公司不得不面对的难题。

2012—2014年，浙江鼎力产能均处于满负荷状态，产能利用率长期处于110%以上。产能限制已成为制约公司业务增长的主要因素，公司迫切需要扩大生产能力，以更好地满足市场需求。

同时，随着国内外高空作业平台产品技术含量不断提高、产品迭代较快，能否及时升级自己的技术水平至最前沿，从而及时把握和满足客户需求，是公司抢占市场先机、实现未来持续发展的重要基础。

浙江鼎力作为国内高空作业产品龙头，通过产品布局和积极研发，在国内外市场赢得了良好声誉。但是和国外先进厂商相比，由于公司起步较晚，高端产品生产能力偏小、在产品结构中所占比例偏低，因此大大影响了公司在高端市场上的竞争力度。为了从国内龙头向国际领先企业进发，浙江鼎力从物美价廉的剪叉式高空平台向更高端的臂式高空平台进行研发和产能建设，是非常必要的。

在以上两项迫切需求的影响下，浙江鼎力于2015年3月12日在A股首次公开上市，通过公开发行股票的方式，拟募集4.4亿元净额用于“年产6000台大中型高空作业平台项目”，提高公司的整体产能。

自此，浙江鼎力登陆A股市场，开始借助国内资本市场的力量，将自己的技术优势落地转化为产量和收益的增长，同时通过并购与合作布局高端臂

式高空平台产品线。

三次扩产，带来收入利润快速增长

登陆 A 股市场之后，伴随着公司融资渠道的打开，浙江鼎力迅速进行大额投资，从而快速提高自身的产能水平和盈利水平，如表 2-6-2 所示。

表 2-6-2 公司的 IPO 和定向增发 单位：亿元

公告日期	融资方式	募资总额	募资净额	资金用途
2015-03-12	IPO	4.8	4.40	浙江鼎力机械股份有限公司年产 6000 台大中型高空作业平台项目（预计 21 个月建成），补充公司营运资金，永久补充流动资金
2017-11-24	定向增发	8.8	8.65	大型智能高空作业平台建设项目

纵览公司发展历程，可以发现公司的产能提升主要经历了以下四大阶段：

（1）2014 年上市前，公司的产能为 5000 台/年，主要产品为剪叉式高空作业平台。这一产能在 2015 年公司上市前已经达到满产。

（2）2015 年 IPO 上市后，同年 7 月募投项目投产，浙江鼎力产能达到 1.1 万台，实现产能翻倍，投产当年公司全年产量超过 9000 台。2016 年，公司募投项目全年满产，全年产量 1.1 万台，下一步的产能扩张又进入计划列表。

（3）2017 年，浙江鼎力通过提高工艺流程效率和工人组装效率，以 1.1 万台/年的产能生产出 1.7 万台的产品；同年 11 月，浙江鼎力完成 8.8 亿元定增，用于投资“年产 3200 台的大型臂式高空平台建设项目”；而后又以 1500 万元投资“年产 15000 台智能微型高空作业平台技改项目”。2018 年，浙江鼎力 1.5 万台技改项目 7 月投产，产能达到了 2.6 万台/年，当年产量约为 3 万台。2019 年，公司主要靠技改略微提升产能利用率，全年产量约为 3 万台。

（4）2020 年下半年，浙江鼎力 2017 年定增募投项目已经投产使用，另外通过效率提升和产线优化，预计产能将从 2.6 万台/年提升至 5 万台/年。2021 年及后续的高端臂式作业平台将为公司后续收入和利润增长做出极大的贡献。2015—2019 年浙江鼎力三大高空业务平台的产量如表 2-6-3 所示。

表 2-6-3　2015—2019 年浙江鼎力三大高空业务平台的产量　　单位：台

类型	2015 年	2016 年	2017 年	2018 年	2019 年
臂式高空作业平台	141	174	268	559	989
桅柱式高空作业平台	3909	3400	3888	4525	3641
剪叉式高空作业平台	5179	7436	13295	24699	26686

资料来源：Wind 数据库。

随着产能和产量的提升，公司的收入和利润水平也有了飞速增长。2019 年，浙江鼎力营业收入为 23.9 亿元，净利润为 6.9 亿元；相较 2015 年的 4.8 亿元营业收入和 1.3 亿元净利润，其 2019 年的营业收入增长了 400%，净利润增长了 450%，实现了跨越式发展。具体如图 2-6-3 所示。

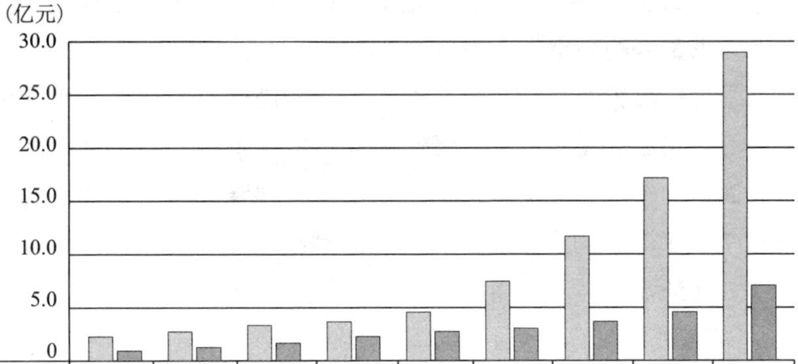

年份	2011	2012	2013	2014	2015	2016	2017	2018	2019
营业总收入(亿元)	2.4	2.9	3.4	3.7	4.8	6.9	11. 4	17.1	23.9
净利润(亿元)	0.4	0.6	0.8	0.9	1.3	1.7	2.8	4 .8	6.9

图 2-6-3　2011—2019 年浙江鼎力收入和净利润增长情况

资料来源：Wind 数据库。

上市发展，并购布局臂式高端产品

上市后市场策略变化，从中小客户转向国际大型租赁龙头

浙江鼎力自2015年上市之后，进行了一系列产能提升计划，随着规模的提升，其市场战略也发生了巨大转变。

早期公司在海外获得初期客户时，主要以面向中小型客户零售为主，全年生产的5000余台产品销往80多个国家，各客户的采购量相对偏小。

上市之后，随着公司品牌信誉提升、产能扩张，公司有能力也需要与国际租赁龙头企业对接，这些客户与中小零售客户不同的地方在于：租赁公司一般大批量采购高空作业平台后，先对外租赁收取租金，然后在3~5年择机在二手市场出售产品来实现收益最大化，因此对高空作业平台的质量要求更高，对多年后产品残值率的要求较高。

此外，在欧美等发达国家市场中，高端臂式高空作业平台的市场占比约为40%，远高于国内比例。而这一比例在高端租赁企业中更高。为了满足客户这方面的需求，浙江鼎力也需要研发自己的臂式产品，并提高相应的产能。

通过并购打入租赁巨头市场，定制产品与服务，提升竞争力

为赢得国际大型租赁公司的信任，浙江鼎力以北美市场为抓手，通过收购美国拥有四十余年丰富从业经验的老牌企业CMEC公司25%的股权，进而全面打开市场，为后续全球化战略打下扎实基础。

除了海外并购，浙江鼎力也需要根据租赁商需求，切实满足其特定的产品需求。

提高产品质量并降低租赁商运营成本是浙江鼎力获得国际租赁巨头青睐的核心原因之一。浙江鼎力在设计产品时通过模块式设计，将系列产品的结构件进行通用化设计，如新臂式产品各型号结构件90%通用，结构化的设计可以显著降低租赁商维修成本，具有强大的吸引力。同时与德国合作研制出纯铅电池，比现在行业主流的铅酸电池成本低10%，寿命周期提高20%，也

可显著降低租赁商成本，在售价、残值率相差不多时，具有极强的吸引力。

同时，租赁客户一般还看重产品使用几年后在二手市场出售的残值，即对产品质量要求更高，因此浙江鼎力组建了“质量实时汇报反馈群”，群中的人员包括一线销售、售后、总工程师、各个供应商和浙江鼎力的总经理，每天汇总反馈问题，从小处、源头处解决问题，极大地发挥了供应商、设计、生产和销售的协同作用。

在关键生产环节，公司还采用昂贵的日本、德国全自动工业机器人进行标准化生产，对于焊接等技术含量高的工序，实行标准化、流水线化的生产，一旦产品出现任何问题，都可以及时、快速、低成本地进行维修，有效提高了产品残值。

在这些管控环节落实到位的情况下，浙江鼎力的产品从出厂质量好进一步提升到长期质量优异，同时还提供多年后老旧机器彻底翻新及更换重要零部件的服务，这样的服务使得浙江鼎力的产品非常符合国际大型租赁公司的偏好，从而获得了大型租赁客户的青睐。

借助 A 股行业龙头增信，参股海外公司，研发高端臂式产品

浙江鼎力上市后，除了产品长期质量的提升，还有一个较大的挑战是如何切入毛利率更高、市场空间巨大的高端臂式高空作业平台市场。

为了迅速达到臂式产品的技术领先地位，浙江鼎力于 2016 年 1 月 25 日与意大利 Magni 伸缩臂叉装车有限公司正式签约，就浙江鼎力收购 Magni 20%股权和设立“浙江鼎力欧洲研发中心”等投资事宜达成共识。

Magni 公司多年从事高空作业平台产品的研发和生产。该公司的创始人 Riccardo Magni 先生曾在行业内某知名公司担任董事长及技术总监 27 年，拥有长达 30 余年的高空设备研发经验。

值得一提的是，Magni 公司是意大利的一家家族企业，其扩张意愿并不是特别强烈，对于中国的生产厂商了解甚少。在浙江鼎力与其交流和沟通过程中，浙江鼎力在 A 股的行业龙头地位，以及相应的资料披露，成为 Magni 公司选择进行合作的关键因素。

与 Magni 公司合作之后，浙江鼎力延续自己的“定制化研发思路”，首先对多家大型租赁客户进行需求调研，然后将需求通过图纸设计进行落地，再

与大型租赁商进行一轮轮的后续沟通和改进，不断地进行研发迭代。

通过浙江鼎力对未来产品发展趋势的预测和多年“定制化+迭代化”研究，2016年起，浙江鼎力联合欧洲研发中心采用家族式模块化设计，在同一平台研发出14款（7款柴动、7款电动）工作高度覆盖24.3~30.3米的全新臂式（大载重454kg）系列产品。

2019年，公司电动臂式系列产品落地，通过小批量供客户试用后口碑良好，也促使浙江鼎力迅速在高端臂式产品技术上达到国际领先水平。在2020年募投项目落地达产后，或将成为浙江鼎力除剪叉平台外另一大“拳头产品”，助力公司从国内龙头向国际领先地位进发。

有了与Magni公司的合作基础，为进一步拓展新型应用领域，2020年8月，浙江鼎力与全球蜘蛛式高空作业平台龙头企业德国Teupen公司正式签约，就浙江鼎力收购Teupen 24%股权和设立“鼎力德国研发中心”等事宜达成共识。在延长现有产品线的基础上，浙江鼎力还将与新设立的“鼎力德国研发中心”合作研制30米以上大型高空作业平台、绝缘式高空作业平台等，以助力公司全面进入电网领域。图2-6-4为浙江鼎力大型智能高空作业平台建设项目进展。

图2-6-4　浙江鼎力大型智能高空作业平台建设项目进展

资料来源：浙江鼎力公司官网。

打造品牌口碑，奠定高空作业平台龙头地位

自 2015 年上市以来，浙江鼎力借助资本市场的融资和增信功能，顺利实现了产能提升和高端产品的研发拓展，彻底奠定了国内高空作业平台的龙头地位，并迅速提高了全球市场占有率水平。

除了开拓海外市场，浙江鼎力也在积极培育和开发国内市场。对于国内客户，浙江鼎力除了进行销售，还提供融资租赁服务，以优化客户的现金流。

在国内市场迅速提升、浙江鼎力上市的同时，公司 IPO 披露的高达 44% 的产品毛利率在当时的机械行业引起了广泛关注，并吸引众多机械企业加入高空作业平台产品的研发和生产。而浙江鼎力已在研发、质量、供应链管理和品牌口碑方面建立了自己的护城河，具有一定的竞争优势。

首先，浙江鼎力的研发经历了若干年，对于高端市场的需求有深刻的把握，而同行若要进行追赶，也需要几年时间。同时，浙江鼎力提供了定制化的研发服务，这一服务是提高毛利率的原因之一。

其次，浙江鼎力借助民营公司的管理和效率优势，建立了一整套从根源着手的质量标准和管控体系，同时通过自动化流水线生产提高产能利用率和人均产值。这一体系对于较为粗放管理的、以往以载物为主的机械制造企业而言，形成难度较高。

再次，浙江鼎力的掌门人在钢材领域从业多年，对于供应链的价格降低和质量提升具有充足的经验。原材料成本的优势，也是浙江鼎力毛利率较高的关键原因。

最后，由于高空作业平台的安全性和可靠性要求很高，即便生产出高质量的商品，国内外客户和租赁公司也需要经过较长时间（3~5 年）的验证才会进行高价格产品的大批量采购，浙江鼎力已经通过历史业绩塑造了良好的品牌形象，进入了各大采购商的采购列表。

小　结

浙江鼎力开拓创新，引入高空作业平台，填补了我国高空设备空白的发展历程，为我国民营制造行业树立了典范，它的发展经验值得借鉴。浙江鼎

力通过对欧美主流租赁客户的调研，充分掌握了行业内的产品需求以及各层次产品的差异，这为其后续发展路径和研发具有自身特色的高品质产品奠定了坚实的基础。同时，浙江鼎力差异化、定制化的产品开发和服务使其迅速切入市场并保持了客户黏性。浙江鼎力上市后，借助国内资本市场的融资功能，将自身积累的技术和口碑通过快速投资建设转换为产能、产量、收入和利润，并且凭借上市企业的信誉背书，成功实现海外参股，实现了高端产品研发的突破，为后续的跨越式发展做足了新一轮的准备。浙江鼎力在发展中积累了技术研发、生产质量管理、供应链管理和品牌等多重优势，充分利用资本市场对其产能和产品线的助力，无惧竞争和挑战，由国内龙头向国际领先企业进军。

30 YEARS

第三章

助力企业加快科技创新

随着中国经济结构的不断优化，我国经济正处在由大变强的关键时期，科学技术的研究与创新是支持我国经济增长的关键动力。习近平总书记在2020年7月召开的企业家座谈会上强调，在当前保护主义上升、世界经济低迷、全球市场萎缩的外部环境下，我们必须集中力量办好自己的事，充分发挥国内超大规模市场优势，逐步形成以国内大循环为主体、国内国际双循环相互促进的新发展格局，提升产业链供应链现代化水平，大力推动科技创新，加快关键核心技术攻关，打造未来发展新优势。

在此背景下，资本市场能够推动生产要素向更具前景、更具活力的领域转移和聚集，引领企业科技研发方向，助推产业转型升级，对我国企业科学技术的发展具有基础性、战略性作用。本章将以恒立液压、恒瑞医药、药明康德和宝钢股份作为案例，突出资本市场助力企业创新研发，以提高产品科技含量，获得差异化优势的成果。

恒立液压在A股上市后，借助资本力量进行并购重组、投建工程、自主研发，最终成为国内液压关键零部件国产替代龙头。

恒瑞医药从仿制药起家，通过资本市场助力研发，获得了制造品牌仿制药的能力，并得到美国FDA认证，走出国门。在资本市场的大力支持下，恒瑞医药逐渐具备了创新药研制能力。目前，恒瑞医药已成长为中国制药行业为数不多的可以在技术上挑战跨国制药巨头的公司之一。

药明康德展现了资本市场对企业创新研发起到的助力作用。通过资本市场募资，公司完成了RPG与Pharmapace的并购，并新扩建了多个研发中心，进一步提升了公司在CRO和CMO领域的市场地位。

宝钢股份作为我国最大、最现代化的钢铁联合企业，彰显了我国制造业的科技硬实力。公司一直坚持以技术创新引领钢铁精品化发展，实施“开发一代、储备一代、生产一代”的研发策略，致力于掌握钢铁核心技术，为中国从钢铁大国向钢铁强国转变贡献力量。

液压技术水平决定了国家工业装备及工程机械的技术水平。我国液压行业起步晚、基础弱，长期落后于世界发达国家，高端液压元件严重依赖进口，受制于人，成为国家重大关键装备生产的瓶颈。恒立液压依靠自身的原始积累，不断投入资金，不断提升改进，在默默提升质量的同时抓住市场机遇，不断增强研发实力，填补国内中高端液压件的技术空白，逐步具备与外资企业竞争的实力，实现进口替代，让国家机械装备用上“国产芯”。

恒立液压：大国重器背后的核心竞争力

坚持国产化道路初心，抓住市场发展机遇

江苏恒立液压股份有限公司（以下简称“恒立液压”，股票代码：601100. SH），成立于2005年，是一家专业生产液压元件及液压系统的大型综合性企业。恒立液压业务涵盖液压油缸、高压油缸、高压柱塞泵、液压多路阀、工业阀、液压系统、液压测试台及高精密液压铸件等产品的研发和制造。

国产液压元件雏形初显

液压件是装备制造业中的重要核心零部件。液压系统的上游主要为原材料、精密铸件、配件等相关企业，中游为生产液压系统的相关企业，下游为液压系统相关应用企业。其中，液压系统的下游主要包括工程机械、冶金机械、航空航天、工程车辆等相关企业。液压元件用途如图3-1-1所示。

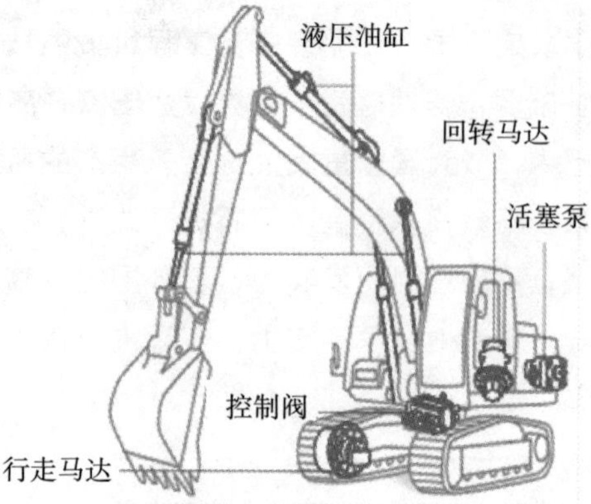

图 3-1-1　液压元件用途示意

从全球范围来看，中国液压市场需求增长最快，市场地位显著提升。液压行业的市场规模与一国经济总量和工业化水平高度相关。美国、中国、德国、日本、意大利分别为液压产品全球前五大消费国。作为全球第二大经济体的中国，其液压行业市场规模占全球的28%。

长期以来，中国本土液压件产品主要占据中低端市场，高端液压件主要被德国力士乐、日本川崎、美国伊顿及哈威等外资企业垄断。为了突破国产高端液压件发展瓶颈，中国出台了多项政策，恒立液压、太重榆次液压、华德液压等本土企业也通过收购、自主研发等方式加快布局高端液压件产品。近年来，国内液压行业恒立液压、艾迪精密等极个别厂商通过不懈努力和技术研发创新，打破了外资厂商的垄断，开始形成突破之势。

抓住市场机遇

以研发实力赢得市场认可

挖掘机油缸的研发难度很大，目前国内仍然只有恒立液压这一家大批量生产挖掘机油缸的国产品牌，高压油缸的制造难度不言而喻。恒立液压董事长汪立平戏谑地称，在液压件中，油缸是“小学生”做的，泵是“中学生”做的，阀是“大学生”做的，然而就是“小学生”做的事情，也让中国努力了很多年。

依靠自身的原始积累，恒立液压不断试用、返修、赔钱、投入资金、提升改进，逐步掌握了核心技术。在恒立液压默默提升质量、拓展市场的同时，国家4万亿元的投资政策使得中国工程机械行业迎来了快速发展期，挖掘机销量迅猛增长。经过市场严酷的考验后，恒立液压的高压油缸终于被市场认可。

抓住上市机遇做大主营业务

恒立液压从液压油缸制造发展成为涵盖高压油缸、高压柱塞泵、液压多路阀、工业阀、液压系统、液压测试台及高精密液压铸件等产品研发和制造的大型综合性企业。

液压元件及系统是大型机械的核心传动装置，公司液压产品下游应用机械包括以挖掘机为代表的行走机械，以盾构机为代表的地下掘进设备，以船舶、港口机械为代表的海工海事机械，以高空作业平台为代表的特种车辆。下游客户包括美国卡特彼勒、日本神钢、日立建机、久保田建机、三一、徐工、柳工、中铁工程、铁建重工等世界500强和全球知名主机客户。恒立液压发展历程如图3-1-2所示。

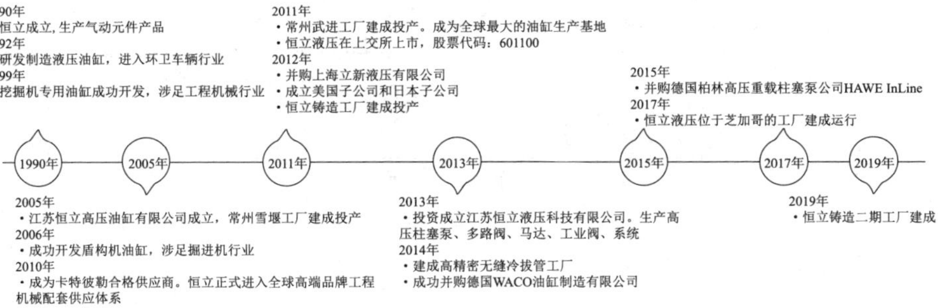

图3-1-2　恒立液压发展历程

如果仅仅停留在3万 m^2 的厂房内，恒立液压不可能发展到现在拥有高压油缸、高精密液压铸件、泵阀等三大业务板块，占地65万 m^2 的上市企业。在挖掘机高速发展的时期，恒立液压董事会也作出了一个大胆的决定——投资10亿元新建8条挖掘机专用油缸生产线和5条特种油缸生产线，并于2010年8月8日完成改制，准备上市。

2011 年 10 月 28 日，恒立液压正式登陆资本市场。借助资本市场的资金支持，恒立液压沿着主营业务这条线，一步一个脚印发展。当然资本市场的瞬息万变、追求业绩的立竿见影和做实业的稳扎稳打之间的冲突，也让董事长汪立平感受到了压力，但是做液压件的初心始终没变。

公司营收及净利润受工程机械行业周期性影响。2020 年，下游基建和地产建设如火如荼，工程机械需求持续旺盛。2020 年前三季度恒立液压营收 53.23 亿元，同比增长 38.86%，归母净利润 14.72 亿元，同比增长 60.5%。公司上市后在 2012—2015 年将募投资金主要用于油缸产能的扩张，带来了大量的折旧费用，叠加行业进入下行周期，公司净利润在 2014—2016 年处于周期底部。具体如图 3-1-3 所示。

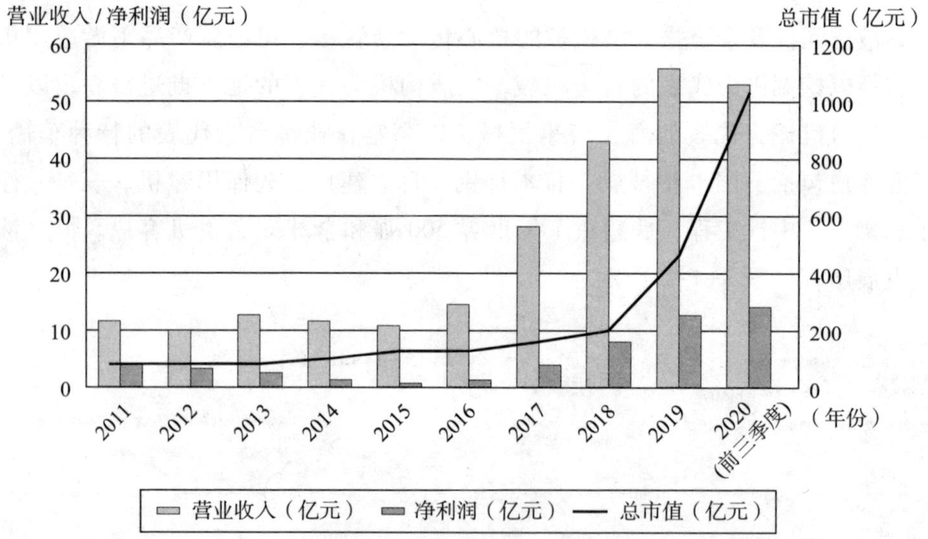

图 3-1-3　2011—2020 年前三季度恒立液压营收、归母净利润和总市值

资本市场助力进口替代，协助企业增强研发实力

资本市场对恒立液压的助力体现在以下几点。一是帮助企业抵御行业周期。如果没有资本市场的介入，在行业下行周期，技术研发是很难得到保证的；如果仅靠间接融资的方式，在行业下行周期面临的压力会非常大，还款

的现金流可能没有办法保证。二是多元化股东结构帮助企业通过资本市场扩大认知。恒立液压29%的流通盘里面，自然人股东持有比例较少，多数都是投资者机构持有。在机构持有的股份里面，前两百家股东还有几十家合格境外机构投资者（QFII）通过资本市场的公司披露，机构投资者对公司的认知越来越清楚，成为了解恒立液压的重要渠道。反过来，资本市场覆盖的专业投资者也能为恒立液压的经营补充有效信息，提升眼界。三是帮助企业做大做强，恒立液压从最初上市的10亿元规模，拓展到现在的五六十亿元的规模。资本市场的融资，能够为企业产能的扩张、研发和兼并收购带来重大保障。

恒立液压的愿景是“做有国际影响力的液压元件与液压系统领域的百年老店”。其中,“液压元件与液压系统领域”是其追求的产业方向。2011年，随着恒立液压挖机油缸业务连续多年的高速成长，其市场份额已超20%，收入超11亿元，利润超3亿元。但挖机油缸业务后续的增长受到产能瓶颈的制约，且液压行业是技术密集型、资本密集型的行业，后续研发难度更大的液压泵阀、液压系统等产品仍需要更大的投入，单靠油缸产品的资本积累远远不够。因此，恒立液压决定上市募资，依靠募集资金迅速提升油缸产能及投入研发新产品。

自2011年上市以来，恒立液压挖机油缸销量从2011年的18.7万只提升到了2019年的48.5万只，收入也从8.9亿元提升到了21.9亿元，年复合增长率12%，市场份额由23%升至50%左右；非标油缸从3.7万只上升至16.6万只，收入由2.4亿元升至13.5亿元，年复合增长率24%。新产品挖机泵阀从2014年开始形成销售额，到2019年实现了11.6亿元，年复合增长率达273%，市场份额超20%。

研发技术，厚积薄发

恒立液压先后投资建成了高压精密液压铸件生产基地，液压阀、泵生产基地，并通过并购德国茵莱等企业，在美国芝加哥、日本东京新设企业等方式进行海外市场的拓展和布局，致力成为具有国际影响力的高端液压成套设备提供商以及液压技术方案提供商。

恒立液压在德国柏林、美国芝加哥、中国上海以及中国常州设有专门的液压研发基地，研发人员逾 500 人。恒立液压先后聘请了德国、日本、美国等数十位液压领域专家，与国内液压行业的专家共同组成液压研发团队，研发投入持续多年居高不下。

凭借过硬的研发和制造团队，恒立液压形成了具有多产品的自主知识产权的技术体系。核心技术包括高精密液压铸造技术、摩擦焊接技术、热处理技术、高压密封技术、测试技术和先进机加工工艺技术。国产替代的高压油缸在最初推出时，恒立液压也经历过一段来自外资厂的强有力竞争。但恒立液压推出的高质量产品，能够缩短厂家的交货期限，充分地考虑到了国内厂家对于节油性的需求，并且还提供 24 小时服务支持，让吃过外资厂苦头的国内厂家不用再看外资厂的脸色。

适用于 15T 以下小型挖掘机用的 HP3V 系列轴向柱塞泵和 HVS 系列多路控制阀成功开发，其精确操控性和燃油经济性均超过国外同类产品。在由中国机械工业联合会牵头组织的产品科技成果鉴定会上，鉴定委员会给予了“产品符合工程机械高端液压件配套生产的要求，解决了行业发展的瓶颈问题，产品整体技术处于国内领先、国际先进水平”的评价。

恒立液压单独设计、制造的液压测试台亦是行业领先。恒立液压始终将技术创新作为其核心竞争力，持续开展应用技术和行业前沿的新产品、新工艺研究，成功开发出科技含量高、市场竞争力强的高端液压产品，在液压元件进口替代中崭露头角。

产品质量优先赢得市场认可

作为国内高端液压件领域的领军企业，恒立液压目前拥有 3 个“江苏省示范智能车间”，实行严格的 5S 管理，投资配备全球领先的生产制造设备，运用先进的工艺技术，打造高质量产品。产品出口到欧美、日本等发达国家和地区的比例超过 20%，积累了一批行业优质客户。在设备机械行业的重要品牌厂商中赢得市场地位。

挖掘机液压产品主要客户包括卡特彼勒、神钢、三一、徐工等著名挖掘机品牌；盾构机液压产品主要客户包括中铁工程、铁建重工、小松、日立造船、罗宾斯等著名盾构机品牌；海工海事客户包括 TTS、麦基嘉、国民油井等；新能源设备领域客户包括歌美飒、维斯塔斯等；工业液压产品客户包括海天、伊之密、安德里茨等；特种车辆客户包括马尼托瓦克、特雷克斯等。众多的优质客户群体建立了明显的先发优势，对后来潜在竞争者构成较强进入壁垒，充分地保障了恒立液压未来在液压行业市场份额的稳定增长潜力和盈利能力的连续性。

恒立液压始终秉承“服务营销”的理念，确立配套直销的销售模式，依托优质的产品和售后服务，将进入主机厂的供应商体系作为销售工作的核心；设立了覆盖全国的技术服务和营销办事机构，快速响应客户的需求，为客户提供快捷、完善的服务。此外，恒立液压在多个国家（地区）设立了海外办事处，并派驻了技术服务人员和营销人员，在欧洲、北美、日本等地建立了广泛的营销网络，为客户提供本土化的高效服务。

资本市场助力恒立液压产能扩张

2011 年 10 月 28 日，恒立液压正式在上交所挂牌上市，募集资金超 23 亿元。与此同时，恒立液压募投项目“年产 20 万只挖掘机专用高压油缸项目”“年产 5 万只重型装备用非标准油缸项目”“液压技术研发中心项目”顺利竣工并投入使用。为提高募集资金使用效率，恒立液压以募集资金 9.3 亿元置换了预先已投入募投项目的自筹资金，拥有年产 30 万只挖掘机专用油缸及 8 万只重型装备用非标准油缸的生产能力。与 2010 年产能相比，整体产能扩大了一倍以上，项目可以有效地迎合快速增长的市场需求，保持较高的市场占有率。

2011 年 11 月，恒立液压使用超募资金 5.96 亿元开始实施“年产 2.5 万吨高精密液压铸件项目”，高压液压件制造的主要瓶颈是高精密液压铸件的制造，突破高精密液压铸件的技术与工艺是解决工程机械行业核心液压件的关键所在。而在当时的中国市场中，高精密液压铸件的发展还处于起步阶段，工艺及制造水平严重落后于国外先进水平，尚不能形成规模化生产。恒立液压在过去多年的油缸生产中，通过向供应商采购以及合作开发油缸端盖、导向套等液压铸件，逐步积累了液压铸件的制造技术和经验；同时恒立液压从德国引进了液压精密铸件行业的优秀专家团队，为其从事本项目打下良好的技术基础。该项目达产后，恒立液压将取得高端液压件核心原材料的技术突破，打破其供给瓶颈，同时将节约高额的铸件采购成本。该项目已于 2013

年建成投产。

2012 年，为了进一步增强企业的生产能力，继续提升恒立液压挖机油缸业务在全球的市场份额，恒立液压从当前挖掘机产业迅猛发展的趋势和市场需求的实际情况出发，使用 3 亿元超募资金建设年产 12 万只挖掘机专业高压油缸技术改造项目，本项目实施后，恒立液压挖机油缸的年产能达到了 42 万只。

为实现产品多元化，提高抗风险能力，使恒立液压向成为液压系统成套供应商的战略目标更近一步，恒立液压以自有资金实施对上海立新 82.86%的股权收购，实现对上海立新控股。恒立液压依托上海立新平台加快发展液压阀产业，液压系统技术水平得到进一步提升；上海立新突破资金紧、场地小、铸件供应质量差等产能瓶颈，共享恒立液压的资金、人才、科技、资源、原料、渠道、终端销售等平台，在液压阀市场上取得更大的发展。同时提升自身的管理、品牌以及企业文化，全面增强企业的竞争力，实现了恒立液压与上海立新的优势互补。

2013 年 4 月，恒立液压以剩余超募资金及自有资金投资设立了常州立新液压有限公司（现为“江苏恒立液压科技有限公司”，以下简称“液压科技”），设立后将计划分期投资 15 亿元，逐步建成液压阀和液压泵生产基地，项目完成后将形成年产 2 万件挖掘机用高压柱塞泵、2 万件挖掘机用液压多路阀、199 万件通用高性能液压控制阀和 1 万件电液比例伺服阀的生产能力。恒立液压为抓住机遇，把握好机械基础件发展面临的新形势、新变化和新特点，实现跨越发展，投资建设液压泵阀生产基地。该项目的实施有利于提升我国“三基”产业整体水平和国际竞争力，实现进口替代。恒立液压在 2011 年底投资近 6 亿元，建设了高精密液压铸件项目，2013 年上半年已正式投入生产，为生产液压阀和液压泵打下了良好的基础。同时，恒立液压在多年的油缸生产销售过程中，积累了丰富的客户资源，也逐步积累了液压件的制造技术和经验；还从国内外引进了液压泵和液压阀行业的优秀技术管理团队，为恒立液压完成该项目打下良好的技术基础。

走向海外加入国际竞争

2011 年，恒立液压在美国和日本分别设立了恒立液压子公司，开始了恒立液压的全球化布局，如图 3-1-4 所示。

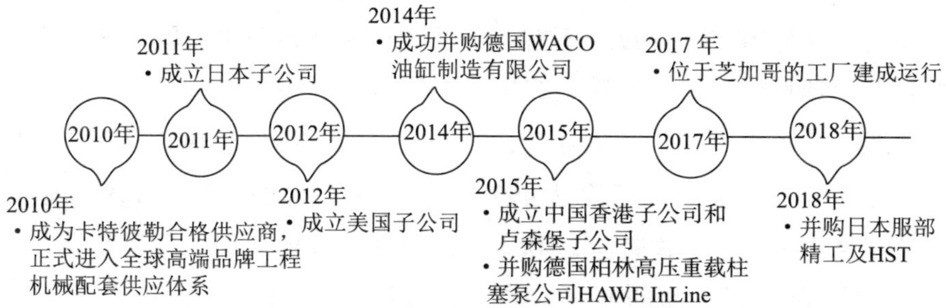

图 3-1-4　恒立液压海外布局大事记

2012 年，行业开始步入下行周期，恒立液压董事长带领团队坚定不移进行逆周期的大规模投资，实施全球化战略。在 2012—2016 年上半年整个下行周期，恒立液压先后投资建设了高精密液压铸件生产基地、液压泵阀生产基地，收购了上海立新液压有限公司、德国哈威茵莱液压有限公司；恒立液压成为了卡特彼勒等全球知名主机厂商的合格供应商并开始为其批量供货，以此为契机逐步打开全球市场，减少了对国内市场的依赖，使得恒立液压的营业收入始终保持在超过 10 亿元的规模。

2015 年 11 月，恒立液压以自有资金 1370 万欧元收购了德国哈威茵莱液压有限公司 100%股权。恒立液压以哈威茵莱液压为平台，加快发展液压泵产业，其产品将进一步丰富，其液压系统技术水平得到进一步提升；哈威茵莱液压突破资金瓶颈、铸件供应质量差及产能瓶颈，共享恒立液压各项资源，在液压泵市场上取得更大的发展，实现恒立液压与哈威茵莱液压的优势互补。同时，恒立液压与哈威茵莱液压原母公司哈威控股签订了合作意向书，恒立液压和哈威控股拟建立新型的跨国公司紧密战略合作关系，通过资源互补，继续优化产品产业链布局，拟开展在全球领域的销售、采购、技术研发、品牌拓展、智能工厂等方面的战略合作，这是恒立液压利用中国资本市场进行全球液压资源整合的关键一步。

不忘初心坚定研发投入，持之以恒秉承质量理念

从 2012 年开始，工程机械市场开始萎缩，几大知名主机企业加大力度投

入研制高压油缸，也使得恒立液压倍感压力。恒立液压坚定不移地按照既定计划迅速发展，把产品做好，扩大产能，降低制造成本，提升企业在行业中的竞争力。2016年第三季度，下游工程机械行业开始回暖，恒立液压高压油缸扩产募投项目迅速提升至满负荷生产，使得油缸板块收入爆发式增长，新产品泵阀也在各大主机厂试用通过，供不应求，市场份额快速提升。2015—2019年，营业收入复合增长率达49%，净利润复合增长率为112%。恒立液压始终对从事液压产业保持坚定和专注，极其高效地运用了募集资金，完成了产能的扩张和新产品的从无到有，并在恰当的时机迅速抢占了市场份额，逐步实现进口替代、全球化。

液压件是基础件，市场肯定会有，关键是能否凭借过硬的技术和质量赢得市场。恒立液压一直秉承“以过硬的技术和质量赢得市场”的理念，在挖掘机行业高速发展期，恒立液压产能不足，主机厂商排队等在门口取货，甚至出现抢油缸的情形，然而就在当时，恒立液压也保证了每一根出厂油缸的质量，这也是为什么到了行业低迷、市场需求下降的时候，恒立液压还能得到客户的认可，保持稳定的业绩。

恒立液压一直注重打造高效的管理模式，多年来不断完善组织结构，加强制度建设。恒立液压的高效管理模式为：以生产和技术为核心，工作权责直接划分到团队，单部门负责、多部门协助并相互监督。

在管理团队建设方面，坚持加强内部培训选拔与引进外部优秀人才相结合的人才策略，建立了一支团结协作、高效务实、忠诚敬业的高素质专业化管理团队。团队成员多数有多年的液压相关行业从业经验以及管理经验，对油缸生产工艺及液压行业发展有着深刻的理解。恒立液压管理团队的凝聚力、对所处行业的洞察力、专业知识以及市场从业经验是恒立液压实现发展愿景和战略目标的有力保障。

恒立液压现有各类研发、技术人员超500人，同时从国内外液压知名企业引进了一批高端技术专业人才，形成强有力的液压元件技术研发团队，为恒立液压生产高精密液压铸件、高性能液压阀、挖掘机高压柱塞泵和多路阀提供了人才保证。恒立液压通过推行标准化精益化生产管理体系，辅之以严密的全过程质量管控体系，保证了规模化生产模式下产品品质的稳定性与一致性。

小　结

无论处于低谷还是火爆时期，恒立液压坚定保持和资本市场良好及有效的沟通，积极维护其优秀的资本市场形象，深耕主营业务，为资本市场不断创造财富，使得恒立液压市值持续公允地反映其真实的价值。恒立液压优异的资本市场形象及表现不断助推其主营业务向前发展，为其产能扩张、研发和兼并收购带来重大保障。同时，资本市场帮助恒立液压抵御行业周期，多元化的股东结构帮助企业通过资本市场扩大认知，资本市场覆盖的专业投资者也为其经营补充了有效信息，提升了眼界。恒立液压通过收购、自主研发等方式加快布局高端液压件产品，通过不懈努力和技术研发创新打破了外资厂商的垄断地位，推动了我国机械装备生产制造的进口替代进程。

恒瑞医药创立于1970年，2000年在上交所上市，2020年刚好迎来创立五十周年、上市二十周年。正是得益上市后借助资本市场的力量，公司走上了一条独具特色的自主创新之路，从一个苏北小药厂蜕变为一家创新型、国际化的民族制药企业。它不仅仅讲述着我国医药创新如何“站起来”，也在用实际行动演示着裹挟在研发实力无比强大的欧美制药巨擘中间，我国制药企业如何“走出去”，并成为中国制药行业为数不多可以在技术上挑战跨国制药巨头的公司之一。

恒瑞医药：由“仿”入“创”，引领中国制药走向海外

江苏恒瑞医药股份有限公司（以下简称“恒瑞医药”，股票代码：600276. SH）成立于1997年4月，于2000年在上交所上市，总部位于江苏省连云港市，其前身为1970年创立的连云港制药厂。公司主营业务涉及药品研发、生产和销售，主要产品包括抗肿瘤药、手术麻醉类用药、特殊输液、造影剂、心血管药等。

自上市以来，公司始终以打造“中国人的跨国专利制药企业”为目标，深入实施科技创新发展战略，近年来，每年投入销售额10%以上的研发资金，在美国、日本和中国多地建有研发中心或分支机构。公司研发团队拥有3400多人，其中包括2400多名博士、硕士及200多名外籍雇员。近年来，公司先后承担了44项“国家重大新药创制”专项项目、23项国家级重点新产品项目及数十项省级科技项目；先后申请了874项发明专利，其中335项为国际专利申请。创新药艾瑞昔布片、甲磺酸阿帕替尼片、硫培非格司亭注射液、马来酸吡咯替尼片、注射用卡瑞利珠单抗和注射用甲苯磺酸瑞马唑仑已获批上市。并在创新药开发上，已基本形成了每年都有创新药申请临床，每1~2年都有创新药上市的良性发展态势。公司技术创新能力在国内名列前茅，研发团队实力强大。

恒瑞医药上市二十载，市值翻近百倍

如图 3-2-1 所示，自 2000 年上市以来，恒瑞医药市值从 40 亿元增长了 96 倍达到 2019 年底的 3870 亿元；营业收入从 4.85 亿元增长 48 倍达到 232.89 亿元；而净利润也从刚上市的不足 1 亿元达到 53.26 亿元，实现增长 81.3 倍，今年上半年仍旧保持稳健较快增长。公司净利润仅 2002 年微降 2.17%，其余年份均实现正增长，年复合增长率达 26.09%。近十年来，净资产收益率一直保持在 20%以上，获利能力良好，在 A 股市场得到投资者的青睐。2020 年入选全球制药企业 1000 强榜单，列第 21 位。

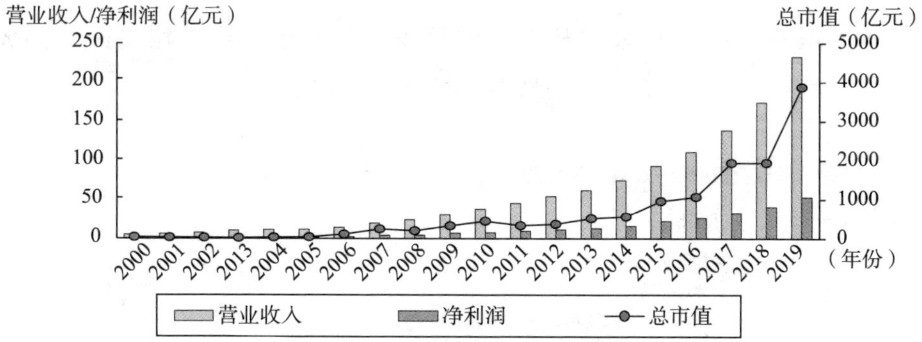

图 3-2-1　2000—2019 年恒瑞医药市值及收入情况

资料来源：Wind 数据库。

如图 3-2-2 所示，2019 年，恒瑞医药抗肿瘤药物收入为 105.76 亿元，麻醉药收入为 55.07 亿元，造影剂收入为 32.30 亿元，其他主营业务收入为 39.35 亿元，分别占总收入的 45.41%、23.64%、13.87%及 16.90%，毛利率分别为 93.96%、90.21%、72.94%及 78.15%。不难看出，肿瘤板块不仅营收贡献多，而且毛利率最高，自 2017 年以来不断攀升，此类药物的创新将是恒瑞医药贯穿短期和长期最为核心的增长动力。

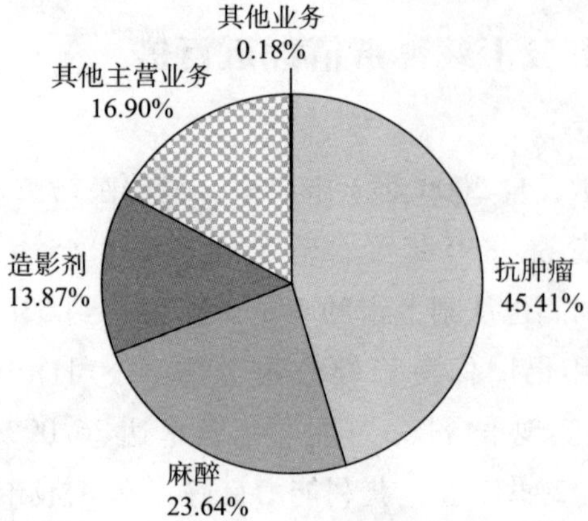

图 3-2-2　2019 年恒瑞医药业务构成

资料来源：Wind 数据库。

回顾恒瑞医药多年来成长背后的故事，一切还要从抓住新药特药先机，以及资本市场的助力说起。具体见图 3-2-3。

- 1970年　恒瑞医药前身——连云港制药厂成立
- 1997年　设立股份有限公司
- 2000年　上海新药研发中心成立；公司在上海证券交易所上市
- 2003年　首个创新药艾瑞昔布获得国家SFDA临床批件
- 2005年　奥沙利铂原料获得欧盟CEP认证；美国恒瑞成立
- 2011年　恒瑞医药自主研发的创新药艾瑞昔布正式上市；抗肿瘤药伊利替康注射液通过FDA认证，获准在美国上市销售
- 2014年　首个肿瘤创新药阿帕替尼获批上市
- 2015年　首次将自主研发创新药PD-1授权海外公司，开启创新药国际化新阶段
- 2018年　19K、吡咯替尼、白蛋白紫杉醇获批上市，公司市值首次突破3000亿元
- 2019年　公司创新药马来酸吡咯替尼片和硫佩非格司亭注射液通过谈判进入国家医保目录
- 2020年　首个肝癌适应证PD-1抑制剂——注射用卡瑞利珠单抗晚期肝细胞癌适应证获批上市，标志着我国晚期肝癌免疫治疗取得新突破

图 3-2-3　恒瑞医药大事记

资料来源：恒瑞医药官网。

医药产业政策利好，恒瑞医药乘风破浪

医药行业是国家战略性新兴产业，关系国计民生，是国民经济的重要组成部分。伴随全球人口持续增长、新兴市场发展及人民生活水平提高、社会老龄化程度加深等因素，全球医药市场保持了稳定增长，新的医疗技术、产品层出不穷。根据 IQVIA 数据，近年来全球药品支出规模日益扩大，预计 2023 年全球药品支出将超 1.5 万亿美元，中国作为全球第二大医药市场，每年药品支出总量增速将保持在 3%~6%。人口老龄化趋势下，随着 60 岁以上中老年人口比例持续提升，中国医药行业面临未来二十年的人口结构红利，需求的升级和医药科技的进步将进一步带动产业发展。

行业市场驱动方面，全球医药大品种均为创新药。EvaluatePharma 发表的 *World Preview* 2018，*Outlook* 2024 数据预测，2024 年全球销售前十名药物均为创新药。前十强药物均由创新型药企开发，仿制药企难以产出重磅品种。而我国的创新药正在经历放量加速阶段。创新药由于占据专利与先发优势，通常能够占据市场最大份额。根据麦肯锡咨询 2017 年发布的数据，first-in-class 品种占据全球市场份额约 45%，排名第二、第三、第四的品种分别占据 28%、14%、11%，之后的品种仅有 2%的份额。未来国内药品市场以销售创新药为主。根据华夏基石数据，我国 first-in-class 品种市场占比已从 2010 年的 5%上升到 2016 年的 8%，并且 me-too/better 等仿创药从无到有，2016 年已拥有 2%的市场份额。预计 2030 年，first-in-class 品种将拥有 45%的市场份额，其次为仿创药，首仿药机会减少，而一般仿制药及中国特色药市场空间将被大幅压缩。

监管效率方面，近年来，国内药品审评审批加速以及优先审评政策出台对医药产业影响较大。无论是进口品种还是国产品种，都呈现出批文数量快速上升的趋势。随着药品审批标准提高，仿制药一致性评价持续推进，带量采购逐步扩面，行业进入快速分化、结构升级、淘汰落后产能的阶段，具有医药自主创新能力以及拥有知识产权保护的企业将在未来市场竞争中处于优势地位。

政策导向方面，创新与优质仿制药是大势所趋。自 2016 年以来，有关部门出台了多项鼓励创新的政策。我国一方面加快仿制药、进口药的审评审

批，另一方面又大力鼓励药企创新并加快创新药进入医保。值得注意的是，我国对创新药的定义不再是“中国新”，而是“全球新”，鼓励国内药企开发真正意义上的创新药。同时，人社部承诺药品谈判机制将成为常态，而药品谈判将成为高价创新药进入医保的主要途径，创新药进入医保将有利于其快速放量。2016 年 3 月至 2018 年 11 月医药行业政策梳理见图 3-2-4。

图 3-2-4　2016 年 3 月至 2018 年 11 月医药行业政策梳理

资料来源：国盛证券研究院。

综上来看，创新药对我国医药健康领域来讲，就是“中国芯”。恒瑞医药抓住了仿制药发展和创新药鼓励两大机遇，依靠中国资本市场的支持，不断加大自身的创新投入，掌握核心技术，助力经济内循环。恒瑞医药的创新愿景和使命，就是医药科技创新一定要真正解决临床需求，尤其针对中国人的疾病谱重点下功夫，实现中国病中国治。如胃癌，胃癌是中国人的多发疾病，全球胃癌患者近一半在中国。恒瑞医药自主研发上市的创新药阿帕替尼是全球第一个治疗晚期胃癌的分子靶向药物，该药被纳入国家医保目录，给患者带来生命与健康的希望。

就在 2018 年，恒瑞医药自主研发的 1.1 类新药吡咯替尼凭借 II 期临床研究获国家药品监督管理局优先审批上市。该产品是首个由中国自主研发的新一代 HER2 受体抑制剂，无疾病进展生存期（PFS，指癌症没有继续恶化且病人能够继续生存的时间）达 18.1 个月，明显优于国外现有同类产品（一般仅有 6~7 个月）。

就此，有券商研报指出，如果阿帕替尼的获批标志着恒瑞医药全面进入创新药的收获时期，那么吡咯替尼的获批标志着恒瑞医药创新药的品质也逐步从 Me-Too 走向 Me-Better，甚至是 Me-Best，是中国自主制药企业研发实力的体现。

从“仿制”到“创新”，恒瑞医药展开国际化征程

成立五十年，上市二十年，恒瑞医药一路稳步发展成为医药板块龙头。纵观恒瑞医药的发展历史，可将其划分为三大阶段：仿制药阶段、仿创结合阶段、大力发展创新阶段，如图 3-2-5 所示。

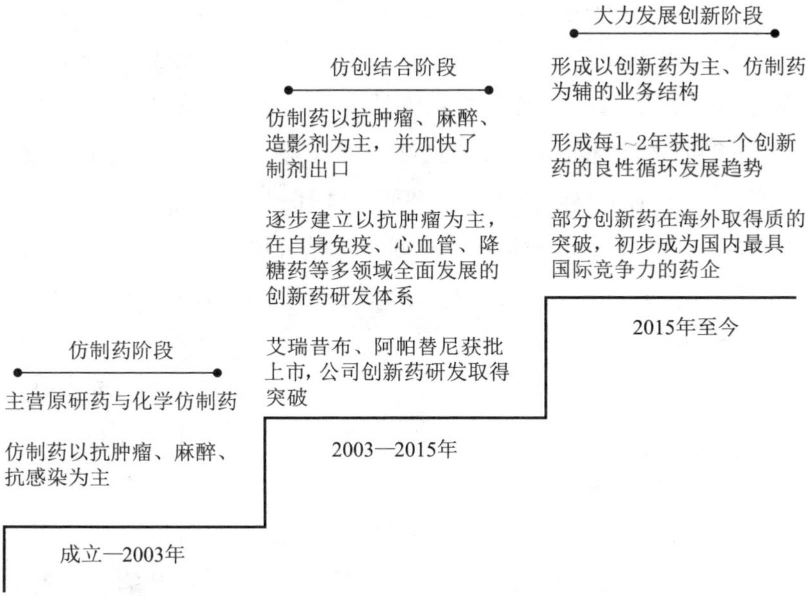

图 3-2-5　恒瑞医药发展阶段

资料来源：恒瑞医药公司公告。

1970 年，恒瑞医药前身——连云港制药厂正式成立，公司初期主要进行原料药生产和销售。1990 年，孙飘扬先生担任厂长。1991 年，在孙飘扬先生的主导下，公司斥巨资从中科院药研所引进了国家级抗癌药异环磷酰胺专利权，公司通过仿制药制剂（抗肿瘤、麻醉、抗感染药物）和原料药开始进行原始资本积累。1997 年 2 月，江苏恒瑞医药股份有限公司经江苏省人民政府批准设立。

2001 年左右，公司开始着手布局创新药，并于 2003 年提交首个 1.1 类创

新药艾瑞昔布的临床申请，公司开始步入仿创结合阶段。2005 年，美国恒瑞成立，在欧美日等境外市场拓展了伊立替康、苯磺顺阿曲库铵、多西他赛等 8 个品种，同时也开展了美国多个创新药的临床试验，开启国际化进程。虽然中国的药品审评审批较为缓慢，但公司依然决定布局创新药研发，这些品种为公司日后创新药的大规模研发积累了丰富的经验。其间，艾瑞昔布与阿帕替尼分别于 2011 年、2014 年获批上市，使得公司成为当时唯一拥有 2 个 1.1 类创新药的中国药企。此外，公司开始实施仿制药国际化战略，2011 年，盐酸伊立替康注射剂于美国获批上市，为中国首个获得 FDA 批准上市的注射剂。

2015 年，随着 CDE 审评审批提速等一系列鼓励创新的政策不断推出，公司开始集中发力创新药研发，不论是在数量上，还是在创新程度上，都开始取得明显突破。在创新药研发上，公司已基本形成每年都有多个创新药申报临床，每 1~2 年都有创新药上市的良性发展态势。此外，公司开始致力于创新药国际化，多个 1.1 类创新药吡咯替尼、SHR-3680 等已于美国或澳大利亚开展临床试验，PD-1 单抗 SHR-1210 联合阿帕替尼一线治疗肝癌的国际多中心Ⅲ期临床试验已经在美国、欧洲和中国同步开展，未来几年公司有望将自主研发的创新药推向国际。

2019 年 5 月，重磅产品 PD-1 卡瑞利珠单抗获批新上市，理论上此靶点抑制剂适用于各种类型的肿瘤，卡瑞利珠单抗适应证上市之初仅通过了“至少经过二线系统化疗的复发或难治性经典型霍奇金淋巴瘤”，2020 年上半年，新增三大核心适应证（肝癌二线、食管癌二线、非鳞 NSCLC 一线）已相继获批，使其适应证拓展为四个。PD-1 靶点抑制剂是肿瘤免疫疗法的明星，恒瑞卡瑞利珠单抗仍有多个适应证处于临床中，预计未来将不断获得新的肿瘤治疗适应证。

资本市场带来流动性，赋能研发及营销

恒瑞医药前身是连云港市制药厂，创立之初的主要业务为灌装现在已经很少有人使用的红药水、紫药水等，技术含量低。到 1990 年，制药厂还没有自己的产品，靠购买大厂的医药原料，回来加工成片剂销售到苏北鲁南市场，经营较为困难。

1990 年，厂长孙飘扬为了制药厂能生存下去，决定制药厂必须做出自己的产品。当时，抗肿瘤药大企业不愿做，小企业又做不来，竞争对手相对较少；麻醉药品由于受到国家管制，竞争压力也相对较小。于是，制药厂确定了以抗肿瘤药和麻醉药为主要发力点的发展方向，并建立了自己的药物研究所，开发技术含量高、附加值高的新药和特药。

20 世纪 90 年代中期，国家修改了《专利法》，明确了化合物专利。在这种背景下，恒瑞医药认识到，企业要长远发展，必须要创新。于是，公司确定了科技创新的发展思路，后来在此基础上将其确立为公司的发展战略。具体来说，恒瑞医药的发展战略可以概括为三个梦想：第一个是产品即高端制剂出口海外；第二个是具有突破性的创新药在中国上市；第三个是真正意义上的原研创新药在全球上市。

虽然有了发展蓝图，但是当时国内还没有从事创新的药企，没有现成的路径和“教材”可依。更重要的是，做创新药是一个高投入、高风险、长周期的系统工程，对于当时刚刚摆脱经营困境的恒瑞医药来说，根本没有起步的资本。

上市，帮助企业解决了这一难题。

资本助力拓展，研发中心广布

公司 2000 年 IPO 上市融资 4.792 亿元，利用募集的资金立即参照海外公司在上海建立了研发中心，并从海外高薪聘请专业化人才，推动企业走上了创新之路。

目前，恒瑞医药在连云港、上海、成都、苏州等地设立研发中心，并将创新的版图扩展到海外，先后在美国新泽西、波士顿、日本名古屋、瑞士巴塞尔等设立了研发中心，打造了一支 3400 多人的研发团队，其中包括 2400 多名博士、硕士及 200 多名外籍雇员，核心研发人员，都在海外大型制药企业工作过 5~10 年甚至更长时间。

恒瑞医药正朝着第三个梦想——真正意义上的原研创新药在全球上市而大步前进。实现这个梦想分两条路径，一是在美国等主流国家同步开展临床试验。目前，恒瑞医药已有 10 多个创新药在美国、澳大利亚等地开展临床试验，正一步一个脚印“走出去”。二是积极考察海内外先进技术和项目，并引入国内。2018 年，恒瑞医药以 1.65 亿美元交易总额及销售分成引进德国 Novaliq 公司用于治疗干眼症的药物 CyclASol™（0.1%环孢素 A 制剂）和 NOV03（全氟己基辛烷）；2019 年，公司引进美国 Mycovia Pharmaceuticals Inc 公司用于治疗和预防多种真菌感染的专利先导化合物 VT-1161。

加大研发投入，在研创新品种数量多

创新药方面，恒瑞医药目前已有六款创新药上市，分别是艾瑞昔布、阿帕替尼、硫培非格司亭、吡咯替尼、卡瑞利珠单抗和甲苯磺酸瑞马唑仑。未来两年预计多款创新药有望上市。

目前，国内在研的靶点多为抗肿瘤药物，就恒瑞医药而言，IDO、AML1-ETO、EZH2、IL-15 和 TIM-3 等抗肿瘤靶点有望成为 first-in-class 品种。除肿瘤外，恒瑞医药在糖尿病领域还布局了 GLP-1 抑制剂和 GPR40 激动剂；在风湿免疫领域布局了 URAT1 抑制剂和 JAK1 抑制剂；麻醉领域，甲苯磺酸瑞马唑仑已于 2019 年获批上市。恒瑞医药布局的热门靶点全球市场规模如表 3-2-1 所示。

表 3-2-1 公司布局的热门靶点全球市场规模

靶点	全球上市新药数量（个）	全球市场规模（亿美元）
PD-1/PD-L1	9	>153.26
BTK	2	62.67
CDK4/6	3	46.08
JAK	3	43.41
IL-17A	2	37.75
SGLT-2	7	>29.30
PARP	4	>9.75
PCSK9	2	8.57
CD19 CAR-T	2	3.40

注：“>”表示该靶点市场规模仅统计有财报披露的主要厂家或不完全统计。
资料来源：医药魔方（2018 年）。

恒瑞医药创新药研发管线数量庞大，梯队相对完整，涉及抗肿瘤、心血管、自身免疫疾病、糖尿病等重大疾病领域。根据 2020 年前三季度财报披露，前三季度公司取得多个创新药与仿制药制剂生产批件。根据药智数据披露，公司取得创新药临床批件近 40 个。其中，PD-1 单抗新增 3 个适应证，分别是晚期肝癌二线治疗、局部晚期或转移性非鳞状非小细胞肺癌（NSCLC）的一线治疗、局部晚期或转移性食管鳞癌患者的二线治疗。此外，吡咯替尼、瑞马唑仑等重点创新药新适应证临床试验取得重要进展；降糖药物瑞格列汀申报生产已获受理，未来有望成为糖尿病领域首个创新产品；卡瑞利珠鼻咽癌、阿帕替尼的肝癌适应证进入上市申报阶段，预计未来 3~5 年，公司每年都有新的创新药品种上市。同时，创新药海外输出也不断突破，继公司将卡瑞利珠单抗项目有偿许可给韩国 Crystal Genomics Inc. 公司后，又将吡咯替尼项目有偿许可给韩国 HLB-LS 公司，有助于公司拓宽吡咯替尼的海外市场；同时，右美托咪定已在美国获批上市，进一步提升公司创新品牌和海外业绩。

营销团队人数稳居前列，反哺产品创新研发

恒瑞医药营业收入的快速增长，离不开公司对销售团队的大力培养。经过多年发展，公司建立了一支高素质、专业化的营销队伍，并在原有市场经验的基础上不断创新思路，推进复合销售模式，加强学术营销力度，建立和完善分专业的销售团队，加强了市场销售的广度和深度。

目前，公司已经构建了遍及全国的销售网络，形成了专业、规范、有序、完善的销售体系；同时，公司立足于打造系统化、专业化的培训体系，不断提升各部门人员的专业化水平，为做深做透市场、做大做强产品的销售目标夯实基础。因此，雄厚的研发实力造就了公司优质的产品力，而强大的销售能力使得公司具有很好的产品变现能力。

多次发行股权激励，不断优化内部资源

恒瑞医药从 2000 年上市至 2020 年，未进行除股权激励外的定增、公开增发、配股或其他股权再融资的直接融资活动。

股权激励方面，公司自 2010 年来共实施了四次股权激励计划，分别在 2010 年、2014 年、2017 年及 2020 年。主要情况及对比如表 3-2-2 所示。

表 3-2-2　恒瑞医药四次股权激励计划详情

项目	2010 年	2014 年	2017 年	2020 年
涉及标的股票及占比	A 股 454. 13 万股/—	A 股 802. 5 万股/0. 59%	A 股 1896. 80 万股/0. 67%	A 股 2573. 60 万股/0. 485%
激励对象	58 人	118 人	976 人	1302 人，占公司截至 2019 年 12 月 31 日员工总人数 24431 人的 5. 33%
解锁条件	从 2011 年开始，在符合规定条件的情况下每年分别解锁 40%、30%、30%	第一次解锁时间：自授予日起满 12 个月后的首个交易日至授予日起，24 个月内的最后一个交易日止。可解锁数量比例：40% 第二次解锁时间：自授予日起满 24 个月后的首个交易日至授予日起 36 个月内的最后一个交易日止。可解锁数量比例：30% 第三次解锁时间：自授予日起满 36 个月后的首个交易日至授予日起 48 个月内的最后一个交易日止。可解锁数量比例：30%	本计划首次授予的限制性股票自登记完成之日起满 12 个月后，满足解除限售条件的，可以在未来 36 个月内按 4：3：3 的比例分三期解除限售；预留部分限制性股票自登记完成之日起满 12 个月后，满足解除限售条件的，可以在未来 24 个月内按 5：5 的比例分两期解除限售	第一次解锁时间：自授予日起满 12 个月后的首个交易日至授予日起 24 个月内的最后一个交易日止。可解锁数量比例：40% 第二次解锁时间：自授予日起满 24 个月后的首个交易日至授予日起 36 个月内的最后一个交易日止。可解锁数量比例：30% 第三次解锁时间：自授予日起满 36 个月后的首个交易日至授予日起 48 个月内的最后一个交易日止。可解锁数量比例：30%
股票价格	20. 28 元/股	15. 51 元/股	33. 22 元/股	46. 91 元/股

续表

项目	2010 年	2014 年	2017 年	2020 年
业绩条件	第一次解锁条件：公司授予所在 T 年度净利润不低于 7 亿元，营业收入不低于 37 亿元 第二次解锁条件：公司 T+1 年度净利润不低于 8.50 亿元，营业收入不低于 43 亿元 第三次解锁条件：公司 T+2 年度净利润不低于 10.30 亿元，营业收入不低于 50 亿元	①公司 2014 年、2015 年、2016 年归属于上市公司股东的扣除非经常性损益的净利润分别不低于 13.5 亿元、15.1 亿元、17.4 亿元 ②公司 2014 年、2015 年、2016 年公司营业收入分别不低于 70.7 亿元、80.7 亿元、92.2 亿元 ③限制性股票锁定期内，各年度归属于上市公司股东的净利润及归属于上市公司股东的扣除非经常性损益的净利润均不得低于授予日前最近三个会计年度的平均水平，且不得为负	以 2016 年净利润为基数，2017 年、2018 年、2019 年各年度的净利润较 2016 年相比，增长率分别不低于 20%、42%、67%。预留部分限制性股票解除限售的公司业绩条件为：以 2016 年净利润为基数，2018 年、2019 年各年度的净利润较 2016 年相比，增长率分别不低于 42%、67%。公司业绩条件所指净利润指标均指以经审计的不扣除股权激励当期成本摊销的归属于上市公司股东的扣除非经常性损益的净利润	以 2019 年净利润为基数，2020 年、2021 年、2022 年各年度的净利润较 2019 年相比，增长率分别不低于 20%、42%、67%。公司业绩条件所指净利润指标均指以经审计的不扣除股权激励当期成本摊销的归属于上市公司股东的扣除非经常性损益的净利润
解锁结果	三次均满足上述限制性股票解锁条件	三次均满足上述限制性股票解锁条件	三次均满足上述限制性股票解锁条件	—

资料来源：恒瑞医药公司公告。

根据公告，前三次股权激励均已达成限制性股票解锁条件。由于恒瑞医药自由现金流较为充沛，坚持自主研发的技术路线，所以并未采用并购重组等外延式手段做大做强。

小　结

2020 年是中国资本市场建立三十周年，也是上交所的而立之年。三十年来，中国的资本市场从零开始，一跃成为世界第二大资本市场，为促进我国实体经济发展、推动企业创新创业发挥了巨大的作用。恒瑞医药经过多年的发展，已经实现从原料药到制剂、从仿制药到创新药的飞跃，不断加快创新与国际化的步伐。而这其中的每一步，都离不开资本市场的支持。虽然恒瑞医药上市以来并未进行除股权激励外的定增、公开增发、配股或其他股权再融资的直接融资活动，但借助上市，公司搭建了具有国际水平的研发平台，不断加大研发投入，增加创新药品种；同时扩大销售布局，使产品变现能力不断增强，形成“研发+生产+销售”三位一体的全产业链运作模式，成为我国医药行业的龙头。

恒瑞医药主要创新药介绍

艾瑞昔布片（2011 年获批上市）为国家一类新药，是一种非甾体消炎镇痛药（NSAIDs），用于缓解骨关节炎的疼痛症状，相较于传统的非甾体抗炎药，本品对消化道的不良反应较小。

甲磺酸阿帕替尼片（2014 年获批上市）是恒瑞医药创新研发的小分子靶向药物，适用于晚期胃癌或胃食管结合部腺癌患者三线及三线以上治疗。

硫培非格司亭注射液（2018 年获批上市）是恒瑞医药自主研发的聚乙二醇重组人粒细胞刺激因子，适用于非骨髓性癌症患者在接受易引起临床上显著的发热性中性粒细胞减少症发生的骨髓抑制性抗癌药物治疗时，降低以发热性中性粒细胞减少症为表现的感染的发生率。

马来酸吡咯替尼片（2018 年获批上市）是不可逆性人表皮生长因子受体 2（HER2）、表皮生长因子受体（EGFR）双靶点的酪氨酸激酶抑制剂适用于治疗表皮生长因子受体 2（HER2）阳性、既往未接受或接受过曲妥珠单抗的复发或转移性乳腺癌患者。

注射用卡瑞利珠单抗（2019 年获批上市）是人源化抗 PD-1 单克隆抗体，可与人 PD-1 受体结合并阻断 PD-1/PD-L1 通路，恢复机体的抗肿瘤免疫力，从而形成癌症免疫治疗基础。

注射用甲苯磺酸瑞马唑仑（2019 年获批上市）是一种新型的超短效 GABAA 受体激动剂，已获批的适应证为常规胃镜检查镇静和结肠镜检查镇静。未来在无痛诊疗镇静、全身麻醉、ICU 镇静以及局麻镇静等领域具有广阔的临床应用前景。

作为服务全球医药研发的公司，药明康德是全球公认的具备新药研发实力的领先开放式、全方位、一体化的医药研发服务与技术平台。公司先赴美上市，后又作为首家获得IPO批文的中概股独角兽企业回归A股，并最终完成“A+H”两地挂牌。围绕“长尾”与“跟随药物分子发展”战略，药明康德积极布局产业和研发，不断增强平台创新赋能的能力。得益于资本市场募资，公司扩建了多个研发中心，完成了多项并购，积极投资有潜力赋能医药研发的新技术，进一步提升了公司在新药研发和生产服务领域的市场地位。

药明康德:成为全球生物医药行业解决问题的赋能平台

2015年，国务院发布医药改革纲领性文件《关于改革药品医疗器械审评审批制度的意见》(国发〔2015〕44号文)，医药供给侧结构性改革的序幕就此打开。随着一系列后续政策的出台，中国制药行业存在的诸多问题，如药品审批缓慢、新药研发动力不足、大量药物安全但无效开始得到解决。其中，临床数据自查和一致性评价等规定针对药企研发仿制药同药不同效的问题，对药物的质量提出了更高的要求。自此，我国医药行业进入了鼓励高端仿制药、创新药的时代，低质低价产品的生存空间越来越小，更多的药企开始以研发投入作为竞争要素。作为医药研发环节的重要服务机构——合同研究组织（CRO)，也因此进入了行业的快车道，这一基础设施的完善将为我国医药行业带来更强大的助力。

作为赋能医药研发的平台企业——药明康德（股票代码：603259.SH）成立于2000年12月，注册地在江苏无锡，营运总部位于上海，是全球公认的具备新药研发实力的领先开放式、全方位、一体化的医药研发服务与技术平台。药明康德开创了业界独特的一体化服务模式和开放式平台模式，并见证了全球小分子医药研发领域的变革。过去的十余年，从创始之初仅 650m^2 的化学服务实验室起步，药明康德已经提升了从药物发现到临床前开发，临床试验及小分子化学药生产贯穿整个新药研发过程的综合服务能力和技术水平，迅速成长为全球医药研发领域中覆盖全产业链的综合新药研发服务平台。

目前，药明康德已成为中国规模最大、全球排名前列的小分子医药研发服务企业。企业拥有包括中国上海、苏州、天津、武汉、常州，美国费城、圣保罗、亚特兰大、圣地亚哥和德国慕尼黑等在内的全球 29 个研发生产基地/分支机构，客户数量超过 4100 家，主要客户覆盖全球排名前 20 位的大型药企及各类新药研发机构，在药物发现、临床前研究、药物工艺研发和生产领域占据行业的领先地位。企业协助客户研发的新药均已通过 FDA 认证并获批上市。其中，诸多新药获得 FDA 突破性疗法、孤儿药资格认定及 FDA “快车通道” 等认定。在药明康德研发平台的助力下，越来越多的中国企业正在向世界展现中国的创新智慧。“成为全球医药健康产业最高、最宽和最深的能力和技术平台，让天下没有难做的药、难治的病” 是企业宏伟愿景及战略蓝图。

新药研发成本逐年上升，合同研究组织为制药行业降本增效

CRO 是通过合同形式为制药企业、研发机构或大型药厂在药品研发过程中提供专业化服务的机构。CRO 行业诞生于美国，最初是为大型制药企业进行毒理性测试而诞生的。多年来，伴随着这类机构试验能力的提升和新技术的使用，以及 IT 和统计的大规模应用，CRO 已经形成了能够为整个药物开发生命周期提供全面服务的能力。CRO 服务对象如图 3-3-1 所示。

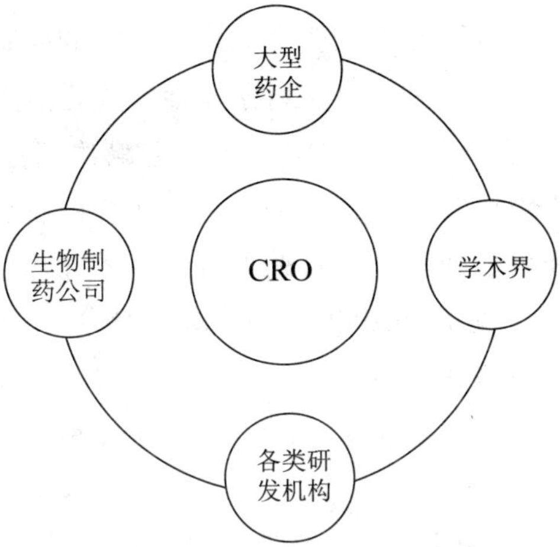

图 3-3-1　CRO 服务对象

资料来源：根据公开资料整理。

CRO 的发展和制药行业的发展、技术的变革以及监管的要求息息相关。与一般的认知不同，药物实际上不是被发明，而是被发现的，也就是要发现结构新颖的、有自主知识产权保护的新化学实体。制药的流程如图 3-3-2 所示，包含靶点发现，靶点验证，先导化合物发现，先导化合物优化，确定候选药物，药效学、动力学和毒理学研究以及临床试验等阶段。

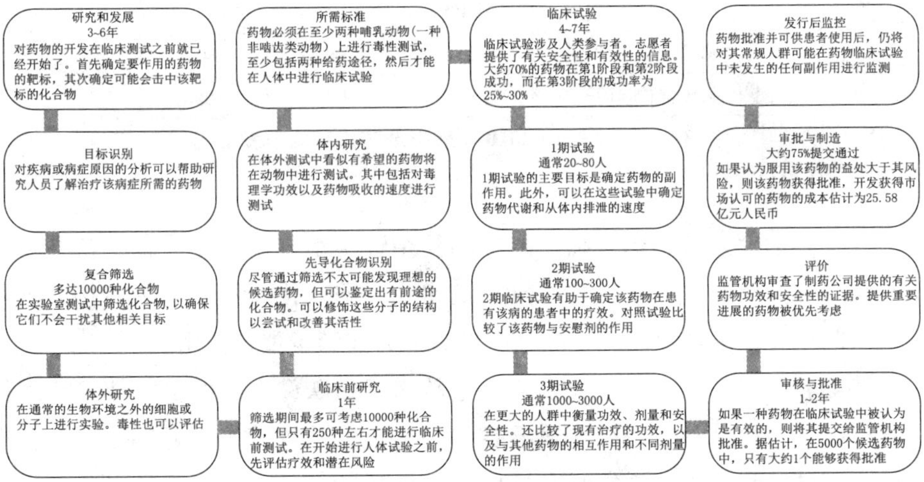

图 3-3-2　新药研发流程

资料来源：COMPOUND INTEREST。

概括来说，这一系列步骤主要可以分成两个阶段：一是发现问题，二是解决问题。发现问题是找到相关的靶点和疾病之间的联系，通过作用靶点来解决临床的需求；解决问题其实是从科学层面解决靶点发现后药物发现、筛选、临床和生产的问题。因此，CRO 是一个专注解决问题的领域。

新药研发是一个耗时且投资巨大的过程。随着行业的发展，越来越多的药物被发现，新药研发的成本已经日渐上升，自 20 世纪 70 年代以来增长了近 14 倍。与此同时，药物的审批也日益严格，据统计，每 10000~15000 个进入临床前试验的实验化合物只有 1/5 将进行人体测试，并且最终只有一个能获得监管机构的批准并进行商业化。1970—2010 年获批准药物平均研发支出如图 3-3-3 所示。

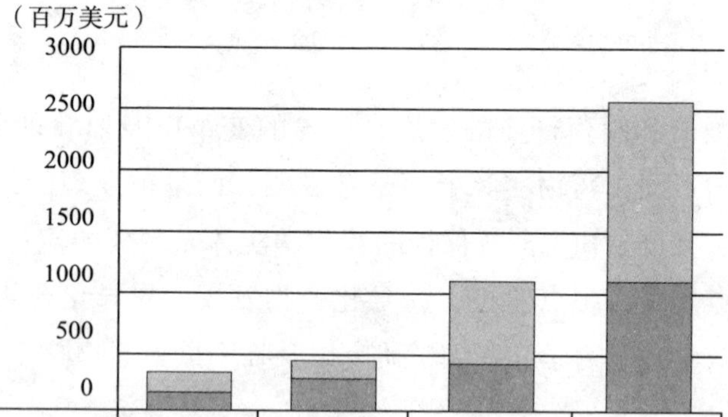

类型	1970—1979年	1980—1989年	1990—2000年	2000—2010年
临床	70	135	608	1460
临床前	109	278	436	1098

图 3-3-3　1970—2010 年获批准药物平均研发支出

资料来源：Tufts CSDD。

此外，治疗方法和相关临床试验的复杂性不断提高，让药企维持开发团队和设施的支出压力越来越大。CRO 的出现为药企优化固定管理费用，缩短开发时间，并在全球范围内扩展临床试验能力起到了重要作用。

伴随着全球生物医药风险投资基金越来越活跃，大量的生物技术公司得以获得融资，而这些公司往往缺乏足够的资金和基础设施，无法自行进行广泛的临床试验和完成必要的开发过程。CRO 的诞生，使得新药研发的进入壁垒降低了，有想法的科学家和个人就可以拿到融资，并找 CRO 去做研究、去服务来实现想法，在 CRO 平台上实现一体化。

总体而言，在药品开发形势更为严峻的情况下，涉及成本、时间表、成功率、监管障碍以及其他多个因素，CRO 行业越来越受到制药公司的青睐。未来，行业将会聚焦上游长尾用户的靶点创新、中游平台的需求解决以及下游制药厂进行全球开发和商业化的能力。

和外包领域的收费模式类似，研发外包的商业模式通常采用 FFS 和 FTE 模式。FFS（Fee-For-Service）是基于任务的收费模型，根据客户对最终结果的要求制定研发或实验方案，最终将结果交付给客户。例如，对一定数量的化合物进行分析或合成参考化合物、工具化合物，可以在预先收取费用的情况下执行任务。FTE（Full-Time Equivalent）模式指全时当量服务，即按照一定的工作时间付款，制药公司为科学家的时间和材料支付费用。FTE 模式还提供了灵活的方法，以便在需要时随时更改工作计划。在这两种模式下，所有知识产权（IP）都归客户所有，包括 CRO 代表客户进行创新的领域。

随着行业的发展，新的收入模型也逐渐出现，一部分公司选择按照项目里程碑收费模式和向 CRO 支付专利费用，还有一些公司选择通过风险分担业务模式进行合作，即 CRO 不接受或降低 FTE 模式收入，以换取联合知识产权、更高的里程碑和下游特许权使用费，为 CRO 未来商业模式带来了更大的想象空间。

国内最大的研发服务平台，具备“一体化、端到端”优势

药明康德以全产业链平台的形式，面向全球制药企业提供各类新药的研发、生产及配套服务，并开展部分医疗器械检测及精准医疗研发生产服务，服务范围涵盖化学药研发和生产、细胞及基因疗法研发生产、医疗器械测试等领域，旨在助力客户提升研发效率。作为医药研发的基础设施，药明康德坚持不进行新药研发，始终定位服务平台，服务更多制药企业，秉持客户的成功就是平台成功的理念。

公司的业务可以分为中国区实验室服务、合同生产业务（CDMO）、美国区实验室服务、临床研究及其他 CRO 服务，服务范围覆盖从概念产生到商业化生产的整个流程。

除常规的CRO收费模式外，公司还在国内开创了综合药物发现服务新模式（DDSU），为国内客户提供一体化新药发现和研发服务，服务从药物发现阶段开始，直至完成向国家药监局提交IND申报为止。此类项目专注针对相对成熟靶点研发新药，研发风险相对较低。在按照惯常服务模式收取新药研发服务收入之外，若项目研发获得成功，公司还将获得成功项目产品未来对外授权收益的里程碑分成，或产品上市后的销售收入分成。以2016年公司助力正大天晴，将一款乙肝创新药物的国际开发权许可给国际知名药厂为例，对于正大天晴可获得转让收益2.53亿美元，公司可获得部分里程碑分成，2018年已收到第二笔里程碑收入约1680万元人民币。

药明康德通过布局新药研发全产业链，实现了“一体化、端到端”的研发服务平台优势，加强上下游服务部门之间的客户转化。公司顺应药物研发价值链，在能力和规模方面为客户赋能，从“跟随项目发展”到“跟随药物分子发展”，不断扩大服务。药明康德业务链条如图3-3-4所示。

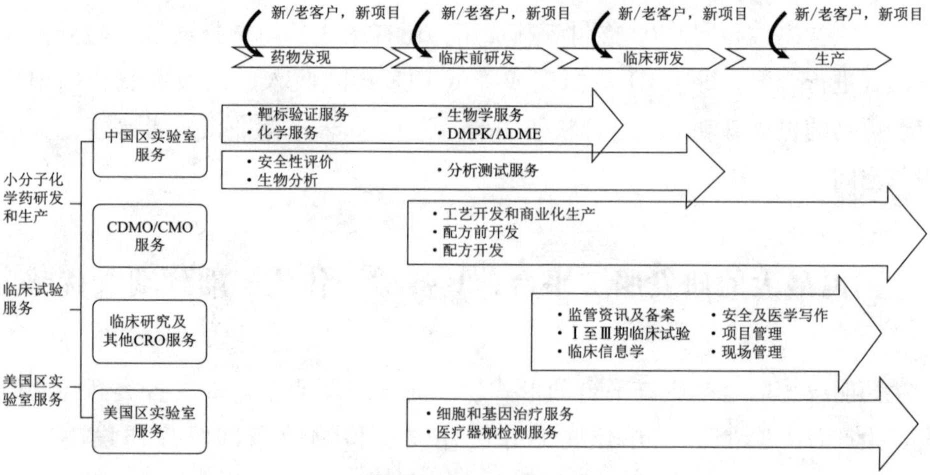

图3-3-4 药明康德业务链条

资料来源：药明康德官网，国盛证券研究所。

中国区实验室服务

中国区实验室服务主要包括小分子药物发现服务以及药物分析及测试服务。药明康德为全球客户提供涵盖各种靶标和疾病领域的化合物发现及合成服务，包括靶标验证、活性化合物到先导化合物的发现、先导化合物优化到临床前候选药物的发现及合成服务。公司通过位于上海和苏州等地的分析实验室，为全球客户提供从药物发现到产品上市各阶段所需的分析服务，如药代动力学及毒理学服务、生物分析服务和检测服务等。

合同生产业务

药明康德向全球客户提供化学药物的合同生产研发服务，从研发到生产、从临床前阶段到商业化生产阶段，为新药研发合作伙伴提供一站式平台服务，包括临床前、临床阶段、新药上市审批和商业化阶段所需要的高级中间体、原料药和制剂的工艺开发、生产制造以及药品包装等定制服务。

美国区实验室服务

美国区实验室服务主要包括海外细胞和基因治疗的研发和生产服务，以及医疗器械检测服务。药明康德主要通过分处中美两地的高度一体化生产基地提供 GMP（良好生产规范）细胞疗法的研发和生产服务，利用基因工程的细胞疗法产品和载体的研发和生产服务。细胞和基因治疗服务包括相关产品的工艺开发、测试、cGMP（动态药品生产管理规范）生产等。公司医疗器械检测服务贯穿医疗器械研发和生产全产业链，包括临床前安全性咨询服务、医疗器械从设计到商业化全流程的检测服务、医疗器械 cGMP 生产服务等。公司主要通过位于美国明尼苏达州的 cGMP 和 GLP（良好实验室规范）研发生产基地为客户提供医疗器械物料挑选及评价、产品效用和物料性质、物料特性、风险评估、生物相容性、毒理、消毒/灭活验证、包装完整性验证、原材料验证、批签发测试等服务。

临床研究及其他 CRO 服务

药明康德临床研究及其他 CRO 服务包括临床试验服务（CRO）和现场管理服务（SMO）。临床试验服务包括以项目制和人员外派方式提供临床试验方案设计和咨询、临床法规申报、项目管理、Ⅰ至Ⅳ期临床试验监察及管理、临床统计和数统编程等临床信息学等，同时成都临床一期中心设有 117 张床位，可以为客户提供高质量高效率的 BE（生物等效性）和临床一期研究服务。SMO 服务包括Ⅰ至Ⅳ期临床现场管理服务、临床研究项目管理、质量稽查和患者招募及管理等服务。

前瞻性布局，知名度享誉国际

自 2000 年成立以来，药明康德已经成为全球知名的 CRO 公司之一。药明康德的发展历史，可以划分为三个阶段：从创始之初专注化学服务领域，到上市后进行多元业务布局，至今发展成为具备全产业链布局、端到端的赋能平台。

2000—2007 年：药明康德成立，专注化学服务领域

药明康德的前身——组合化学由 ChinaTechs、太湖水集团及 John J. Baldwin 于 2000 年 12 月成立，深耕化学合成服务领域。

公司创始人李革博士自北京大学毕业后留学哥伦比亚大学，并取得了有机化学博士学位，在美国就业后，看到了国内制药领域的广阔机会，为实现“让天下没有难做的药、难治的病”的梦想，毅然决定回国于无锡创业。彼时，国内还没有成熟的化学合成实验室，公司主要对外提供化合物的合成服务。创业之初，公司克服了诸多困难搭建实验室，很多设备需要自己设计和制造。例如，通风橱的设计就是找橱柜的承包商设计后打造出来的。得益于国内化学服务基础人才的大量供给以及国外药企研发外包的需求，再加上创始人李革在中美两地积累的背景和经验，公司发展迅速。

2008—2015 年：纽交所上市，开展多元化布局

药明康德逐步做大，并于 2007 年 8 月 9 日在纽约证券交易所上市，首发募集资金 1.84 亿美元，除了在传统的化学第三方实验室的基础之上，公司也不断地寻求一些新的业务。公司于 2008 年 2 月 1 日完成对美国 AppTech 的收购，业务范围拓展至医疗器械检测和临床服务业务领域，同时加强了公司在 CRO/CMO 行业的领导地位。其后，公司通过多元化投资，进一步把握行业未来增长趋势和长期发展机会（细胞和基因治疗、风险投资等）。公司后来拆分

出来的药明生物就是当时创始人团队和公司管理层追求的项目，并以独立的团队来组建。当时，中国和全球的生物药市场还没有发展起来，公司独特的商业模式、多元化发展和前瞻性布局并没有完全得到美国资本市场的认可。而当时，美国部分投资人对于公司的要求是做细分领域的专业化服务，以获得稳定的现金流。因此，当公司通过战略布局拓宽产业链和业务时，由于资本市场的不理解，导致股价下浮。而此时，中国 A 股市场对新经济的认知逐渐增加，鼓励公司发展新业务，让创始人李革萌生了从纽交所退市的想法。药明康德收购案例如表 3-3-1 所示。

表 3-3-1　2007—2020 年药明康德收购案例

年份	标的公司	业务领域
2007	Chemdepo	提供化学合成物
2008	APPtech	大分子制剂
2011	津石杰诚	临床研发及注册
2011	Abgent	抗体药物
2014	美新诺	生物信息
2015	NextCODE health	基因大数据、基因生物分析
2016	Crelux	药物发现服务
2017	辉源生物	临床前 CRO
2017	Research Point Global	临床开发服务
2019	Pharmapace	临床试验、注册申报及上市的统计数据分析
2020	北海康城	罕见病药物研究

2015 年 8 月 18 日，国务院发布《关于改革药品医疗器械审评审批制度的意见》（以下简称《意见》），标志着药品审评审批制度改革（以下简称“药审改革”）正式开启。《意见》制定了提高审评审批质量、解决注册申请积压、提高仿制药质量、鼓励研究和创制新药、提高审评审批透明度的目标。得益于中国境内的医疗行业和医疗政策，资本市场对于医药创新行业的包容性提高，整个行业和资本市场达到了适合药明康德回归的时机。

2015 年 12 月 10 日，药明康德从纽交所退市。离开了公众聚光灯视角，管理层开始思考如何将行业进行整合。退市以后作为私人公司，没有了短期利益和短期业绩的压力，药明康德有更多的灵活性来重组业务，并将公司拆分成几个主业明确的公司来完成业务和品牌的开发。随着药明康德在中国包括亚太地区医药产业的高速发展，来自中国业务中的比例也在不断提高。考虑到在亚洲地区上市，可以为开发亚洲业务提升知名度，并帮助树立品牌形象，公司开始考虑在亚洲重新上市。

2015 年至今：纽交所回归 A 股，助力企业打开亚洲市场

药明康德在纽交所上市时期，营业收入由 2008 年的 17.32 亿元增长到 2014 年的 41.26 亿元，年复合增长率约为 15.57%，净利润由-4.39 亿元增长至 2014 年的 6.86 亿元。

退市后，药明康德改进了以下两个方面。

在能力方面，公司沿着产业链的上下游，在不同的阶段进行业务扩充和布局，从化学实验的前端研发扩展至下游，覆盖测试业务、临床业务至生产业务。上游部分则覆盖了前期的靶点验证和先导化合物发现、构建的 DNA 编码库等。

在规模方面，当时公司 CDMO 板块具有有机化学药和生物大分子药两大链条，由于大分子药和化学药分子结构完全不一样，导致两大业务链条的人员结构、生产设施和运营机制都不一样，完全是不同的两个业务。因此，公司对业务进行了重整，主业分为一体化研发服务平台、生物药 CDMO 和其他业务三条主线。由于 CRO 扩大规模需要重资产投入，同时人才团队的建设需要股权激励，再上市因而变得顺理成章。

自此，药明康德完成了对自身业务的整合，主要分拆成四个部分，分别筹备上市。公司的小分子药物 CDMO 业务主要由合全药业负责，于 2015 年在新三板上市。同时公司剥离了生物药的 CDMO 业务，成立药明生物，于 2017 年在港股实现 IPO。一体化研发服务平台由母公司主体登陆 A 股市场，在业务结构上较之前更加完善。另外，公司的基因组数据赋能平台的相关业务独立于三个上市主体之外，目前尚未登陆资本市场。

2018 年 5 月 18 日，药明康德在上交所上市。上市后，药明康德在国内的知名度显著增加，国内的客户和供应商可以通过 A 股上市的过程来了解企业，既能够让中国投资人看到公司的存在，也能吸引到更多国内的优秀人才加入。政策对医药创新的支持，叠加中国生命科学产业的发展，对药明康德

在国内的发展起到了重要作用。

围绕“长尾”与“跟随药物分子发展”战略，布局产业和研发

药明康德聚焦“长尾”与“跟随药物分子发展”的战略布局。这一战略布局，与制药领域创新将会更多地来自“长尾”客户的判断息息相关。“长尾”客户是指中小型生物技术公司、虚拟公司和个人创业者在内的各类新药研发参与者。Frost&Sullivan 报告显示，2017 年 FDA 批准新药的 39%来自小型制药公司，且小型初创制药企业的全球研发支出 2017—2022 年将保持 12%的复合增长率，“长尾”客户蕴藏着巨大潜力。

要具备服务“长尾”客户的能力，就需要构建产业链条完备、生产规模庞大的基础设施。得益于资本市场的募资，公司得以不断地扩充产能，并进行战略布局，完善服务能力，紧跟新技术，提升药物研发效率。一方面，公司在临床 CRO 领域进行并购和投资，同时围绕公司主营业务的范畴，对创新生物科技、变革性技术、医疗健康服务几大方向进行战略性投资；另一方面，公司深耕研发技术创新，通过研发投入持续驱动新知识、新技术的发展，不断增强平台创新赋能的能力。

经过多年发展，药明康德成为了行业中极少数在新药研发全产业链均具备服务能力的开放式新药研发服务平台，通过为客户提供全面定制化服务，能够从服务的技术深度和覆盖广度方面满足客户提出的多元化需求。自公司实施“长尾”战略以来，中小型及区域型客户的收入占比持续提升，客户群体呈现多元化发展。同时，公司从创新药研发早期介入，与客户在创新药的整个生命周期中持续合作，双方的技术理念和管理体系不断磨合，形成稳定可靠的长期战略伙伴合作关系。

2020 年上半年，公司新增客户近 900 家，活跃客户超过 4100 家。与此同时，公司充分发挥“一体化、端到端”的研发服务平台优势，加强上下游服务部门之间的客户转化，从“跟随项目发展”到“跟随药物分子发展”，不断扩大服务范围，各个业务板块间的协同性进一步增强。

海外并购增强临床 CRO 服务能力，CVC 模式积极培育创新公司

药明康德积极布局临床 CRO 领域，致力于提升全球多中心临床试验服务能力，子公司康德弘翼经过多年的发展和运营，业务范围已成功扩展到美国、欧盟和亚太地区。2018 年，药明康德收购了临床试验 CRO 公司 WuXi Clinical Development, Inc.（原名为“Research Point Global”），助力数个客户在国内外同时开展临床试验。2019 年 5 月，药明康德收购了临床研究数据统计分析服务公司 Pharmapace, Inc.，进一步提高全球创新药临床试验服务能力。

药明康德还积极培育业界有创新模式和增长潜力的优质企业，为公司医疗健康生态系统创造价值。公司成立的风投基金——WuXi Pharma Tech Healthcare Fund I L. P.，围绕公司主营业务对创新生物科技、变革性技术、医疗健康服务几大方向进行战略性投资。这种由公司资金直接对外部初创公司进行投资的模式也被称为 CVC（Corporate Venture Capital）。这种模式的好处在于，企业一方面能将战略目标和所投资公司结合；另一方面能够帮助企业走在行业的前沿，保持创新优势。有研究认为，由于企业对市场和技术的了解程度胜于一般风投基金，再加上其强大的资产负债表，以及成为耐心投资者的能力，它比私人风投公司更具有竞争优势。半导体巨头英特尔资本（Intel capital）就是一家进行 CVC 投资的范例。20 世纪 90 年代初，早在企业风险投资成为时尚之前，英特尔就意识到可以从培育生产互补型产品的初创公司中获益，即对它们的需求可以刺激对英特尔自身微处理器产品需求的增加。因此，英特尔投资了数百家公司，这些公司的产品（如视频、音频、图形硬件和软件）需要计算机内功能越来越强大的微处理器，从而刺激了英特尔奔腾芯片的销售。作为具有全产业链服务能力的药明康德，拥有庞大、多样且忠诚的客户群，能够密切接触医药研发进程最前端，对于高价值的新药研发项目具有精准的判断，同时能够深入接触各类医疗健康产业资源。通过前沿技术领域的投资，药明康德能够结合平台实际的需求，进行前瞻性布局，力求将其早日运用于新药研发流程，帮助客户提高研发效率，在很大程度上降低新药研发的门槛。通过在医疗健康诸多细分领域的投资布局，公司有望从为全球新药研发赋能进一步延伸到为医疗健康生态圈赋能，突破药物研发服务能力的边界，为客户提供更多更好的服务内容。表 3-2-2 为药明康

德公开投资事件。

表 3-3-2 药明康德公开投资事件

公司简称	公开时间	轮次	总交易金额	币种	是否领投
Simcha Therapeutics	2020 年 6 月	A	2500 万	美元	否
药明巨诺	2020 年 6 月	B	1 亿	美元	否
insitro	2020 年 5 月	B	1. 43 亿	美元	否
Immunocore	2020 年 3 月	B	1. 3 亿	美元	否
北海康成	2020 年 3 月	D	9800 万	美元	是
汉邦科技	2019 年 12 月	B+	未公开	未公开	未公开
辉大基因	2019 年 12 月	A	未公开	未公开	否
ViGeneron	2019 年 11 月	A	未公开	未公开	未公开
大橡科技	2019 年 11 月	天使	未公开	未公开	是
惠每科技	2019 年 8 月	C	3000 万	美元	否
Rgenix	2018 年 10 月	C	4000 万	美元	否
Verge Genomics	2018 年 7 月	A	3200 万	美元	否
NuProbe	2018 年 4 月	A	1100 万	美元	否
华领医药	2018 年 3 月	D&E	1. 174 亿	美元	否
药明巨诺	2018 年 3 月	A	9000 万	美元	否
Engine Biosciences	2018 年 2 月	天使	1000 万	美元	否
和径医药	2017 年 12 月	A	1 亿元	人民币	未公开
基准医疗	2017 年 11 月	B	2800 万	美元	否
北海康成	2017 年 5 月	B	2500 万	美元	否
Unity Biotechnology	2016 年 10 月	B	1. 16 亿	美元	否
丹诺医药	2016 年 9 月	B	2500 万	美元	否
睿仁医药	2015 年 10 月	PreA	未公开	未公开	未公开

充分发挥技术优势，搭建 DNA 编码化合物建库，提高研发效率

在药物筛选项目中，快速发现并合成具有成为新疗法潜力的化合物，以及最大限度减少花在非最佳类似化合物上的时间是至关重要的。药明康德深耕研发创新，紧跟学界研发动态、新的化合物库和筛选模型技术的更新，将

会对其提升药物筛选效率并通过持续的技术积累巩固领先优势起到重要作用。

药明康德于 2018 年下半年推出了 DNA 编码化合物库（PEL）筛选平台，并于 2020 年成立了 HitS（Hit Success）事业部，整合包括 DEL 在内的上下游技术，以更好地赋能早期小分子新药研发客户。DEL 技术对于原研药物的开发，尤其是苗头化合物发现效率的提升具有重要的意义。新药研发初期关键的一步——苗头化合物（Hit）的发现是新药研发的物质准备的起点，既是成功的基石，也是要攻克的一道难关。发现苗头化合物常用的策略主要有六种，分别为：已知活性化合物、高通量筛选、基于结构的药物设计、定向筛选、基于分子片段的药物设计和 DEL 技术。高通量筛选建库成本高昂，仅头部知名药企可拥有自己的分子库，从而限制绝大部分药企从药物发现阶段开始做原创新药的可能性。建立百万级别的高通量筛选化合物库需要上亿美元，而千亿级别的 DEL 建库及维护仅需千万美元。

药明康德构建的 DEL 达到 900 亿分子片段量级别，能大幅提升分子筛选的效率（1~2 周 vs 2~3 月）。利用 DEL 技术在短时间内可打造千万乃至亿级别的小分子化合物库，同时分子库内包含具备新颖性、潜在成药性和多样性的小分子化合物，且过亿级别的分子只需数月时间就可以完成筛选，研发时间与传统高通量筛选相比能够节省 2/3 以上，提升药物发现阶段的进程和筛选成功率。现在，客户只需要提供靶标蛋白的名称，从靶标获取、苗头化合物发现到靶标—小分子相互作用研究，都可以在 HitS 平台上完成。HitS 的技术创新能够加速新药开发的流程。

未来，新药研发的资金、规模和能力不再成为约束创新人才、机构的壁垒，药明康德拥有的平台模式能够更好地赋能于创新者，“让天下没有难做的药、难治的病”的那一天能够早日到来。

小　结

发展二十年，药明康德已经成为行业中极少数在新药研发产业链均具备服务能力的开放式新药研发服务平台。作为先于纽交所上市，后拆分为“A+H”股上市的公司，药明康德见证了国内资本市场对新经济、创新行业的认可，也体会到了资本市场对创新型企业做大做强的助力。得益于资本市场的募资，公司得以不断地扩充产能，并进行战略布局，完善服务能力，紧跟新技术，提升药物研发效率。随着国内经济进入创新发展阶段，科技创新型企业已经成为推动经济中高速增长、迈向中高端水平的重要引擎之一。作为关系国计民生的重要产业，中国的医药创新势头显著加快，聚焦“长尾”战略的药明康德是支持医药研发创新中不可或缺的重要力量。

宝钢股份案例部分，将以中国最大、最现代化的钢铁联合企业为视角，展现我国制造业的科技硬实力。作为一家年产钢近五千万吨、全球上市钢铁企业粗钢产量排名第二的企业，宝钢股份在践行钢铁行业“去产能”、落实供给侧结构性改革的方针下，积极引领行业兼并重组。特别是2005年增发收购集团钢铁主业、2017年吸收合并武钢股份两次重大资产重组，让宝钢在做大企业规模的同时，也真正实现了企业的做强做优，钢铁技术研发取得了多项重大突破，支撑了一大批“大国重器”和国家重点工程项目，彰显了宝钢作为共和国钢铁脊梁的风采。

宝钢股份：坚持以技术创新引领钢铁精品化发展

钢铁行业是工业、农业、交通运输业和国防工业等产业的基础，在我国国民经济中占有极其重要的经济地位。随着中国进入工业化后期发展阶段，中国钢铁行业已进入成熟发展阶段。在中国国民经济发展进入新常态的背景下，单位GDP耗钢强度将会进一步下降，钢材消费将总体进入下降通道。产能利用率低、供需严重失衡、钢铁行业组织分散将成为未来很长一段时期内中国钢铁行业发展面临的突出问题。

化解钢铁行业产能过剩工作是党中央和国务院主动适应经济发展新常态、妥善应对重大风险挑战而做出的重大战略部署，是钢铁行业脱困、调整、转型升级的首要任务。与此同时，推进兼并重组、提高行业集中度始终是国家对钢铁行业的主要政策导向。国家明确鼓励钢铁企业进行实质性联合重组，尤其要“支持优势钢铁企业强强联合，实施战略性重组”，提出到2025年，国内前十家钢铁企业（集团）粗钢产量占全国比重不低于60%。在此背景下，宝钢股份不断实施兼并重组，走出了一条做强、做优、做大的钢铁崛起之路。

中国最大的钢铁联合企业，技术研发全球领先

宝山钢铁股份有限公司（以下简称“宝钢股份”，股票代码：600019. SH）成立于2000年，并于同年在上交所上市，总部位于上海，前身为1978年兴建的上海宝山钢铁总厂（以下简称“宝钢”）。宝钢股份是全球领先的现代化钢铁联合企业，是《财富》世界500强中国宝武钢铁集团有限公司的核心企业。2019年，宝钢股份销售商品坯材4718.5万吨，实现营业总收入2920.6亿元，净利润134.7亿元。图3-4-1为2000—2019年宝钢股份市值及收入发展情况。

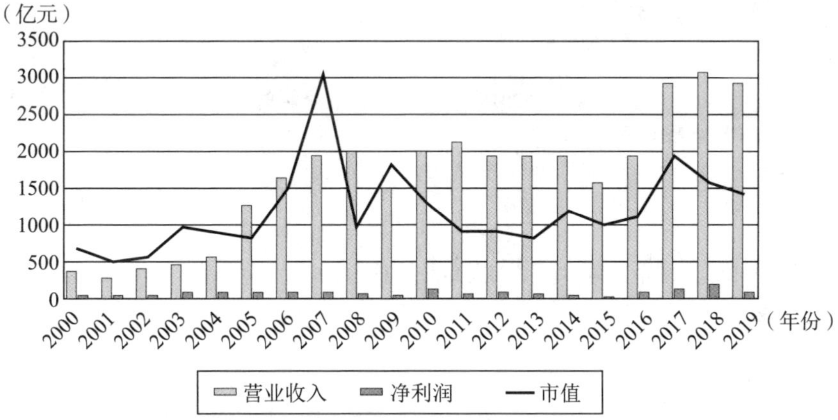

图3-4-1 2000—2019年宝钢股份市值及收入发展情况

资料来源：Wind数据库。

宝钢股份的主要业务为钢铁产品的制造和销售，以及钢铁产销过程中产生的副产品的销售与服务。公司自主研发的新一代汽车高强钢、取向电工钢、高等级家电用钢、能源海工用钢、桥梁用钢等产品处于国际先进水平，汽车板市场占有率国内第一、全球前三，硅钢产品市场占有率全球第一。2000年，公司完成国企改制并成功在上交所挂牌上市。2019年，公司被新增纳入国企改革“双百企业”名单。目前，公司已成为中国最大、最现代化的钢铁联合企业，拥有上海宝山、武汉青山、湛江东山、南京梅山等主要制造基地，是全球碳钢品种最为齐全的钢铁企业之一。从生产工艺和技术研发来

看，公司整体技术装备建立在钢铁冶炼、冷热加工、液压传感、电子控制、计算机和信息通信等先进技术的基础上，具有大型化、连续化、自动化的特点，处于世界钢铁行业领先者地位。2019 年宝钢股份主营业务构成情况如图 3-4-2 所示。

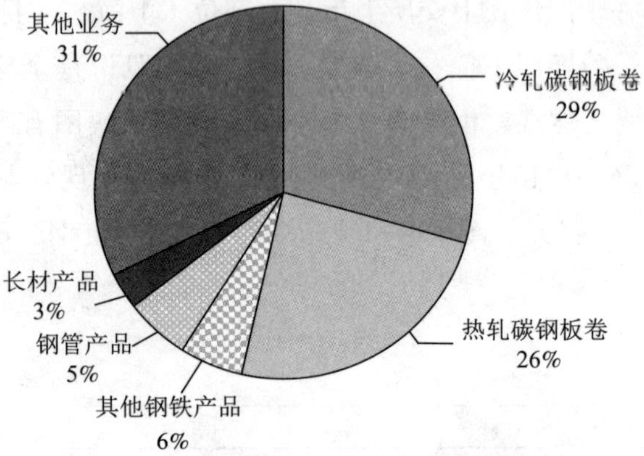

图 3-4-2　2019 年宝钢股份主营业务构成

资料来源：Wind 数据库。

共和国钢铁骄子，合并改制上市

宝钢是我国改革开放后特大型引进项目的成功实施者，从 1985 年宝钢一期工程投产至 2000 年改制上市，宝钢以优异的经营业绩实现了国有资产的保值增值。随着宝钢与上钢、梅山的联合重组，宝钢开启了改制上市之路，并于 2000 年底登陆上交所，是当时中国证券市场上股本最大的上市公司。

历史将证明，建设宝钢是正确的

1978 年 12 月 23 日，在党的十一届三中全会刚刚闭幕的第二天，在长江与东海交汇的地方，打下了宝钢工程的第一根钢管桩，这既标志着我国改革开放决策的实施，也显示了新中国成立以来最大的投资项目迈出了坚实的第一步。

自 1985 年 9 月 15 日宝钢一期工程投产，到 2000 年上半年止，在不到十五年的时间内，宝钢累计实现销售收入 2190.6 亿元，实现利税 464.1 亿元。1995 年 6 月，宝钢提前八年全部还清了一期、二期向银行所借贷款连同利息 100 多亿元。改制前的宝钢总资产已超过 1000 亿元，累计对国家的经营贡献超过 1000 亿元，已形成年产钢 1100 万吨的能力。“宝钢人”以自己的行动实践了中国改革开放总设计师邓小平在 1979 年高瞻远瞩的预言：“历史将证明，建设宝钢是正确的。”

宝钢作为新中国最大、最具现代化的钢铁联合企业，以高起点的创新，走出了一条不断赢得竞争优势的赶超型经营发展之路。早在 1999 年，宝钢就完成了从低成本低效率到低成本高效率的转型，人均产钢量达到 765 吨，已达到世界一流水平。宝钢自成立之初就确立了“生产国内钢铁企业不能生产的高技术含量、高附加值产品”的经营理念，80%以上产品实物质量达到世界一流水平。汽车板、耐大气腐蚀钢、高强度高韧性系列管线钢等产品，在国内市场占有率均超过 50%，出口世界六大洲 33 个国家和地区。

合并成立宝钢集团，完成改制上市

世纪之交的宝钢，随着上海地区宝钢、上钢、梅山三大钢铁企业的联合重组，进入了新的历史发展阶段。为改变现有股权结构单一的局面，促进企业经营机制的转换，提高宝钢的运营效率和管理水平，推进上海地区钢铁行业的战略性重组，由上海宝钢集团公司独家发起，宣告创立宝钢股份。

宝钢股份于 2000 年 2 月 3 日登记注册，是上海宝钢集团公司最大的子公司。宝钢股份具有优良的发展基础，它的前身是宝山钢铁（集团）公司（前称上海宝山钢铁总厂）。上海宝钢集团公司以其拥有的原宝钢一期和二期原料项目、烧结项目、炼铁项目、炼钢项目、连铸项目、热轧项目、冷轧项目、高线项目、钢管项目、发电项目，以及三期的原料项目、炼铁项目、发电项目的经营性资产投入，组建成宝钢股份。

2000 年 12 月 12 日，宝钢股份在上交所成功上市，发行 18.77 亿股社会公众股，筹集 77 亿元，成为当时境内上市 A 股公司中融资总额之最；同时，上市后总股本达到 125.12 亿股，成为当时中国证券市场上股本最大的上市公司。此外，宝钢股份在发行机制上还采取了与过去完全不同的、全新的完全询价机制，通过向众多法人询价和价格谈判确定其最终发行价格。

资本市场助力企业做大做强，技术创新引领行业发展

宝钢股份进入资本市场，一方面是借力资本市场融资助推企业发展；另一方面是通过资本市场强有力的外部约束环境，促使公司建立健全现代公司治理。事实证明，公司的上市对于抓住国内钢铁产业波澜壮阔的高速发展机遇起到了无可替代的推动作用。宝钢股份上市后积极借助资本市场进行融资，以降低融资成本、优化融资结构。自上市以来至2020年6月，共累计完成107亿股普通股增发、100亿元的认股权证和债券分离交易的可转换公司债券、30亿元公司债券（疫情防控债）、290亿元中票和1720亿元（超）短期融资券的发行。

2005年增发收购集团钢铁主业，2017年吸收合并武钢股份，宝钢股份走出了一条国有企业做大做强的改革发展之路，年产钢4617万吨，成为全球上市钢铁企业粗钢产量排名第二、汽车板产量排名第三、取向电工钢产量排名第一、全球碳钢品种最为齐全的钢铁企业。在钢铁技术研发方面，宝钢股份一直致力于以技术创新引领钢铁精品化发展，不断进行行业兼并重组，在做大规模的同时也实现了研发创新的做强做优，研发水平已引领全球钢铁行业。在跻身于国际先进钢铁企业行列的同时，公司也在逐步完善公司治理结构，探索建立长效股权激励机制。

两次并购重组助力宝钢做大做强

2005年增发收购集团钢铁主业和2017年吸收合并武钢股份是宝钢股份登陆资本市场后最为重要的两次并购重组，其借助资本市场实现了企业的做强、做优、做大。2005年的增发收购，使得宝钢股份形成了相对完整的产品结构体系，为后续的高质量发展奠定了基础；2017年的宝武吸并，使得宝钢股份一举成为中国第一、全球第二大规模的钢铁企业，合并后协同效应明显，是国有企业改革的里程碑项目。

2005年增发收购集团钢铁主业

2005年4月，宝钢股份增发50亿股，收购上海宝钢集团公司钢铁生产、

供应链及相关产业等三大体系的钢铁主业资产。宝钢股份此次增发 50 亿股的普通股，包括向上海宝钢集团公司定向增发 30 亿股和向社会公众增发 20 亿股可流通的社会公众股两个部分。

增发收购完成后，公司具备了 2000 万吨级的粗钢生产能力，产品制造体系由单一的碳钢扩展到了碳钢、不锈钢、特钢三大领域，细分产品覆盖汽车用钢、家电用钢、不锈钢、船舶和管线用钢、电工钢和特种金属材料、石油和电力行业专用无缝管、新型建筑用钢等，形成比较完整的产品结构体系，为进一步做大做强奠定了坚实的基础。同时，上述收购还使宝钢股份拥有完善的营销服务网络，获得至为关键的稳定而又经济的全球原材料供应保障及物流支持。钢铁主业一体化运作体系的初步形成，有利于充分发挥一体化协同效应，帮助宝钢股份实现 2010 年钢铁主业进入世界前三强的目标。

2017 年吸收合并武钢股份

在钢铁行业“去产能”、落实供给侧结构性改革的背景下，为深入推进国有经济布局结构调整、深化国企改革，宝钢股份和武钢股份作为我国钢铁行业的领军企业，决定实施联合重组。本次换股吸收合并是国有企业改革的里程碑项目，具有重要的借鉴意义。

武钢集团成立于 1958 年，是新中国成立以后建设的第一个特大型钢铁企业，2015 年粗钢产量为 2600 万吨。由于吸收合并武钢股份难度巨大，宝钢股分面临协同效应挖掘、管控模式、资源支配权、激励机制、文化融合等方面的挑战，且宝钢股份与武钢股份合并构成关联交易，宝钢集团、武钢集团作为关联股东需要回避表决，因此也存在一定的股东大会表决风险——与中小股东的沟通取得其认可和支持也十分重要。

宝武合并采取了集团公司层面及上市公司层面的联合重组同步推进方案，在集团重组采取“更名+划转”的方式，在上市公司重组采用吸收合并的方式。具体方案是：宝钢股份向武钢股份全体换股股东发行 A 股股票，换股吸收合并武钢股份。宝钢股份、武钢股份的控股股东宝钢集团、武钢集团进行联合重组，宝钢集团更名为“中国宝武钢铁集团有限公司”，武钢集团股权无偿划转至中国宝武集团，集团采取上海、武汉“双总部”运营模式。2017 年 2 月底，宝钢股份完成吸收合并武钢股份。公司按照中国宝武“联合、整合、融合”三步走的整体部署，推进企业资源整合。一是成立整合管理领导小组，从“首日计划”“百日计划”到“年度计划”“三年计划”，一系列决策部署层层递进、环环相扣，保障了整合推进工作蹄疾步稳。二是成立营销、采购、研发、财务、信息化五个整合专项工作组和整合管理推进办公室，以信息化覆盖为主线，全方位开展业务管理整合。三是推进实施青山基地组织机构改革、基层作业长制管理变革、技术能力共享、劳动效率提升和企业文化融合等，全面实现资产、业务、机构、人员、管理、文化的有效整合。

宝钢股份和武钢股份合并重组后，大力推进钢铁产业布局优化、结构调整以及跨地域协同等变革，充分发挥协同效应，实现了规模、品种、成本、技术、服务等全方位持续提升。两年间，宝武整合融合的协同效应日益显现，已完成经营管理各个条线1428项工作任务，达成项目进度设置的388个项目里程碑，实现26个信息化管理系统的移植覆盖，累计创造协同效益67亿元，有效促进了企业效率提升、业绩增长。宝钢股份和武钢股份的合并重组极大地提升了中国钢铁工业的国际竞争力和影响力，进一步提高了国际社会对中国钢铁工业技术水平和生产装备的认同感和接受度，为我国钢铁行业参与“一带一路”建设和国际产能合作、加快中国钢铁企业“走出去”的步伐提供了重要支撑。

宝武整合协同发展典型案例：唤醒青山彩涂

武钢有限（原武钢股份）冷轧厂彩涂机组于2006年12月建成投产，设计产能20万吨。开工之初，由于机组稳定性差，产品质量不稳定，合同订单少，近年来一直处于不饱和生产状态，2016年全年机组产量仅有1.65万吨。宝武重组以后，为唤醒青山彩涂机组，创造更大的赢利空间，宝钢股份成立了“唤醒青山彩涂”快赢项目，全面梳理品种质量、设备维护、技术标准、管理体系等方面存在的问题，制定针对措施，实行无缝对接整改。通过双方共同努力，截至2017年底，实现武钢有限员工独立操作，整条生产线连续生产，实现月达产，全年销售量达3.27万吨，创造协同扭亏效益5306万元。2017年12月12日，青山彩涂产品成为首个经总部审核认证，被授权使用“宝钢股份”品牌的青山基地产品。2018年机组通过设备功能恢复和改造，实现150米/分钟的全国最大工艺速度，全年销售量达 13.59 万吨。2019 年，青山彩涂全年产量达到 19.11 万吨，定比 2016 年实现协同效益 2.6 亿元，成为目前青山冷轧厂毛利最高的产品。

坚持以技术创新引领钢铁精品化发展

“掌握新技术，要善于学习，更要善于创新”，1984 年 2 月，邓小平同志在视察宝钢时提出了殷切的希望。三十六年来，宝钢股份谨记邓小平同志的要求，持续实施以技术领先为特征的精品开发战略。通过打造开放式自主集成创新体系，宝钢股份的技术创新水平不断提升，在产品创新和制造技术创新等方面取得一批重要成果：积极承担国家使命，在核电用钢、航空航天材料、国家重大工程需求等领域完成一系列关键材料的开发与制造，研发了 1000 余个新产品牌号，其中 30 余个牌号实现全球首发，近 50%被认定为上海市高新技术成果转化产品，替代进口量 1500 多万吨；自主研发的汽车板、取向硅钢、油气管、家电板、船板、核电用钢、桥梁钢等高端产品及制造技术荣获国家奖项 20 余项、上海市和省级奖项近 40 项、冶金行业及协会级奖项 120 余项，申请发明专利 4000 余项。2000—2019 年宝钢股份专利数及研发投入率如图 3-4-3 所示。

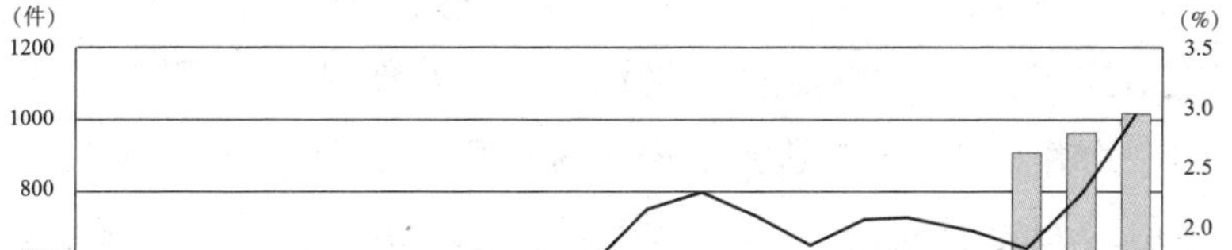

年份	2000	2001	2002	2003	2004	2005	2006	2007	2008	2009	2010	2011	2012	2013	2014	2015	2016	2017	2018	2019
发明专利申请数（件）	39	47	54	62	122	203	309	350	364	384	427	512	509	602	628	608	602	922	981	1032
R&D投入率（%）	—	—	0.74	1.00	1.00	0.83	0.96	1.05	1.15	1.75	2.08	2.34	2.13	1.92	2.11	2.11	2.00	1.85	2.30	3.04

图 3-4-3　2000—2019 年宝钢股份专利数及研发投入率

资料来源：Wind 数据库。

以自主创新和全球协同创新为特征，开放式自主集成创新体系

在内部，宝钢股份建立了“研究开发、持续改进、自主集成”的三轮驱动自主创新体系；在外部，积极融入全球创新网络，加强产学研用合作，逐渐形成了现在的开放式自主集成技术创新体系，建成了基础研究、应用基础研究、技术创新、成果转化及产业化配套的高水平梯次研发平台。在国内，宝钢股份与30余家用户建立了联合实验室，与100余家科研院校建立合作关系，并与其中十余家形成战略合作关系，陆续组建了上海交大未来钢铁研究中心、北京科技大学先进金属材料联合研究院等创新联合体，开展可持续的深层次合作。同时，宝钢股份积极融入国家创新体系，获批组建了汽车用钢国家重点实验室、硅钢国家工程中心、轨交先进零部件国地联合中心等国家级创新平台，并与国家自然科学基金委合作设立钢铁联合研究基金，助力钢铁行业技术进步。

2010年开始，宝钢股份开始着手建设海外研发中心，打造面向国际、开放的海外产学研合作平台。2011年，宝钢股份与澳大利亚四所顶尖工科院校合作，在昆士兰州布里斯班市成立了澳洲研发中心。该中心在冶金及新材料、新能源、环境保护等三大领域开展研究工作，在新技术开发、市场支持、研发能力提升、人才培养等方面发挥了重要作用。2015年，宝钢股份在英国伯明翰大学建立研发中心，致力于高温、低温应用关键材料的服役性能和安全性评价及优化。2019年，宝钢股份在德国慕尼黑成立了欧洲研发中心，围绕新产品、新工艺、应用技术、智能制造、能源环保以及新材料等领域开展研究，以整合、开放、合作等新方式打造未来钢铁的研发平台。近年来，宝钢股份积极打造众研平台，致力于连接全球技术领先者，建设协同创新的一站式合作平台。

以精品开发为己任，支撑高端制造业发展和重大工程建设

宝钢股份始终坚持精品战略，立足生产国民经济发展亟须的高技术含量、高附加值的钢铁精品，从材料的角度促进汽车、能源、家电、交通、重大工程等众多下游行业的快速发展，为中国现代化建设和人民生活水平的提高做出了重大贡献。时至今日，宝钢股份冷轧汽车板的国内市场占有率达50%以上，是世界上唯一能够同时批量生产第一代、第二代、第三代先进高强钢的企业；取向硅钢的产销量世界第一，为国家能源安全做出了积极贡献；高等级管线钢广泛用于国家重点工程建设，并出口“一带一路”沿线国家；镀锡板国内市场占有率 16.9%。复兴号高铁、港珠澳大桥、北京奥运主会场、上海中心、南极泰山站、央视大楼、“蓝鲸 1 号”海洋平台、“华龙 1 号”核电机组、“东方红 3”科考船等一大批“大国重器”和国家重点工程项目无不深深烙下宝钢股份产品的印记，无不闪耀着宝钢股份作为“共和国钢铁脊梁”的出众风采。

宝钢股份精品钢铁产品示例

汽车用钢：不断突破产品和一贯制制造核心技术，自主集成先进高强钢生产线，全球首发第三代先进高强度钢 QP 钢，在国际上实现了从跟跑、并跑到领跑的蜕变。目前宝钢股份的汽车板品种全球覆盖度最高，国内市场份额持续保持在 50%以上，有力支撑了中国汽车工业的快速发展。

取向硅钢：2004 年，宝钢股份决策自主研发集成制造取向硅钢，经过十多年的努力，宝钢股份取向硅钢产品领先国内外竞争对手 1 个牌号以上，实现 10 项产品的全球首发；在特高压项目中，宝钢股份取向硅钢占比突破 80%，成功应用于最高电压等级且唯一的±1100KV 直流换流变压器。

油气用管：宝钢股份开发出 15 大系列共计 130 多个不同牌号和功能的油井管产品，满足了复杂苛刻的油气资源开采需求，我国高等级油套管实现了从全进口到 99.8%以上国产化的跨越式发展。同时，宝钢股份具备了满足各类服役环境的 API 全系列管线钢及焊管制造能力，并在西气东输、中俄东线、土耳其 TANAP、澳大利亚昆士兰管线、加拿大 CGL 等国内外重大管线工程中得到广泛应用。

桥梁用钢：持续自主开发了大跨度铁路桥梁系列用钢及关键制造应用技术，引领中国桥梁钢完成第四、第五、第六次产品升级换代，支撑了我国铁路桥梁主跨由 216m 向 312m 到 504m 直至 1092m 的跨越，保障了列车通行速度由 140km/h 向 250km/h 直至 350km/h 的快速提升。

船舶海工用钢：形成全系列海工及船舶用钢产品，满足各类极端复杂环境应用要求，国内独家或率先应用于我国首个半潜海洋平台 981、“雪龙一号”和“雪龙二号”破冰船的建造和维修、全球最大的半潜式采油平台“蓝鲸一号”、全球最大的 23000TEU 型集装箱船等，支撑我们国防国土战略、能源战略及海洋强国战略的实施。

核电用钢：以国之重器、重大装备用高端钢板开发为重点，宝钢股份全部参与了国内近十五年新建的第三代、第四代核电站核级设备用关键材料的生产和供货。其中，第四代钠冷快堆霞浦核电工程是国家使命类工程，宝钢股份在关键材料蒸汽发生器用钢上勇于担当、不辱使命，快速形成批量供货能力，达到交货态1万小时长时性能评价苛刻要求，确保国家霞浦核电重大工程的质量，实现节点目标。

以关键核心技术突破为牵引，持续赋能先进钢铁制造

宝钢股份以成为钢铁行业的技术引领者为目标，围绕钢铁制造平台技术，开展重点研发攻关，持续推进钢铁行业制造水平的提升。推进以“产品+工艺+装备”创新为特征的平台型技术集成开发，培养高端技术能力。聚焦战略产品发展需求，二十年里宝钢股份陆续研发集成了汽车超高强钢机组、取向硅钢四期工程、热轧高强钢热处理、“以水代金”的组织性能调控技术、复合轧制、无酸除磷等一批新的机组和产线，充分发挥了支撑宝钢股份差异化产品创新发展的平台作用。例如，“以水代金”的组织性能调控技术已走过了几代技术研发，可以通过控制轧制及冷却生产出低成本、综合性能优良的产品。目前该技术已经在宝钢股份的多类产品中实现应用，在为社会节约资源的同时，也为下游行业创造了价值。

宝钢股份围绕颠覆性技术和前瞻性技术，开展重大工艺技术创新布局。重大工艺的创新往往是十年磨一剑。近二十年来，宝钢股份在熔融还原炼铁新技术（COREX)、从钢水直接到产品的薄带连铸技术等行业前瞻性技术开发方面进行了积极的实践探索，形成了完整的可商业化的技术能力。近年来，围绕钢铁行业“绿色、智慧”主题，面向钢铁行业的未来，开展氢冶金、短流程制造、新一代表面技术、“废水零排放、废气超低排、固废不出厂”技术、智慧制造等新技术布局。可以期待，在下个十年，宝钢股份将会形成一批新的行业引领技术，钢铁行业也会变得更加绿色和智能。

股权激励机制的实践与探索

宝钢股份成立至今，一共实施过两次股权激励计划，分别是 2014 年 5 月和 2017 年 12 月，两期股权激励计划均为限制性股票。其实早在 2006 年 12 月，宝钢股份就公布了央企首家股权激励计划——《A 股限制性股票激励计划的议案》，不过当时未能成功实施。随着我国资本市场近几年的快速发展，2013 年，党的十八届三中全会明确鼓励国企混改和员工持股，宝钢股份的首次股权激励计划在 2014 年推出。

中共中央国务院《关于深化国有企业改革的指导意见》要求，国有企业要采取多种方式探索完善中长期激励机制。股权激励作为行之有效的中长期激励约束机制，有助于上市公司规范治理结构，调动核心骨干人才的积极性，促进国有资产保值增值，推动国有资本做强、做优、做大。2017 年，在宝武联合重组的关键时间节点，宝钢股份在首期股权激励工作的基础上，研究实施了第二期股权激励计划，充分贯彻落实国家战略部署，有力助推宝武联合重组。

2017 年 12 月，宝钢股份授予 1067 名激励对象共 16682. 82 万股限制性股票，占公司总股本的 0. 804%，授予价格 3. 99 元/股，股票来源为定向发行。2018 年 12 月，宝钢股份通过预留部分授予 76 名激励对象共 956. 67 万股限制性股票，授予价格、业绩指标条件等均与首批授予方案相同。第二期周期设置与首期相同，三年解锁期对应业绩年份为 2018—2020 年。2018 年，公司经营业绩再创历史最佳，6 项解锁业绩指标（利润总额倍数及复合增长率、EVA、吨钢 EBITDA 等）全部达标，禁售期满即刻解禁。2019—2020 年对应的第二个和第三个解锁期预计也将如期解锁。

小　结

当前，我国经济已由高速增长阶段转向高质量发展阶段，资本市场的快速发展也在支撑和壮大着对高质量发展具有重要意义的“国之重器”企业。宝钢股份在借助资本市场融资推动企业发展的同时，也通过资本市场强有力的外部约束环境建立健全了现代公司治理结构。在登陆资本市场后，宝钢股份完成了两次重大资产重组，2005 年增发收购集团钢铁主业，2017 年吸收合并武钢股份，走出了一条国有企业做大做强的改革发展之路。2005 年，宝钢股份增发 50 亿股收购集团钢铁生产、供应链及相关产业等三大体系的钢铁主业资产，将产品制造体系由单一的碳钢扩展到了碳钢、不锈钢、特钢三大领域。2017 年换股吸收合并武钢股份是国企改革的里程碑项目，合并完成后协同效应凸显，极大地提升了中国钢铁工业的国际竞争力和影响力。两次资产重组后，宝钢股份在做大规模的同时也实现了企业的做强做优，技术创新水平不断提升。宝钢股份一直坚持以技术创新引领钢铁精品化发展，通过打造开放式自主创新体系，不断围绕钢铁制造平台技术以及颠覆性和前瞻性技术，开展重点研发攻关，支撑高端制造业发展和重大工程建设。宝钢股份积极引领钢铁行业兼并重组，致力于掌握钢铁核心技术，为中国从钢铁大国向钢铁强国转变贡献积极力量。

海尔智家自诞生以来，踏准时代节拍，坚持战略落地，通过名牌化战略打造高质量产品，成为值得用户信赖的品牌；通过多元化战略不断拓展品类，从单一产品到多品类产品，到现在能够提供智慧成套解决方案；通过国际化战略和全球化战略，坚持海外创牌，通过内生成长与并购重组，构建“三位一体”的本土化模式，形成世界级品牌布局与全球协同的本土化运营架构，提升了全球竞争力；通过网络化战略促进公司数字化转型升级，突破家电边界，构建场景品牌，整合资源，共同满足用户最佳体验，成为生态平台型企业。

海尔智家：家电智能制造的领航者

海尔智家股份有限公司（以下简称“海尔智家”，股票代码：600690. SH，原名“青岛海尔”），成立于1989年4月。1993年11月，在上交所上市并控股在香港主板上市的海尔电器（股票代码：01169. HK）。2018年10月，海尔智家成功发行D股（股票代码：690D），是最早入选上证180成分股指数的蓝筹股公司之一，也入选MSCI大盘指数、富时罗素概念指数。

通过自身耕耘与并购整合，形成了海尔、卡萨帝、统帅、美国GE Appliances（GEA）、新西兰斐雪派克（Fisher & Paykel）、日本AQUA以及意大利Candy七大世界级品牌矩阵，形成了全球化运营格局和“研发、制造、营销”三位一体的全球化竞争力。公司主要从事冰箱/冷柜、洗衣机、空调、热水器、厨电等智能家电产品与智慧家庭场景解决方案的研发、生产和销售。

抓住行业契机，坚持战略落地，实现行业引领

消费者需求和企业创新推动家电行业蓬勃发展

自改革开放以来，中国家电行业历经从无到有、从跟随模仿到自主创新、

从简单加工到全产业链、从单品到成套、从低端代工到品牌享誉世界，在世界家电发展史上实现逆袭，这其中正是以海尔智家为代表的中国家电企业抓住时代机遇、踏上时代节拍、依靠自主创新和全球创牌来推动的。

如图 3-5-1 所示，行业蓬勃发展至今，今天家电行业的总体量也从 21 世纪初的 500 多亿元飞速增长为 1 万多亿元，并形成了全球竞争的格局。从增长率看，2010 年行业增速曾达到最快 30.24%，回调一段时间后，又攀升至 2017 年的 28.56%。

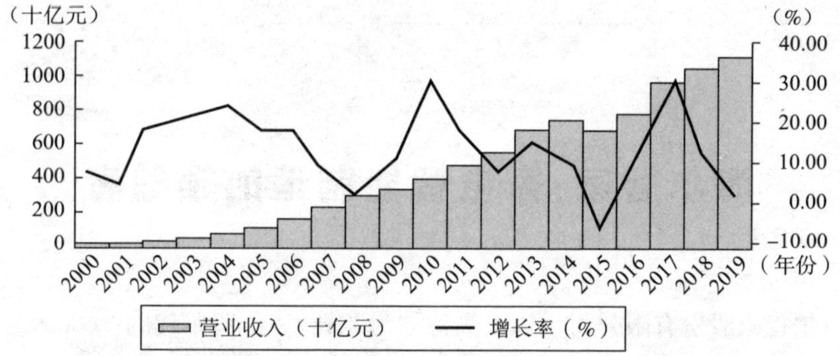

图 3-5-1　2000—2019 年家电行业营业收入及增长率情况

资料来源：Wind 数据库。

我国白电行业的发展速度与房地产政策、城市化率和更换周期密切相关。近年来，我国房地产市场增速放缓，白色家电也进入以更新需求为主的发展阶段。同时，电商等新兴渠道的快速发展在促进家电销售便捷化的同时，也进一步加大行业竞争。

与此同时，中国消费者依然不断追求更高的生活水平，不同群体消费需求更加多样化与差异化。在需求更替与技术迭代的双重驱动下，产品向健康、节能、智慧化方向持续升级。如何在行业增速放缓的同时，以更高附加值和更高技术水平的产品满足消费者的差异化需求，成为摆在各家电企业面前的一道考题。

2019 年以来，家电家居一体化、家电消费前置化、产品成套化的趋势日渐明显。新品类不断涌现，干衣机、洗碗机、壁挂炉等保有率低的产品增长迅速。智慧、物联、语音控制等技术的应用提升了产品体验，行业竞争从单一的硬件竞争扩展到产品软硬一体、平台互联互通、行业生态融合的全方位竞争。以海尔等为代表的中国家电企业引领着新一轮的变革升级，正在加速从销售单品向提供成套智慧家庭解决方案转型升级。

踏准时代节拍，坚持战略落地，实现行业绝对引领

海尔智家原名为“青岛海尔股份有限公司”，1989 年在青岛电冰箱总厂改组的基础上以定向募集方式设立，故青岛电冰箱总厂成为公司设立之初的第一大股东。1991 年，经市政府批准，以青岛电冰箱总厂为主体，由青岛空调器厂、青岛电冰柜总厂等企业共同组建青岛海尔集团公司（如今的海尔集团公司）。海尔集团公司自成立之初便属于集体所有制企业，且承接了原青岛电冰箱总厂持有的公司股份，成为公司实际控制人。图 3-5-2 为海尔智家发展历程。

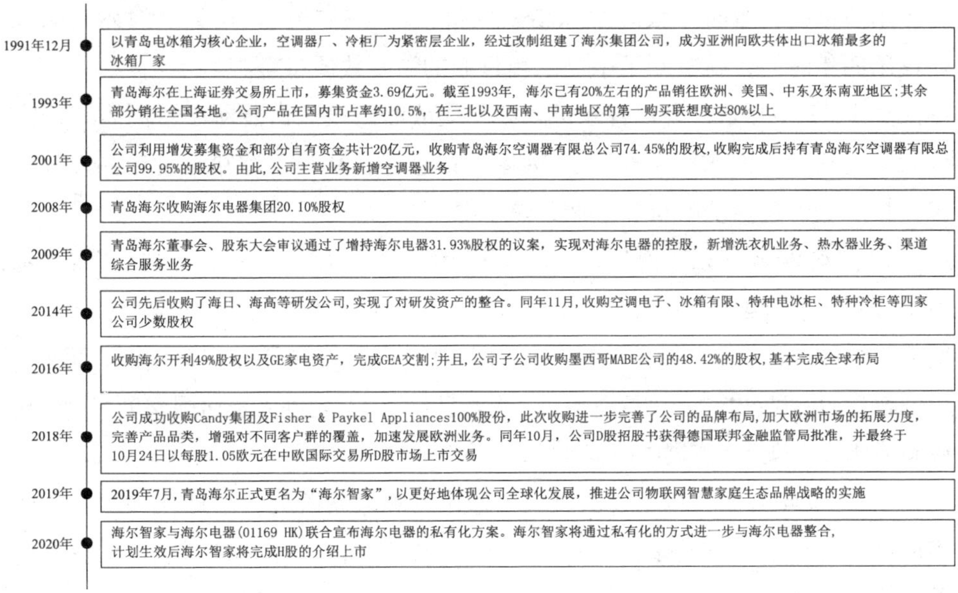

图 3-5-2　海尔智家发展历程

资料来源：公司官网。

从发展阶段上看，海尔智家从 1984 年创业到现在，经历了五个发展战略阶段：名牌战略、多元化战略、国际化战略、全球化品牌战略以及网络化战略阶段。贯穿海尔智家发展历程的始终是管理创新，重点关注的就是“人”

的价值实现，使员工在为用户创造价值的同时实现自身的价值。虽然海尔智家从 2005 年提出“人单合一双赢模式”已经超过十年，但是该模式因破解了互联网时代的管理难题而吸引了世界著名商学院、管理专家争相跟踪研究。

在名牌战略阶段，海尔智家抓住改革开放的机遇，以过硬的质量奠定了在中国冰箱行业的第一品牌。1985 年，中国电冰箱市场“爆炸式增长”，市场供不应求，很多厂家大上产量，但不注重质量。别的企业年产量都已经上百万台了，海尔才不到十万台。但海尔智家树立“要么不干，要干就要争第一”的名牌意识，不盲目上产量，扎扎实实做质量。

这时，海尔智家发生了“砸冰箱”事件，连海尔智家的上级主管部门都点名批评海尔，但正因为这一事件，唤醒了海尔人“零缺陷”的质量意识。后来，著名导演吴天明拍摄了电影《首席执行官》，再现了“砸冰箱”的场景。1989 年，市场疲软，很多冰箱厂家降价销售，但海尔智家提价 12%仍然受到用户抢购，当时一张海尔冰箱票的价格甚至被炒到上千元。海尔智家创业仅用四年时间，就拿到了中国冰箱行业的第一枚质量金牌。

从 1991 年开始，海尔智家进入多元化战略阶段。借着邓小平同志“南方谈话”的机遇，海尔智家兼并了 18 家亏损企业，从只干冰箱一种产品发展到多元化产品，包括洗衣机、空调、热水器等。

20 世纪 90 年代末，海尔智家进入国际化战略阶段。正值中国加入世界贸易组织（WTO），很多企业响应中央号召“走出去”，但出去之后非常困难，又退回来继续做定牌。海尔智家认为“国门之内无名牌”，“不是出口创汇，而是出口创牌”，并且提出“下棋找高手”“先难后易”，首先进入发达国家创名牌，再以高屋建瓴之势进入发展中国家。

从 2005 年开始，海尔智家进入全球化品牌战略阶段，全球化和国际化的不同在于其核心是本土化，这和国内企业 OEM 不同，也和日韩企业派驻本国员工到全球各地不同。海尔智家是创立自主品牌，在海外建立本土化设计、本土化制造、本土化营销的“三位一体”中心，员工都是当地人，更了解当地用户的个性化需求。

2012 年，海尔智家通过收购三洋电机在日本和东南亚地区的洗衣机、冰箱等多项业务进入了网络化战略阶段，并成功实现了跨文化融合。之后，海尔智家还成功并购新西兰高端家电品牌斐雪派克。2016 年 1 月 15 日，海尔智家全球化进程又翻开了历史性的一页——海尔智家与 GE 签署战略合作备忘录，整合通用电气家电业务，不仅树立了中美大企业合作的新典范，而且形成大企业之间超越价格交易的新联盟模式，《华尔街日报》形容海尔智家创造了“中国惊喜”。海尔智家在国际市场真正“走上去”，成为全球大型家用电器的第一品牌。图 3-5-3 为 2019 年海尔智家主营业务构成。

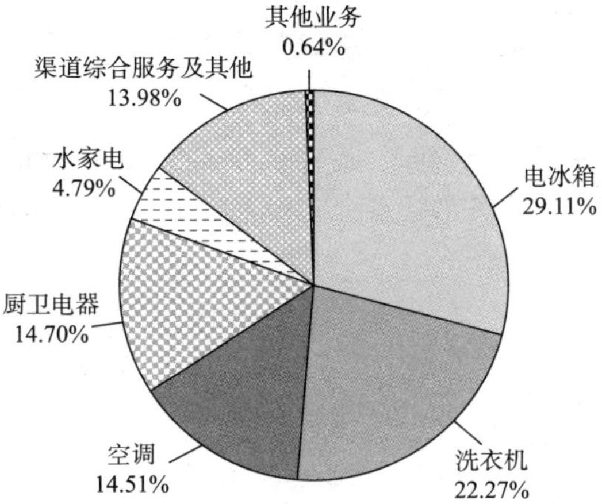

图 3-5-3　2019 年海尔智家主营业务构成

资料来源：Wind 数据库。

公司坚持智慧家庭引领的战略方向，通过“人单合一双赢模式”下的链群自驱动机制，探索从“卖产品”到“卖场景方案”，加快推进从提供单品到提供高端成套、智慧成套。2019 年，公司成套产品收入占比达 27.48%。并且，公司七大品牌均可独立成套，已经对外发布了“海尔品智+”、GE Appliances 智慧厨房套系、Fisher&Paykel 的“社交厨房”、AQUA 智慧“社区洗”、Candy 的互联家电、统帅 L. TWO 智慧成套和卡萨帝“指挥家”高端成套方案。这些智慧成套实现了语音交互、主动服务、场景定制等全屋互联互通，满足不同人群对智慧家庭的需求。

为适应消费向高端化升级的趋势，公司早在 2006 年就创立了属于自己的高端品牌卡萨帝。经过十四年的精心打磨，整合全球顶尖的资源和技术，持续以原创科技进行迭代。卡萨帝已经形成了毋庸置疑的品牌知名度和绝对引领的品牌地位。2019 年，卡萨帝在中国万元以上冰箱、滚筒洗衣机的市场份额达到 40%和 75%，1.5 万元以上空调的市场份额达到 40%。公司也通过卡萨帝“美食家”套系与海尔“双防”套系的组合，实现市场差异化方案占位与高端成套占比提升。

通过产品与场景方案引领、高端品牌引领、零售转型、全球化运营、生态能力打造，实现业务逆势增长。根据海尔智家发布的2019年财报披露，2019年公司实现收入2007.62亿元，同比增长9.1%，归母净利润82.06亿元，同比增长9.7%。根据世界权威市场调查机构欧睿国际（Euromonitor）全球大型家用电器品牌零售量数据：海尔大型家用电器2019年品牌零售量连续十一年蝉联全球第一；同时，冰箱、洗衣机、酒柜、冷柜继续蝉联全球第一。2019年度海尔健康自清洁空调和互联空调的全球市场份额分别为43.4%和29.4%，达到全球第一。海尔智家上市以来市值及收入发展情况如图3-5-4所示。

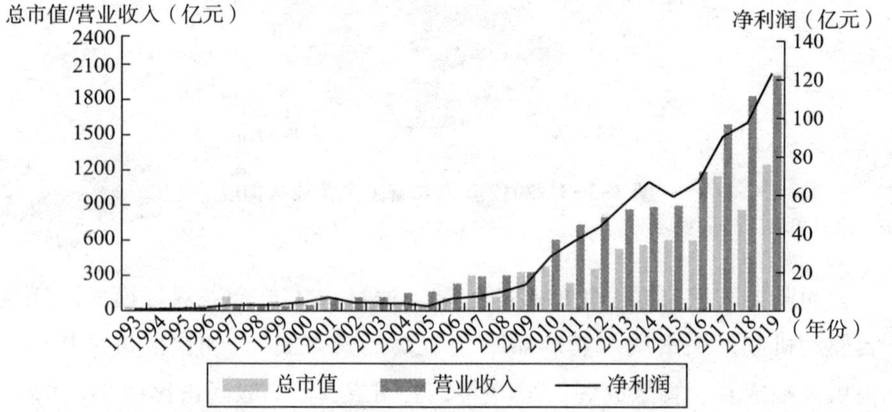

图3-5-4 海尔智家上市以来市值及收入发展

资料来源：Wind数据库。

资本市场助力企业“走出去、走进去、走上去”

自上市以来，海尔智家对内进行增发募集、转型升级，对外进行品牌打造，兼并收购；纵横双向、有条不紊地进行了业务扩张及降本增效，不断打造优势产品，保持技术和产品的领先地位。

加强境内收购，促进多元化发展，提高效率

2001 年，海尔智家利用增发募集资金和部分自有资金共计 20 亿元，增购了青岛海尔空调器有限总公司 74. 45%的股权，使公司共拥有其 99. 95%的股权。此次收购完成后，公司主营业务新增了空调器业务。

2007 年，海尔智家收购海尔空调电子、合肥空调器、武汉海尔电器及贵州海尔电器的部分股权。此次收购增强了公司的核心竞争力，消除了青岛海尔与以上公司的同业竞争问题，有利于上市公司的长远发展，符合公司及全体股东的利益。本次交易前，青岛海尔资产负债率较低；本次交易完成后，青岛海尔的资产负债率有所上升，并且该资产自 2007 年初至年末为上市公司贡献的净利润达到 1. 204 亿元。

2008 年，海尔智家收购了海尔电器集团 20. 10%的股权。此次收购不仅有利于提高公司全球运作能力，保持和提升公司在白电行业的领导地位，抓住国内家电消费升级与农村家电消费潜力释放的机遇，为国内外消费者提供优质成套的白色家电系列产品；也同时利用境内外两个资本平台，促进了白色家电资产业务的整合。2008 年内，公司主营业务与营业利润双增长，其中营业利润同比增长 29. 74%；实现净利润 9. 79 亿元，同比增长 29. 75%；实现归母净利润 7. 68 亿元，较上年增长 19. 35%。次年，公司增持海尔电器 31. 93%的股权，实现对海尔电器的控股，并新增洗衣机业务、热水器业务、渠道综合服务业务。控股海尔电器进一步明确了公司作为白色家电行业龙头的战略地位；同时推出首期股权激励，建立了长期激励机制；设立采购公司，实施专属零部件自行采购，完善了公司治理。

2014 年 11 月，海尔智家收购空调电子、冰箱有限、特种电冰柜、特种冷柜等四家公司少数股权。同年，收购海日、海高等研发公司，实现了对研发资产的整合。

拓宽海外布局，提升创新能力

海尔智家打造国际化品牌就是按照“走出去、走进去、走上去”的“三步走”思路。“走出去”阶段，海尔智家以缝隙产品进入国外主流市场——例

如，进入美国的产品是针对单身一族设计的小冰箱以及针对大学生设计的电脑桌冰箱，分别占到50%和20%的市场份额；“走进去”阶段，海尔智家以主流产品进入当地主流渠道；“走上去”阶段，海尔智家以高端产品成为当地主流品牌。海尔智家逐渐在国际上树立品牌，成为中国品牌走向全球的代表者。

根据2019年年报数据，海尔智家海外收入整体增速22%，其中北美市场增长9.7%、欧洲市场增长267%、东南亚市场增长16%、日本市场增长10%，全球各主要市场均实现正向增长。

海尔智家始终坚持自主创牌战略，通过持续耕耘与并购整合，先后收购日本三洋白电业务、美国GE家电业务、新西兰Fisher&Paykel公司、意大利Candy公司，持有墨西哥MABE48.41%的股权，形成“研发、制造、营销”三位一体的当地市场竞争力。通过不断优化资源配置与平台共享、发挥全球战略协同优势，实现“海尔、卡萨帝、Leader、GE Appliances、Fisher&Paykel、AQUA、Candy”七大世界级品牌布局与全球化运营。2019年，公司海外收入占比47%，且近100%为自主品牌收入，业务已覆盖亚洲、欧洲、美洲、大洋洲、非洲等五大洲，向全球亿万用户群体提供成套家电产品与家庭场景解决方案。在疫情背景下，公司海外市场依托全球采购、供应链、研发平台，充分发挥全球资源布局优势，克服外部环境带来的不利影响，实现业务持续发展。2020年第三季度，公司海外收入同比增长17.5%，经营利润同比增长58%，海外自主创牌实现高端品牌全面引领，制冷、洗涤、空气3大产业在20多个国家进入TOP3行列，全方位扩大领先优势。

除兼并收购的举措外，公司还利用境外资本市场进行债务融资，促进业务发展。2017年11月，公司通过境外全资子公司Harvest International Company在香港发行80亿港币的可交换债券。公司本次发行的可交换债券期限为五年，票面利率为零，投资者收益率为1%，交易溢价为50%。本次可交换债券的发行，有利于优化公司融资结构，降低财务成本，支持公司全球化发展战略。

2018年12月，公司完成可转换公司债券的发行，共计发行300749万元人民币。该债券已于2019年1月18日上市。

2020年7月17日，公司发行了2020年度第一期超短期融资券，发行利率为1.45%，实际发行总额为30亿元人民币；2020年8月28日，公司发行了2020年度第二期超短期融资券，发行利率为1.71%，实际发行总额为25亿元人民币。

债务融资的发行帮助公司巩固了优势产品的行业领先地位，并持续引领消费升级；此外，也快速提升市场占有率，加速厨电业务增长，践行大厨电战略；通过市场资金的支持，公司实现了物联网时代服务于工业企业的智能制造引领，以及服务于消费者的智慧家庭引领，最终提升了自身的创新能力。

股权激励激发创客创新

为健全公司的激励、约束机制，留住既有人才、约束管理人才、吸引创新人才，自2009年至今，海尔智家已开展四期股权激励、四期员工持股计划，如表3-5-1所示。

表3-5-1 海尔智家股权激励详情

项目	首期	二期	三期	四期
推出时间	2009年5月	2010年9月	2012年5月	2014年4月
激励人员	包括董事（不包括独立董事）、高级管理人员、公司及子公司核心技术（业务）人员共49人	包括董事（不包括独立董事）、高级管理人员、公司及子公司核心技术（业务）人员共83人	公司及子公司核心技术（业务）人员共222人	公司董事（不含独立董事）、高级管理人员、公司及子公司核心技术（业务）人员等463人
激励方式	股票期权	股票期权	股票期权	股票期权和限制性股票
权益数量	1771万份	1080万份	2600万份	5456万份（股票期权4764万份，限制性股票692万股）
占当时总股本的比例	1.323%	0.807%	0.97%	2.01%
行权（授予）价格	4.7元	10.11元	10.36元	首次授予股票期权17.09元，限制性股票8.19元；预留部分股票期权9.97元，限制性股票4.78元

续表

项目	首期	二期	三期	四期
考核期间	2009/2010/2011/2012年度业绩	2011/2012/2013年度业绩	2012/2013年度业绩	2014/2015/2016年度业绩
业绩考核指标	1. 行权期前一年度加权平均净资产收益率不低于10% 2. 以2008年经审计的净利润为固定基数，行权期当年经审计的净利润与2008年相比复合增长率达到或超过18%	1. 行权期前一年度加权平均净资产收益率不低于10% 2. 以2010年经审计的净利润为固定基数，行权期当年经审计的净利润与2010年相比复合增长率达到或超过18%	1. 行权期前一年度加权平均净资产收益率不低于10% 2. 以2011年经审计的净利润为固定基数，公司2012年度经审计的净利润与2011年相比增长率达到或超过12%。公司2013年经审计的净利润与2011年相比增长率达到或超过28.80%	1. 行权期前一年度加权平均净资产收益率不低于20% 2. 以2013年经审计的净利润为固定基数，公司行权/解锁年度经审计的净利润与2013年相比复合增长率达到或超过15%

资料来源：海尔公司公告。

拟私有化海尔电器，精简组织、提高效率、增强回报

2020年7月，海尔智家与海尔电器（股票代码：01169.HK）联合宣布私有化海尔电器的方案。海尔智家将通过私有化的方式进一步与海尔电器整合，计划生效后，海尔智家将完成H股的介绍上市。截至目前，海尔智家正在继续推进相关事宜进展，并将继续根据相关要求在取得相关节点进度时进行披露。

海尔集团旗下目前有两个家电上市主体：海尔智家（股票代码：600690.SH）及海尔电器（股票代码：1169.HK）。2001年起，海尔集团逐步通过收购及换股方式，取得海尔电器的控制权（海尔电器在港交所上市），目前海尔电器定位于“水家电+健康家”平台。根据2019年海尔智家年报披露，海尔智家直接持有海尔电器14.00%的股权，通过海尔股份（香港）有限公司间接持股31.87%，合计持有45.87%的股权，且海尔智家与海尔电器的重要股东HCH签署了股东表决权委托协议，海尔智家合计持有海尔电器57.87%的表决权，拥有经营决策的实际控制权。

此次私有化，从公司战略背景来看，目前海尔智家正进入第六个战略发展阶段——物联网智慧家庭生态品牌战略阶段。公司已经完成从“卖产品”到“卖场景”方案的升级，2020年推出的全球首个场景品牌“三翼鸟”，不

仅能为用户提供阳台、厨房、客厅、浴室、卧室、全屋空气等智慧家庭全场景解决方案，还创新开辟了全屋整装和局改的全场景升级服务。公司希望基于“全球领先爆款场景方案”“落地保障 1+N 能力”“行业唯一体验云平台”三大核心能力，通过连接不同行业的几千家生态资源方，构建起一个开放共享的生态圈，为用户提供全生命周期的智慧解决方案。2020 年 1—9 月，公司实现生态收入 72 亿元，增长 114%。海尔智家及海尔电器在各自经营品类中已实现电器/网器级的单品引领，正在实现智慧家庭解决方案的成套引领，并将进一步实现场景引领，最终实现生态引领，从而为用户提供各品类一致的、全流程、可持续并不断迭代的智慧家庭体验。通过本次交易，海尔智家及海尔电器将进一步深化跨品类、全流程的整合协同，共享智慧家庭业务发展平台，放大战略价值。一方面，进一步深化不同品类产品之间的整合协同，提升智慧家庭解决方案的竞争力和用户体验；另一方面，借助物联网、大数据、云计算、人工智能等技术，持续建设智家 App 和体验云平台，进一步深化线上线下的融合，提高用户的便利性及互动性。

从资源配置角度来看，目前海尔智家与海尔电器作为独立上市公司分别运营的方式存在一定的效率损失，限制了海尔智家有效配置资源和加强全方位竞争优势。管理运营方面，部分产品品类、品牌及渠道分散在两家上市公司，且覆盖全品类的海外业务主要隶属于海尔智家经营范围，存在由潜在的同业竞争、关联交易导致的业务发展制约。资金利用和分红水平方面，当前股权架构既限制了两家上市公司整体的资金管理效率，也限制了两家上市公司进行现金分红回报股东的能力。通过本次交易，海尔智家及海尔电器将有效改善管理体制，实现资源优化配置，具体包括：第一，在研发、采购、制造、渠道、服务能力、品牌、用户及生态伙伴资源方面，统一管理和调配资源；第二，加强全球市场的深度整合，全球业务实现统一规划、布局和资源配置，提高全球协同程度；第三，统一管理、筹划资金，优化资金在海尔智家的配置，提升公司对股东的回报能力和回报水平。

业务协同方面，随着国内大家电产业步入成熟发展阶段，行业集中度持续提升，份额提升与结构升级成为龙头公司成长的主要驱动因素。渠道生态日益多元化以及电商渠道下沉冲击着传统销售模式，驱动企业提升全流程效率，加快转型，实现从分销到零售的变革。随着生活水平的持续提升，新的品类持续涌现，公司需要集中资源培育新的业务增长点。

随着海尔智家全球布局的完成与运营体系的日臻完善，公司在全球市场的产品引领、规模化本土生产、品牌集群、运营效率优势持续展现，近年来在全球主要市场持续实现高于行业的增长，市场份额不断提升，海外市场已经成为公司未来业绩增长的重要来源。

小　结

海尔智家利用资本市场优势，坚持智慧家庭引领的战略方向，积极推进从销售单品向提供成套智慧家电解决方案、从分销向零售的转型。在海外市场，公司进行了一系列自建与并购，已在海外主要市场形成“研发、制造、营销”三位一体的本土化全方位布局；在资本市场的支持下，公司布局研发中心，带动创新中心由大规模制造向大规模定制转型，不断提升创新能力，巩固产品的领先地位。

第四章

持续提升资本市场效率

资本市场的融资与资源配置功能在现代经济与金融市场中起着举足轻重的作用。自 1990 年《证券法》出台以来，中国资本市场砥砺前行，在三十年间实现飞速发展，坚定不移地往法制化、市场化、合规化、国际化的方向推进。资本市场的全面完善和积极创新源源不断地为企业带来资金活水，有效提升社会产出能力，是影响国有经济活力的重要因素。市场效率是资本市场高质量运行的重要驱动力，直接反映了资本市场的成熟程度。市场信息流速、交易透明度和操作规范程度的提升能够将有限的金融资源更好地分配给需要的企业，达到市场资源利用最大化、产出最大化、社会福利最大化，实现市场资源良性循环和市场效率的增强，助力经济可持续发展。2015 年，证监会、财政部、国资委、银监会（现银保监会）四部委通过下发《关于鼓励上市公司兼并重组、现金分红及回购股份的通知》，大力提升资本市场效率，体现了国家在增强国有经济活力上的积极态度。

本章将以福耀玻璃、国机重装作为案例，突出了公司通过企业分红、兼并重组的方式提升资本市场效率，为自身及行业带来新的机遇，实现可持续发展。

福耀玻璃充分重视对投资者的合理投资回报并兼顾公司的实际经营情况和可持续发展。企业建立的对投资者持续、稳定的回报机制，不仅提升了投资者的热情与信心，而且提升了公司综合竞争力，对股东创造长期价值具有重要意义。

国机重装通过债务重整、资产重组、定向发行等方式，减轻企业负担、完善产业链条、改善资产负债结构，逐步为企业重新上市、持续高质量发展创造条件。

福耀玻璃曾是一家亏损的乡镇级民营企业，如今已成为全国第一、世界领先的汽车玻璃龙头企业。在这三十余年的发展历程中，福耀玻璃秉持回馈股东、回馈社会的初心，自1995年起就进行了频繁的高股利分红。后续，随着企业规模不断提升，企业发展进入到相对成熟的阶段，福耀玻璃在综合考虑各方面因素之后，提高了其股利政策的稳定性和连续性，并持续了近十年稳定的高股利分红。福耀玻璃通过建立长期、稳定的高分配股利政策，在向投资者提供稳定、可预期的投资收益的同时树立了良好的企业形象，提高了企业价值的稳定性，吸引了知名机构股东长期持有，而机构股东的隐性背书和企业价值波动风险的降低也为福耀玻璃在全球性扩张中提供了积极的帮助。

福耀玻璃：专注汽车玻璃领域，高分红制度护航公司发展

汽车系统是培育创新和进步的温床，车辆系统和流程必须协同工作，才能让车辆面向公众推出。在每一个系统中，都有无数小时的研究、设计和改进，以带来性能的提升和更好的驾驶体验。汽车安全玻璃就是这样一个例子。与家中的窗户不同，汽车安全玻璃必须为驾驶员和乘客提供清晰的视线，并强化结构、增加强度。此外，它必须能够抵御冲击，以免在发生事故时伤害乘员。随着汽车产业智能化的发展，尤其是新能源汽车的使用，为汽车安全玻璃带来了更多如节能、环保、智能等方面的新要求。20世纪80年代以前，中国汽车安全玻璃市场由国外品牌垄断，没有一家企业生产小汽车玻璃。带着“为中国人做一片属于自己的高质量玻璃”的理想，福耀工业集团股份有限公司（以下简称“福耀玻璃”，股票代码：600660.SH）成立。作为改革开放后成长起来的第一代民营企业，福耀玻璃专注汽车安全玻璃的生产，经过四十年来坚守实业、做精主业、不断创新和坚持高质量发展，成就了其全

球汽车玻璃行业龙头地位。

三十余年专注制造业，打破欧美专利垄断

福耀玻璃于 1987 年成立于福州，是专注汽车安全玻璃生产与销售的大型跨国民营企业。1993 年，福耀玻璃于上交所主板挂牌上市，2015 年在香港证券交易所上市，就此形成“A+H”股模式。

经过三十余年的发展，福耀玻璃在中国以及美国、俄罗斯、德国等 11 个国家和地区建立了现代化生产基地和商务机构，全球雇员约 2.7 万人。福耀玻璃的产品得到全球知名汽车制造企业及主要汽车厂商的认证和选用，包括宾利、奔驰、宝马、奥迪、通用、丰田、大众、福特、克莱斯勒等，并被各大汽车制造企业评为“全球优秀供应商”。

图 4-1-1　2010—2019 年福耀玻璃主营业务收入

资料来源：福耀玻璃公司年报。

如图 4-1-1 所示，福耀玻璃专注汽车玻璃主业，近十年来汽车玻璃产生的营业收入占总收入的比重超过 90%（合并后口径，福耀玻璃的浮法玻璃主要以内部供应为主）。

玻璃是汽车被动安全的重要零部件，在外观和安全性上都至关重要，但

是很少会有人将它与科技联系在一起。福耀玻璃通过打破技术壁垒进行产品的创新升级，不断拓展玻璃的边界，为玻璃注入科技和智能的属性。

福耀玻璃定位了五大产品研发方向，即安全舒适、智能控制、节能环保、美观时尚、集成总成，并在此基础上研发出多种功能强大的高附加值产品，如包边产品、HUD 抬头显示玻璃、隔音玻璃、憎水玻璃、智能调光玻璃、镀膜玻璃、超紫外隔绝玻璃等，深受市场和客户的欢迎。

镀膜玻璃是福耀玻璃主推的一款拳头产品，它的主要功能是防晒隔热，从而减少空调使用频率，降低汽车油耗或延长新能源汽车的行驶里程。镀膜工艺复杂，此前相关专利被欧美玻璃企业垄断，福耀玻璃要进入这个市场必须闯过三个关卡：一是从无到有如何攻关；二是研发成果如何量产上市；三是产品如何进行自我革新，满足市场的升级需求。

在研发初期，为了突破专利壁垒，福耀玻璃研发团队每天都在进行“头脑风暴”，在缝隙中找寻突破口，检索镀膜领域的外文技术文档，从基本理论里提出新配方、开发新材料。经过两年多的攻关、吸收、借鉴和自主创新，终于推出具有自主知识产权的 LOW-E 镀膜汽车玻璃，并一举攻克了制造材料、生产工艺等方面的难题，成功让产品批量上市。

镀膜玻璃让福耀玻璃收获越来越多汽车厂商的关注，同时，随着产品的不断升级，现在它已经拥有更高的环保指标、更强的隔热能力、更多的功能集成。实验显示，产品所带来的紫外线阻隔率达到 99%以上，太阳能阻隔率大于 65%。车辆在烈日下暴晒 2 个小时，车内温度比使用普通玻璃的车辆平均下降 5～8℃。镀膜玻璃可以集成玻璃加热、抬头显示、天线信号接收等功能，引领了汽车玻璃的发展方向。

除了新增产品功能之外，福耀玻璃还对产品进行“减负”。针对汽车尾气排放限制和新能源汽车的普及，福耀玻璃推出超薄的轻量化汽车玻璃，在传统玻璃的基础上减重 10%～40%，单片原片厚度可小于 1.1mm，既具有轻量化、高强度、优异的光学性能和外观性能，又能帮助汽车厂实现整车减重，增加电动汽车的续航里程。

为了完成对这些新产品的开发，福耀玻璃在新材料、新工艺和加工设备研究方面同步规划，70%以上的机械加工设备实现自主研发生产，且基本达到国际先进装备水平。福耀的玻璃弯曲成型钢化技术获国家技术发明二等奖，新型夹层压制成型技术及新型镀膜功能化、表面功能化、光电功能化技术等领先国际水平。这些自主生产的设备填补了一系列国内空白，解决了批量、成本、光学等矛盾，实现汽车玻璃规模化生产及出口业务的快速增长。截至2019年底，福耀玻璃共申请专利1660件，其中发明专利644件；已授权专利1250件，其中发明专利332件。

历经挑战和机遇，专注全球化发展

福耀玻璃三十多年的成长史大致可以划分为三大阶段：1987—1999年，公司初创，白手起家后探索多元化业务；2000—2007年，公司快速成长，国内的生产网络全面铺开，并且开始布局浮法玻璃，汽车玻璃产业链向上游延伸；2008年至今，公司专注全球化市场的扩张。然而公司的发展也并非一帆风顺，各个阶段都遇到了不同的挑战和机遇。

1987—1999年：独辟蹊径切入汽车玻璃市场，上市后尝试多元化经营

1983年，福建省福清市高山镇一家异型水表玻璃厂由于常年亏损被政府通过承包经营转让给时为该玻璃厂采购员的曹德旺。在曹德旺的经营下，该玻璃厂实现了转亏为盈。在对该行业的了解逐渐加深后，曹德旺发现国产汽车玻璃制造缺位的现象，决心抓住这一商机，后于1987年前往在玻璃制造方面全球领先的芬兰进行考察，并投入100多万美元引入了先进钢化炉设备，经过多次尝试后，生产出了第一块合格的国产汽车玻璃。

1987年，福耀玻璃正式成立。尽管福耀玻璃已经具备了生产汽车玻璃的技术和能力，但依然是一家名不见经传的小厂，难以与早已占领中国汽车OEM市场的外国供货商相竞争。于是福耀玻璃另辟蹊径，选择从汽车维修市场切入，并于1989年收到来自广州标致的汽车玻璃订单，成功进入OEM市场。

1993年，福耀玻璃在A股成功上市后尝试多元化经营，前后开办了装修公司、加油站、配件公司、高分子公司等，而后又参与了房地产项目，建立福耀工业村，甚至通过参股南方证券一度将业务范围渗透到了金融业。这种

过快扩张的做法使得福耀玻璃的发展出现不确定性，收入和净利润出现大幅波动。意识到多元化经营的问题后，福耀玻璃进行了一场以提高段位为目的全面重组与改造，明确汽车玻璃为专营主业，改组董事会，引进董事制度以完善公司治理机制。

在海外经营方面，1994 年，福耀玻璃将原出口销售批发企业即加拿大 TCG 公司改为自设批发中心（福耀 GGI 公司），并由国内出口直接销售给 GGI 公司的模式批发卖给零售商，结果导致 GGI 连续两年亏损。后来经过专家专题调研，福耀玻璃关闭 GGI 公司，将分销模式改为直销模式，终结亏损状态。

2000—2007 年：专注汽车玻璃制造，迎来快速成长

得益于国内经济发展和汽车的迅速普及，经历了 20 世纪末的波动后，2000—2007 年我国汽车产量增加了 3 倍，福耀玻璃也随之进入了快速成长阶段。在该阶段，福耀玻璃的国内 OEM 业务量迅猛增长，公司抓住机会引进美国 PPG 工业公司的浮法玻璃生产技术，从而进入汽车玻璃生产上游，为主营产品提供了一个相对稳定的原片玻璃货源。

2000 年，福耀玻璃已占据国内市场 40%的份额（含售后）。在行业快速发展的 2000—2007 年，公司国内生产网络全面铺开，进一步提升公司市场占有率至 55%（2007 年 OEM 市场份额），成为国内龙头。2000—2007 年，福耀玻璃营业收入从 7.5 亿元猛增至 51.7 亿元，增长了近 6 倍，而归母净利润则从 1.5 亿元增长至 9.2 亿元，增长超过 5 倍。

2008 年至今：稳定发展，从国内第一逐步成为全球龙头

2008—2018 年，福耀玻璃在进一步巩固国内汽车玻璃业务的同时，利用国际金融危机后国际竞争对手盈利能力下降、资本开支缩减的契机，在海外太规模扩张，其间，在美国和俄罗斯建立了汽车玻璃制造厂和浮法玻璃制造厂。

在此期间，福耀玻璃进一步集中精力，聚焦核心业务，退出非汽车玻璃领域的建筑级浮法玻璃业务，先后关停数条建筑级浮法玻璃产业线，升级改造后转生产汽车及浮法玻璃。目前，福耀玻璃在国内 10 座城市拥有 12 个汽

车玻璃生产基地，并建设9条汽车级浮法玻璃生产线，可供应自身所需的汽车玻璃原片。

在这一发展阶段，公司虽然经历了两次剧烈的外部冲击，但是依然成功应对。2008—2018年，福耀玻璃营业收入从57.17亿元增长至202.25亿元，增长了2.5倍；归母净利润从2.46亿元增长至41.2亿元，增长超过15倍。经历重重考验和突围之后，公司全球市场占有率逐步提升，成为全球汽车玻璃龙头企业。2013—2018年全球前五大汽车玻璃制造商市场分布情况如表4-1-1所示。

表4-1-1　2013—2018年全球前五大汽车玻璃制造商市场分布情况（%）

项目	2013年	2014年	2015年	2016年	2017年	2018年
福耀玻璃份额	20.0	22.0	21.7	23.6	24.5	26.1
AGC份额	22.0	18.7	16.8	19.2	19.8	20.6
板硝子份额	19.0	18.7	16.5	17.0	17.1	17.9
圣戈班份额	16.0	14.6	14.0	14.2	15.7	16.0
信义玻璃份额	5.0	5.5	5.7	5.6	5.8	6.3
全球汽车玻璃总量增速（以2013年为基准）	100.0	102.4	103.5	108.4	110.8	109.2
全球汽车产量增速		2.44	1.06	4.73	2.45	-1.7i

2019年，福耀玻璃收购其上游汽车零部件制造商——德国SAM公司的资产。SAM主要生产铝饰条、铝旅行架等铝制品，客户主要以大众和奥迪为主。福耀玻璃立足汽车玻璃制造，借助大众重组SAM的契机，尝试沿汽车零部件产业链向上下游渗透。

随着制造业开始转型升级，福耀玻璃同时以精益管理、智能制造为重心，致力于打造中国智能制造典范，加快转型升级的步伐。依托2018年底通过验收的智能工厂，“多品种、小批量”的柔性生产方式为福耀玻璃实现高品质、高效率、低成本生产奠定了坚实基础，此举也走在全球同行业前列。以一个年产数百万套汽车玻璃的车间为例，高度柔性的生产方式可以在同一条生产线上实现数十种汽车玻璃的生产，普通复杂度的玻璃品类切换通常只需1小时，一个车间一年可以生产上万种不同的汽车玻璃。从下订单开始，客户订购2000片汽车玻璃最快仅需一天时间即可完成。当汽车品牌为车主进行个性化定制时，福耀玻璃作为品牌供应商能够满足个性化需求。

目前，福耀玻璃内部正在稳步推进可以实现数据统计、分析、评估、纠正的精益生产新模式，工厂通过生产布局和作业流程的优化，将由机器人在内的自动化管理与生产设备智能化相结合。这一结合，将利用信息通信技术，实现人、设备、产品互联，最终建成生产数据在线采集、实时反馈、自我管理的智慧工厂。

布局全球生产基地，海外收入持续增长

福耀玻璃在 1991 年首次将产品销往北美地区，并于 1995 年在美国设立销售中心，2006 年在美、德等地设置服务网点，参与国际汽车品牌新车的同步设计。通过这三步，福耀玻璃完成了在产品、市场和服务上的“走出去”。2010 年以后，随着国家“走出去”战略的实施及全球化发展的需要，福耀玻璃先后在俄罗斯、美国、德国布局生产基地，通过制造、服务、销售全方位布局全球化，更深入地进入到世界市场的大海中去。

2011 年，福耀玻璃投资 2 亿美元在俄罗斯卡卢加州建设工厂，这是福耀玻璃走向海外的第一个生产性企业。在俄罗斯工厂的竣工庆典仪式上，时任俄罗斯总理的梅德韦杰夫发来贺信，他表示，福耀玻璃在俄投资项目的建成，不仅对卡卢加州的经济发展，而且对俄罗斯全国的汽车生产企业来说都具有重要意义。目前，福耀玻璃俄罗斯生产基地持续稳定运营，已成为福耀玻璃产品出口欧洲的“桥头堡”。

2018 年底，位于德国海尔布隆的福耀玻璃欧洲公司新厂也竣工投产，该厂在原有后道工序加工工厂的基础上，将新工厂扩建为集包边总成、模块化产品、附件安装等功能的工厂和面向欧洲客户的产品设计服务中心。作为福耀玻璃国际化重要战略布局之一，该工厂不仅能零距离地为宝马、奥迪、大众等欧洲传统汽车品牌提供玻璃增值服务，而且能对接德国先进制造技术与装备工艺，从而持续引领汽车玻璃行业。现在一片片福耀玻璃正从这里源源不断地供应到德、英、意、瑞等国家的汽车厂。

和欧洲的投资模式不同，在美国五个州总投资超过 9 亿美元的战略布局则让福耀玻璃在美国具备了以玻璃原片、汽车玻璃制造、玻璃包边、设计服务、销售为一体的全流程、全供应链体系。其中，位于俄亥俄州代顿地区的汽车玻璃生产基地是福耀玻璃在美投资的核心，也是目前全球最大的汽车玻璃工厂，现有450万套汽车玻璃、400万片汽车配件的生产能力。

俄亥俄州代顿地区曾以传统制造业、汽车制造业为核心，但2008年国际金融危机后逐渐落寞，被称为“铁锈地带”，大批工人失业。福耀玻璃的到来为代顿地区低迷的经济打上了“强心针”，解决了就业和税收两大核心问题，甚至带动了本地区商业的发展。在许多当地工厂面临劳动力紧缺和较高的员工流失率时，福耀玻璃美国公司以其多方面的优势吸引着越来越多的当地工人。不少福耀玻璃的工人从完全不懂玻璃制造的新手逐步成长为技术骨干，有些甚至进入了企业管理团队。目前，福耀玻璃在当地不仅直接创造了2300个工作岗位，而且在整条供应链上贡献了6000个岗位。

福耀玻璃美国工厂的投产也受到美国当地汽车厂商的欢迎，通用、宝马、福特、克莱斯勒等整车客户的订单络绎不绝。工厂投产次年即开始盈利，2019年营收达到39亿元人民币，同比增长14.3%。

依托于海外基地的建设投产，以及产品技术水平和服务能力的不断提升，福耀玻璃海外收入持续增长，不仅在北美和欧洲市场保持强劲势头，在日本、韩国的订单也有所突破，市场占有率不断提升。2019年，福耀玻璃完成对德国SAM铝亮饰条资产的收购，实现向铝饰件下游延伸。汽车铝亮饰条具备环保性和轻量化，SAM是该领域技术能力全球排名领先的企业，拥有独特的技术专利。2020年，福耀玻璃集中精力对新收购项目进行升级改造、优化整合，完善铝饰件产业链，进一步强化福耀汽车玻璃的集成化能力，拓展企业发展空间。

通过全球制造基地联动位于中、美、德的全球六大设计中心，福耀玻璃将实现全球客户需求与供应的互联互通，为全球汽车厂商提供顶级的服务，成为中国制造走向世界舞台的一面旗帜。

坚持回馈股东初心，持续稳定进行股利分配

福耀玻璃除了发展速度令人瞩目之外，其较高比例的特别是近十年持续的股利分配政策也与同行情况非常不同，吸引了市场的关注。

对于二级市场的投资者来说，股票投资的收益中，除了股票增值带来的

不确定的投资收益外，另一部分比较重要的收益即为股利收益。因此，股利分配政策是极为重要的考虑因素，会较为显著地影响公司的整体估值和股票价格。

目前，欧美上市公司股利分配政策主要采用现金股利的形式，实行较为稳定的高支付率的股利分配政策。全球最大的证券交易所——纽约证券交易所规定，上市公司派发股票股利应以公司股票的公允价格计量，这对上市公司的盈利能力和盈利水平提出了较高要求，因此欧美鲜少派发股票股利。

我国自 2000 年以来多次颁布鼓励上市公司分红的政策，直接透露出对资本市场股利分配制度的重视。自 2000 年证监会发布《关于上市公司 2000 年年度报告披露工作有关问题的通知》起，我国证券市场开始了长达二十年的“股利分红”改革之路。2001 年，证监会发布《上市公司新股发行管理办法》，自此分红成为上市公司再融资的条件之一。2004 年，证监会发布的《关于加强社会公众股股东权益保护的若干规定》中要求，上市公司最近三年没有进行现金股利分配的，不得向社会公众增发新股，不得发行可转换公司债券，或向原有股东配售股份。2015 年，多部门多次联合出文，从税收政策的角度帮助企业降低现金分红成本，提升个人投资者对寻求股息红利收益的意识。

以高股利分配为主体政策，建立连续和稳定的分配体系

纵观福耀玻璃的三大发展阶段并对比其股利分配情况，可以发现，福耀玻璃从刚上市的 1995 年起就开始频繁地进行高支付率的股利分配，高股利分配一直是福耀玻璃的主体政策。这一政策和福耀玻璃的创始人兼董事长曹德旺对财富和分配的独特观点高度相关。

曹德旺自幼家贫，初中没毕业就辍学，自 16 岁起在街头卖过烟丝、贩过水果、当过厨师、修过自行车，尝遍了社会底层生活的艰辛。1976 年，曹德旺开始在福清市高山镇异型玻璃厂当采购员，1983 年承包了这个濒临倒闭的小厂。后来，在社会各界的支持和鼓励下，曹德旺带领福耀玻璃一步步走到今天。不一样的经历让曹德旺对财富和分配有着独特的见解和体会。他认为，自己的所有成就都是在社会各界的共同努力下得来的，因此在企业发展成功之后回馈股东、回馈社会是非常自然的事情。

基于回馈股东的初心，福耀玻璃在各个发展阶段，只要综合考虑条件允

许，就积极地进行股利分配。

福耀玻璃的股利分配政策也经历了一些变化——变得更加持续、稳定。早期，主要因公司处于探索和快速发展扩张的阶段，同时也受到1997年、2008年的2次国际金融危机和行业格局剧烈变化的影响，为了公司更好地发展和实现利益最大化，福耀玻璃的股利分配政策偶有变动。1993—2019年福耀玻璃股利分配情况如图4-1-2所示。

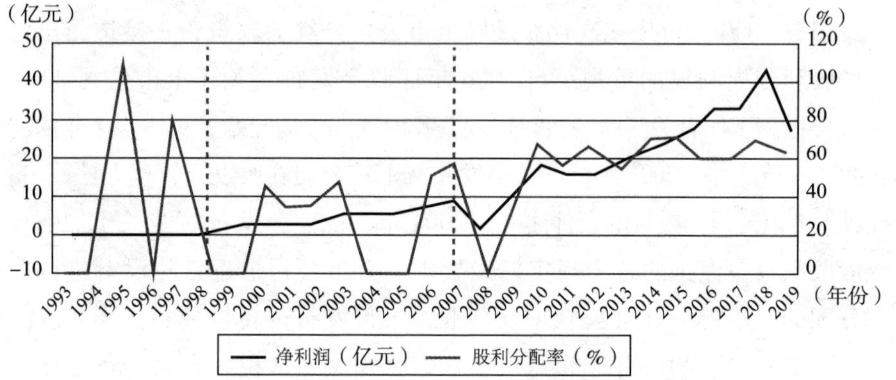

图4-1-2　1993—2019年福耀玻璃股利分配情况

资料来源：Wind数据库。

自2009年之后，由于公司规模提升，发展更为稳健，抗风险能力增强，因此在股利分配政策方面，提出了更进一步的发展思路。公司在2012—2020年的股东分红回报规划中均提出："在综合分析公司经营发展实际、股东要求和意愿、社会资金成本、外部融资环境等因素的基础上，充分考虑公司目前及未来盈利规模、现金流量状况、发展所处阶段、项目投资资金需求、银行信贷及债权融资环境等情况，建立对投资者持续、稳定、科学的回报机制，从而对利润分配作出制度性安排，以保持利润分配政策的连续性和稳定性。"后续，福耀玻璃不仅提高了公司的股利支付率，同时高股利政策稳定执行近十年。1993—2019年福耀玻璃累计分红金额及累计分红率如图4-1-3所示。

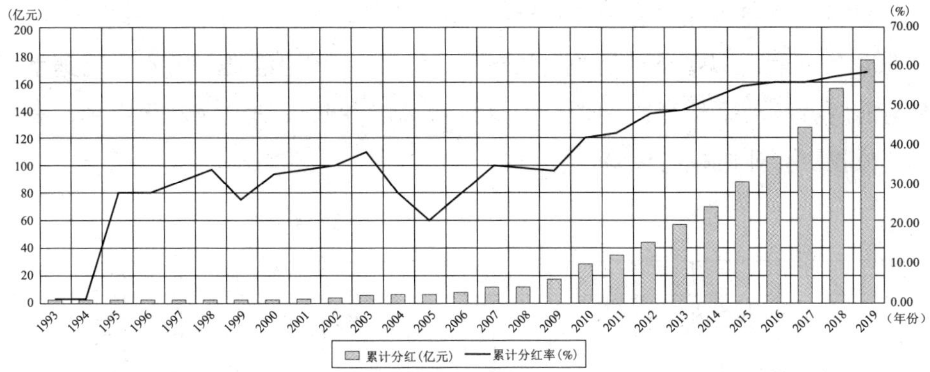

图 4-1-3　1993—2019 年福耀玻璃累计分红金额及累计分红率

资料来源：Wind 数据库。

稳定实施高股利政策，利好企业长期发展

经历过 2008—2009 年的股利政策波动之后，2010—2019 年福耀玻璃的股利支付率一直维持在 52%～72%的较高水平，远超同期的沪深/同行业的股利支付率。同时，2010 年以后，福耀玻璃的股息率也远超汽车零部件行业和 A 股平均水平。

较高的股利支付率和股息率使投资福耀玻璃的各类投资者均降低了短期高频买卖的行为，福耀玻璃的换手率显著降低，且低于同行和 A 股平均水平，如图 4-1-4 所示。

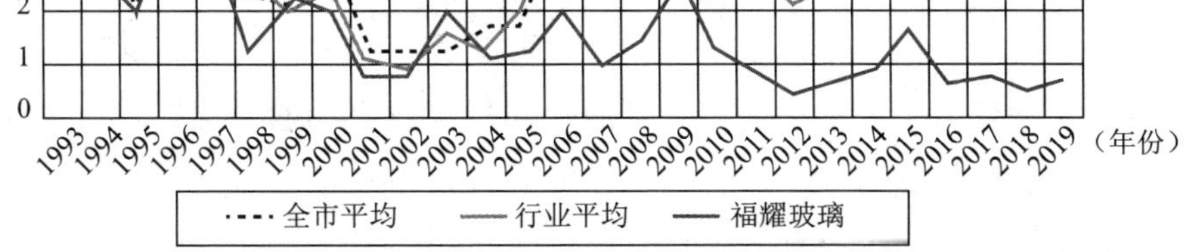

图 4-1-4　1993—2019 年全市场、行业及福耀玻璃换手率对比

资料来源：Wind 数据库。

如图 4-1-5 所示，截至 2019 年，换手率的降低，使得福耀玻璃的股票年化波动率（最近 100 周）的数值从与 A 股和行业平均值类似的水平迅速下降至与前两者波动率相当甚至更低。这说明高股利政策的稳定性很重要，有助于降低投资企业股权的风险。

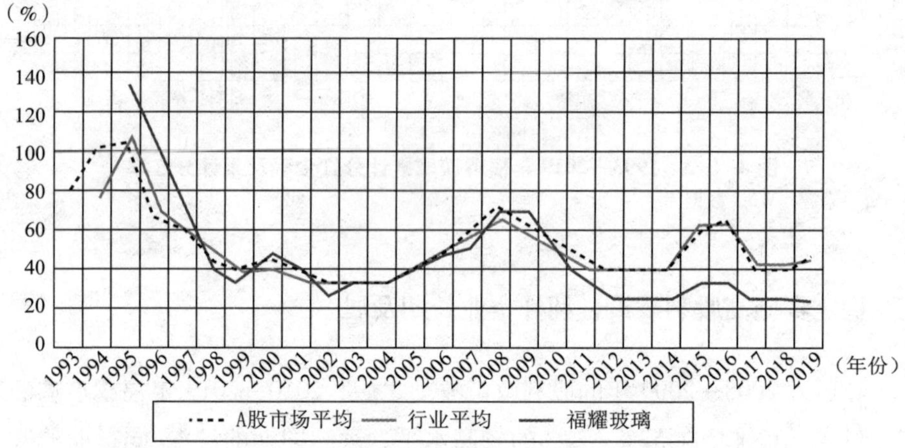

图 4-1-5　1993—2019 年全市场、行业及福耀玻璃股票波动率对比

资料来源：Wind 数据库。

至此，福耀玻璃通过多年的高股利分配率、高股息率，使得年化波动率低于行业平均水平，这些特点对于机构投资者（尤其是偏风险厌恶型的长期投资者）来说，是非常有吸引力的。在福耀玻璃 2010—2020 年持续执行稳定的高股利政策之后，其机构持股比例从 50%的水平缓慢提升，而且机构持股比例远高于同行和 A 股的平均水平。

机构持股者比例的提升，实际意味着公司价值投资者的比例有显著的提升，不同于普通短期投资者的“追涨杀跌”行为，价值投资者对公司的长期价值更加关注，也会花更多的时间研究公司的基本面，一旦看好就会在其认定的合理价值区间内进行“高抛低吸”，从而使福耀玻璃估值的稳定性有显著的提升。

更稳定的估值、更多机构投资者的长期持有，实际上为福耀玻璃提供了宝贵的背书、名气和信誉。这对公司在发展过程中获得更多国际市场份额和更多国际金融机构的支持有一定的帮助。

以上持续高股利分配政策为福耀玻璃带来的各种发展助力，未必是公司制定政策初期计划的，却是公司可以切实体会到的。对福耀玻璃而言，这种持续高股利分配政策利大于弊，也是公司能够长期坚持这一政策的重要原因。

除了持续高股利政策本身为公司带来的凝聚人心的效果之外，这一政策背后体现出的浓浓的人情味也会使潜在的合作伙伴更愿意与福耀玻璃开展合作，从而带来一些潜在的吸引力。与此相对应的是：一方面，公司的估值随市值的提高和价值投资者比例的提升而有所下降；另一方面，长期、稳定、高比例的股利政策也对公司的经营水平提出了更高的要求。因此，高股利政策总体利好福耀玻璃的长期发展，福耀玻璃回馈股东的初心也得到了回报。

小　结

在我国上市企业分红积极性有待提升的背景下，福耀玻璃长期维持高股利分配政策，向市场和投资者传递出了积极信号。福耀玻璃给予了市场投资者较高的、可预期的收益，在全球化发展时，获得了来自市场长期投资者和银行的支持与背书，从而为其成为全球龙头企业加码助力。目前，我国上市企业的分红积极性正在显著提升，在此过程中，部分企业可能因为经验不足无法预判稳定的高股利政策能为企业发展带来什么样的效果，以及是否适合自己的发展状况，所以无法下定决心尝试保持稳定的高股利分配政策。福耀玻璃通过自身实行高股利政策，为其他企业展示了长期稳定分红为企业发展带来的积极效果。

国机重装（原“二重重装”）是我国成立较早、行业领先的重型机械制造企业，曾于2010年在上交所上市，但上市后因受到经济环境和行业需求减弱等综合因素影响，连续亏损，面临强制退市风险。二重重装于2015年实施主动退市。退市后，企业通过自身的努力，并借助资本市场力量，采取债务重整、资产重组、定向发行等措施，减轻了企业负担，改善了资产负债结构，完善了产业链条，重塑了企业长期盈利能力，为持续高质量发展创造了条件，于2020年在上交所重新上市。国机重装作为我国首家主动退市后通过重组再上市的企业，其一系列重组改革的经验具有较高的参考和借鉴价值。

国机重装：以退为进，涅槃重生后再出发

上市亏损，面临退市风险

中国第二重型机械集团有限公司（以下简称“中国二重”）始建于1958年，曾是中央直接管理的国有重要骨干企业，为国民经济和国防建设提供重大技术装备，是国家重大技术装备国产化基地之一。

中国二重在建立之初是一家被赋予了国家使命的企业，象征着国家希望能把重大技术装备的制造能力掌握在自己手中的愿景。重大技术装备制造企业所生产的装备往往事关重大，涉及国防建设和工业化进程，关系到一个国家的经济命脉和基础建设，是维护国家安全的重点工程。所以，中国二重的建立被寄予厚望，是名副其实的“国之重器”。

中国二重的主营业务

早期的中国二重，是中国最大的冶金成套设备、锻压设备、重型压力容

器、风电核心部件、发电设备（核电、水电、火电）成套铸锻件、船用铸锻件、大型航空模锻件等重大技术装备研发与制造基地。中国二重作为重型装备研发与制造企业，长期为钢铁等冶金企业提供用于冶炼、连铸、轧制等方面的关键设备，中国80%的钢厂都有中国二重提供的冶金装备。

图 4-2-1　中国二重提供的钢厂设备（左）和水电站发电设备核心部件（右）

资料来源：中国二重官网。

火电、水电、核电、风电等各类大型发电设备集成也需要用到中国二重生产的各种铸锻件（如火电厂用汽轮机和发电机转子、汽缸；水电站用水轮机叶片、水轮发电机主轴等）。据统计，全国超过60%的大型电站铸锻件来自中国二重，累计为国家三大动力制造基地提供了数万兆瓦的大型电站铸锻件。

图 4-2-2　中国二重提供的核电主管道

资料来源：中国二重官网。

除了钢铁冶金行业、大型电站之外，中国二重具备制造单台2500吨级以上超大尺寸、超厚重型压力容器整体装备的能力，生产的各型精制加氢反应器、煤化工装备为国家石油化工工业的发展提供了有力支撑。

图 4-2-3　中国二重为炼化企业提供的巨型压力容器罐

资料来源：中国二重官网。

钢铁、电力、化工作为我国工业化和自动化发展的几大基础性支柱行业，其迅速发展的背后少不了中国二重为其提供的各种国产重型装备。除此之外，中国二重还为汽车、船舶、航空等制造商提供大型的生产装备和相关产品，有力地推动了相关行业的发展壮大。

与同行业公司相比，中国二重制造能力突出，研发实力雄厚；大型铸锻件制造能力处于国内同行业的最高等级，在重型技术装备领域，公司技术水平在国内居领先地位，达到或接近世界先进水平。

2010 年，二重重装上市

2006—2009 年，中国二重的冶金设备与电站设备制造业务迎来了行业发展的机遇。冶金设备是公司自建立以来一直具有竞争优势的传统产品，在继续发扬公司传统优势的同时，中国二重响应国家政策号召，开始将产能向污染较小的电站设备产品转移。2005 年，中国二重从德国引进风电设备制造技术，电站设备的订单量和销量都出现快速增长。

由于冶金设备和电站设备发展良好，中国二重在 2006—2009 年的利润实现了持续增长。为了达成“深化内部改革、实施结构调整，打造国产化基地，实现跨越式发展”的战略方针，公司决定通过上市开始下一步的转型，即向资本运作的方式迈进。

2010 年 2 月，二重重装将其母公司中国二重除军品生产外的全部主业资产打包在上交所上市，股票代码为 601268. SH，发行价 8. 5 元/股，募集总金额 25. 5 亿元。二重重装首次公开发行前后股本结构情况如表 4-2-1 所示。

表 4-2-1　二重重装首次公开发行前后股本结构情况

股东名称	本次发行前		本次发行后	
	股数（亿股）	比例（%）	股数（亿股）	比例（%）
中国二重	10. 58	76. 15	10. 36	61. 28
中国华融	3. 03	21. 8	3. 03	17. 93
中国信达	0. 28	2. 05	0. 28	1. 69
全国社会保障基金理事会	—	—	0. 23	1. 35
社会公众	—	—	3. 00	17. 75
合计	13. 90	100. 00	16. 90	100. 00

资料来源：中国二重公告。

上市后面临金融危机，公司连续多年亏损

二重重装在谋求上市的过程中（2007—2009 年）遇到了罕见的 2008 年国际金融危机。由于重机企业一般依靠订单来确定自身的生产计划，企业业绩与宏观事件相比有一定的滞后性，因此 2008 年国际金融危机对重装行业的影响在 2010 年、2011 年甚至更后期才体现出来。重机行业自 2011 年起行业景气度阶段性下滑，如图 4-2-4 所示。

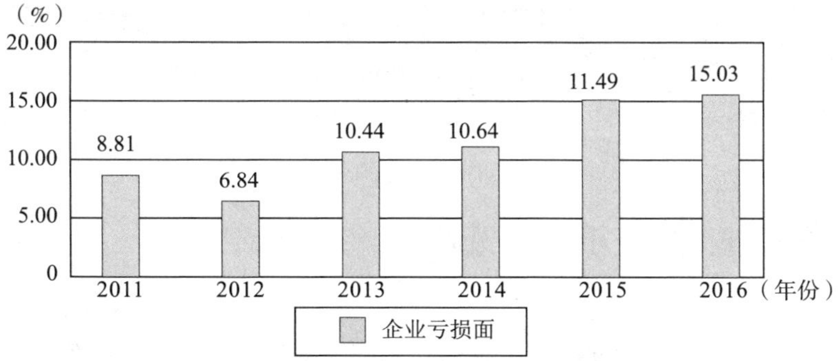

图 4-2-4　2011—2016 年中国重型机械行业企业亏损面

资料来源：《中国重型机械工业年鉴》。

因受到国际金融危机的持续影响，全球经济复苏乏力、国内经济增速放缓，重型机械行业持续处于周期低谷，二重重装下游的钢铁（冶金）、电力（能源）等行业产能过剩、需求不足；受日本福岛核事故的影响，中国核电建设进度被减缓，核电电站设备发展受阻，进而导致订单减少，高毛利产品收入大幅下降。公司生产所需的能源（电力、天然气）、部分原材料（钢铁、稀有金属）价格持续上涨，导致成本大幅提高。需求和成本的双重负面行业性影响使得二重重装上市后发展受阻。

国际金融危机除了影响二重重装已有业务之外，还极大地影响了二重重装上市前进行的多项投资项目。由于 2008 年国际金融危机导致市场变化状况较大，这些项目建成后产能利用率不足，无法为二重重装带来预期的效益。

除以上情况外，二重重装因历史悠久，在管理方面也有一些遗留的潜在问题有待改进：部门机构臃肿；部门与部门之间沟通效率低下，人力成本高昂等。

国际金融危机带来的以上种种情况叠加，导致二重重装上市后面临系统性风险，处于阶段性行业波谷，公司业绩下滑至亏损，面临被强制退市的风险。

在主动退市之前，为了维持企业的运转、员工的基础工作以及原有的客户关系并为后续的行业转暖做准备，二重重装在激烈的市场竞争环境下不得不被动压缩产品利润空间。此举虽维持了企业正常的经营秩序，但也带来了一定的亏损和公司资产负债率的提升。

2014 年，二重重装亏损额为 78.98 亿元，账面净资产为-60.76 亿元，陷入资不抵债的困境，资产负债率高达约 140%，带息负债超过 134 亿元。二重重装急需改革。

主动退市，历经重组和改革

截至 2014 年底，二重重装因连续多年亏损面临被强制退市的风险，另外由于公司资不抵债、现金流状况恶化，因此还面临债务违约和破产的风险。如何解决这一系列重大问题，成为二重重装面临的最严峻的挑战。

二重重装的自救：与国机集团联合重组

在上市之初，面临行业需求下滑的二重重装也曾提出一系列整改计划，例如，从收入端加强订货和营销推广，但由于市场需求收缩较大，此项努力短期成效不大；从产品端来研发新产品，增加企业盈利点，然而这一举措短期难以见效，即便研发出新的技术或产品，仍需要较长一段时间周期才能产生效益；从成本端进行内部市场化改革，但由于企业惯性较大，且企业员工冗余，处理难度较大。

2012 年底，二重重装实施了种种自救措施但并未明显起效，国务院国资委通过调研发现了这一问题。通过研究和对比，发现同属原机械工业部的国机集团研发能力较强，且具备优质的贸易和工程总包市场渠道——这两点正好是解决二重重装问题的关键。同时国机集团缺乏重型装备生产优势——这一点恰巧是二重重装的核心竞争优势。两个企业同宗同源，如果两家企业能够联合重组，可以实现优势互补，既有利于解决二重重装的问题，也有利于我国机械工业的发展。在这一分析下，两企业领导交换意见并达成共识，认为联合重组这一方案可行。

2013 年 7 月，经国资委同意、国务院批准，国机集团与中国二重实施联合重组。重组后，二重重装的母公司中国二重无偿划转，成为国机集团的全资子公司。为了彻底解决问题，公司执行了“主动退市”“债务重组”“资产重组”三部曲。

主动退市，化解强制退市风险，维护中小股东权益

多年亏损，面临强制退市风险

在国机集团、中国二重进入重组程序的同时，二重重装由于 2011—2013 年连续亏损，被上交所正式实施“退市风险警示”，股票简称变更为“ * ST 二重”，并在 2014 年被上交所暂停上市。如果二重重装继续亏损，那将会在 2015 年面临强制退市的要求。

若执行强制退市，二重重装将会提前进入退市整理期，长达 30 个交易

日，其间，公司的股价可能会出现大幅波动、连续下跌，将会严重损害中小投资者的利益，届时企业可能面临中小股东维稳压力，并将导致债权人、客户及职工信心丧失等严重后果。若债权人丧失信心，要求企业破产清算，或客户对企业失去信心，取消订单，则二重重装东山再起的难度将进一步增加。

主动退市，要约收购失败，选择股东大会决议退市

若二重重装被迫退市，对于企业而言弊大于利，因此公司选择了较为少见的主动退市。根据 2015 年 1 月修订的《上交所退市公司重新上市实施办法》，若主动退市，二重重装可以避免强制退市的烦琐流程，并为日后重新上市铺平道路，有利于公司债务重组及经营状况的改善。此外，二重重装可以跳过退市整理期，直接退出主板市场，避免股价波动，保护中小投资者的利益。

在上交所的指导下，二重重装开始为主动退市做准备。按照《证券法》相关规定，国机集团只需要收购社会公众股的 7.5%以上，就具备主动退市条件。为了达成这一条件，国机集团开始进行要约收购。然而，在要约收购报告书确定的 37 个申报自然日内，响应者只有 1.13 亿股，没有达到退市要求的 7.5%的比例，即 1.72 亿股的要求。二重重装通过要约收购实现主动退市的计划失败，这一失败虽然增加了公司主动退市的难度，但也表明了大部分中小股东对重组后的二重重装有较好的发展预期。

通过要约收购实现主动退市失败后，上交所及时为二重重装“指出另一条明路”，即通过股东大会决议方式完成主动退市。若要通过决议，按规定需要满足全体股东和中小股东均获得 2/3 以上的赞成才能完成。为了确保退市成功，二重重装通过信息披露向广大投资者披露了企业未来的改革方案，并以网络沟通会等方式与中小股东进行了充分的沟通。

后续，二重重装召开股东大会，对《关于以股东大会方式主动终止公司股票上市事项的议案》和《关于提请股东大会非关联股东批准中国机械工业集团有限公司免于以要约方式增持公司股份的议案》进行表决。该议案以出席会议全体股东 99.7%的赞成率和中小股东 77.0%的赞成率通过，二重重装成功在 2015 年 5 月于上交所退市摘牌，转为在三板市场挂牌交易。

主动退市虽然具备一定的优势，但是其执行过程时间较短，需要提前做出方案。对于股东对企业未来发展预期不看好或要约收购价格较高的企业，要约收购执行退市会相对较为容易；但是如果股东仍看好企业未来发展，则需要向股东及时披露切实可靠的改革方案等，并与股东进行充分沟通。

债务重组、定增和注入资产，逐步解决资产负债率过高的问题

多方谈判达成共识，债务重组减轻企业负担

截至2014年底，中国二重及二重重装银行债务总额上升至121亿元，已经无法按期偿还利息，严重资不抵债。为了寻求解决办法，在国机集团的主导下，中国银监会（现银保监会）、国务院国资委、地方政府及有关部门组织协调多家银行，开始帮助中国二重及二重重装进行债务重组。

谈判初期，由于涉及的银行多达16家，各家银行均有自身的考核体系和诉求，导致谈判进度缓慢、谈判难度较高。面对这一问题，国机集团和中国二重邀请几家主要银行，对仍然在持续生产经营的二重重装进行了现场调研，沟通债务重组方案，使得主要银行领导对二重重装的发展更有信心，逐步达成了“同意债务重组，争取实现银行和企业的双赢”的共识。

在此基础上，中国农业银行作为牵头银行，与其余15家债权银行成立了中国二重债权人委员会。该委员会首先在债权人内部统一了意见，然后由债权人委员会与二重重装就偿债方式、偿债范围以及偿债条件展开了近一年多达40余轮的谈判。最终，达成二重重装与债权人均认可的“以股抵债+现金偿还+保留债务”的综合债务重组方案。

按照综合方案，债委会成员的银行债务本息合计121亿元：其中股抵债91亿元，现金清偿15亿元，保留债务15亿元（对应欠息随本金走）。2015年11月，四川省德阳市中级人民法院正式批准中国二重重整计划和二重重装重整计划，并按照重整计划将二重重装的股份划转给银行用于抵偿债务，多家银行合计持有20.88亿股二重重装股票，如表4-2-2所示。至此，中国二重及二重重装债务重整正式完成。

通过债务重整，中国二重的资产负债率从140%降至90%左右，避免了破产清算；同时妥善处置各类金融性债务逾134亿元，每年可减少利息支出6亿~8亿元，为后续的长期稳定经营降低了成本压力。值得注意的是，这次债

务重组并不是简单的债务减免，而是主要通过以股抵债以类似可转债的方式为多家银行提供股份，使其可以在二重重装重新上市后获得长期股权投资收益。

表 4-2-2 2018 年二重重装前 10 大股东持股情况

序号	股东名称	持股数量（亿股）	持股比例（%）
1	中国机械工业集团有限公司	34.00	46.79
2	中国第二重型机械集团有限公司	6.64	9.13
3	中国农业银行股份有限公司四川省分行	4.50	6.20
4	中国银行股份有限公司德阳分行	3.46	4.76
5	中国国有企业结构调整基金股份有限公司	2.85	3.92
6	中国国新资产管理有限公司	2.85	3.92
7	中国建设银行股份有限公司四川省分行	2.42	3.33
8	中国华融资产管理股份有限公司	2.02	2.78
9	中国工商银行股份有限公司德阳旌阳支行	1.98	2.73
10	中国民生银行股份有限公司德阳分行	1.10	1.51

资料来源：中国二重年报。

定增并注入资产，降低资产负债率水平

2018 年 2 月，公司完成了对控股股东国机集团下属重型装备板块优质资产，即中国重机和中国重型院的并购重组，二重重装更名为“国机重装”。原二重重装的优势在于装备制造，中国重机的优势在于工程承包和贸易，中国重型院的优势在于研发和设计。通过并购重组，科工贸协同优势大大增强，一方面，通过产品贸易和工程项目带动技术和制造；另一方面，通过技术引领制造和工程，提高重型装备制造业创新能力和市场开拓能力。

为了进一步加强上下游产业联动，国机重装在 2018 年 12 月通过定增方式引进了 5 家优质战略投资者，包括东方电气、三峡控股、中广核控股、国新资产、结构调整基金。此次定增发行 19.94 亿股，筹募总金额 70 亿元（其中 41 亿元用于偿还国机集团持有的国机重装债权）。

继 2018 年的并购和定向增发之后，国机重装的资产负债率显著降低，由 2017 年的 91%下降至 2018 年的 58%，财务状况得到大幅改善。

债务重组的经验总结

中国二重对债务重组进行了总结，并提出了以下经验。

第一，持续经营生产。在债务重组的过程中，中国二重一直维持了较为稳定的经营生产秩序，这一情况不仅对后续企业重组后再出发起到维护市场和客户的作用，更重要的是经营的持续性使得债权人对公司重组和再次盈利的信心大幅提升，从而有效促进了后续的债务重组过程。因此，公司保持一定的稳定生产对于类似的债务重组非常重要。

第二，得到关键债权人的认可。由于公司债务金额超过 100 亿元，规模庞大，且牵涉银行较多，债务重组一度陷入艰难境地。在后续的推进过程中，中国二重通过努力获得关键银行的认可。通过这一认可，关键债权人可以协助组织债权人委员会，使债权人的意见得到内部的统一，这对后续谈判的推进是不可或缺的。

第三，与全体债权人保持沟通。由于中国二重的债务重组规模大、模式新，因此地方支行需要获得省行和总行的批准。在这一过程中，国机集团及中国二重积极与各行的支行、省行和总行都进行了充分、深入的沟通，最终推动了重组方案的落地。

第四，获得多方的理解与支持。由于中国二重债务重组涉及的债权人范围广、层级不一，司法重整时间紧、要求高，能够顺利完成债务重组离不开国务院国资委、中国银保监会、地方各级政府及相关部门的理解和大力支持，这对于中国二重的重组至关重要。

能力重组：通过“内外科手术”提升企业长期盈利能力

在化解了强制退市风险和破产风险之后，能力重组成为中国二重改革的关键。如何减少损失、提升效益，并提高企业长期盈利能力是这一阶段的工作重点。

“外科手术”：去除企业“出血点”

中国二重的亏损除了主营业务收入降低、成本提高之外，主要的“出血点”在于投资项目收益不及预期带来的成本和减值的提高，以及人员冗余带来的费用的提高。因此，中国二重实施“外科手术”来去除弊端。

一是盘活资产。导致中国二重亏损的重要原因之一是其投资恰逢行业低谷，未充分发挥效益所导致的“百亿资产困局”。国机集团在深化内部改革时的首要目标就是盘活资产，让早期的投资能够获得收益回报。国机集团收购了中国二重投资建设的成都研发大楼、镇江基地等项目，进行市场化培育和运营。

二是分流冗余人员。针对冗余人员过多的问题，国机集团与中国二重决定实施人员分流，剥离冗余人员。但是作为一家成立了六十年的国企，想要实际进行人员的剥离困难重重，此次重组对于企业而言，是挑战也是彻底改革的机遇。由于需要解决的冗员较多、结构复杂，且员工各自的诉求不一，因此国机集团和中国二重依照现行政策，尝试在已有规定的基础上，通过多次与员工深度沟通协商，出台了让各方利益都得到妥善安置的人员分流方案。最终，通过提前退养、离岗休养、协商解除劳动合同等多途径进行人员分流安置。针对即将被分流的职工，中国二重提供了相应的对接服务，做好了困难职工的兜底工作，解决了职工的后顾之忧，平稳地完成了企业的分流工作。

为了确保企业内部的人才不会因为人员改革而流失，中国二重针对骨干职员提出了“岗位不受影响，待遇不受影响”的保护政策，并开始实施对技术、管理、操作核心人才的岗位激励，从而留住人才。

通过多层次的人员分流，中国二重的员工总量降低，管理费用逐步降低。根据数据统计：“截至 2016 年 11 月，中国二重用工人数已减至 7631 人，年人工成本同比减少 5 亿元，降幅将近 40%，且骨干职工流失率控制在 10%以内。”经过努力，二重重装二级机构总数由最初的 37 个压缩至 24 个，数量减少，沟通效率提升。与此同时，人员考核指标调整也在同时进行，公司中层以上干部重新竞聘，择优上岗。

“内科手术”：降低成本，提升企业持续盈利能力

（1）收入端：强强互补完善产业布局，强化研发和市场开拓。

第一，中国二重完善了供应链产业布局。针对需求下降这一导致其亏损的核心原因，中国二重认清了行业去产能将成为必然，决定由制造商转型成为解决方案的提供商，寻找新需求。

重组后，中国二重与国机集团的协同效应充分得到发挥，借助国机集团全球产业链的布局，中国二重获得了广阔的资源和潜在业务，并着力打造集重型装备设计研发、制造生产以及工程总承包为一体的“科工贸”平台。

第二，中国二重强化了产品研发。为了能够改革振兴中国二重，国资委同样向中国二重提供了一定的支持。首先，国资委安排专项预算支持中国二重进行产品研发和技术升级革新等工作，共投入研发经费 10 亿元；其次，国资委为中国二重牵线搭桥，促成科研院与中国二重协同研发。双方共签订联合研发协议 16 项、产品研发合同 18 项。通过合作，中国二重强化了核电和航空两大领域的技术实力，打造了一系列高水平、高质量的核电成套设备，填补了国内的空白。

第三，中国二重获得国机集团鼎力相助。为了帮助中国二重拓宽市场渠道，增强其和国机集团的协同效应，国机集团将旗下中国机械对外经济技术合作有限公司（CMIC）无偿转给中国二重，从而加强了中国二重的国际化经营能力，协助中国二重朝着国际贸易和工程承包商的商业模式发展，利用“一带一路”契机，走向国际舞台。此外，国机集团与中国二重分享了大量业务资源，促成中国二重与 25 家国机集团的兄弟企业达成合作协议。自 2013 年以来，中国二重与国机集团的兄弟企业内部协同项目签约超过了 40 亿元，为中国二重带来了大量的业务，减缓外部需求减少所带来的冲击。

（2）成本端：降低主营业务成本，提升毛利率水平。

国机集团在成本改革上也花了不少心思。首先，国机集团着手对可变成本和固定成本的清算进行了整改，建立了成本费用中心和以预算管理为核心的财务管理体系，从严把控预算审查和执行，推进投资项目，实行全过程闭环管理。比如，在项目进行的过程中，针对招标采购业务，改革后的中国二重需要将物资采购的价格与其他企业的采购价格进行逐笔对照，并采取精准管控措施。

在严格的管理下，中国二重的管理效率显著提升，成本把控能力得到提高，促使毛利润不断上升。中国二重的废品率从 2015 年的 1.26%降至 2016 年的 0.148%；合同完成率由 2015 年的 50%提高到 2016 年的 93%。

对比 2010 年、2014 年和 2019 年，中国二重经过一系列的内部改革后，毛利润有了显著的提升。

（3）管理端：完善治理结构，实行市场化考核机制，彻底提高企业长期经营能力。

第一，完善法制结构，建立市场化经营体系。为了完善中国二重的法人治理结构，国机集团主导组建了以外派董事为主的新中国二重董事会。此外，国机集团还从旗下企业中挑选了资本运营、市场经营、财务、法律、科技方面的专家加入中国二重的管理队伍，推进现代企业的治理体系，建立健全的企业管理机制。

第二，建立权责对等的管理机制，执行考核制度。在国机集团的指导下，中国二重建立起权、责、利对等的管理机制。干部任职方面，中国二重内部实行干部竞聘上岗制度，竞聘后中国二重管理人员较 2013 年减少了 40%，中层以上干部人数也有显著减少。另外，企业基于产品业务，划分了独立面向市场的经营单元，单独考核每个单元的利润目标完成情况。此外，中国二重还加强了考核和对应的奖惩力度。后续，企业的管理层和业务核心人员的绩效奖金将与业绩挂钩，从而提升公司上下的积极性。

重新上市，国机重装再出发

通过上述的“主动退市、债务重组、能力重组”的系列改革，二重重装（2018 年改名为“国机重装”）切实降低了资产负债率，提高了盈利能力，达到了再上市的条件。2005—2019 年二重重装资产负债率如图 4-2-5 所示。

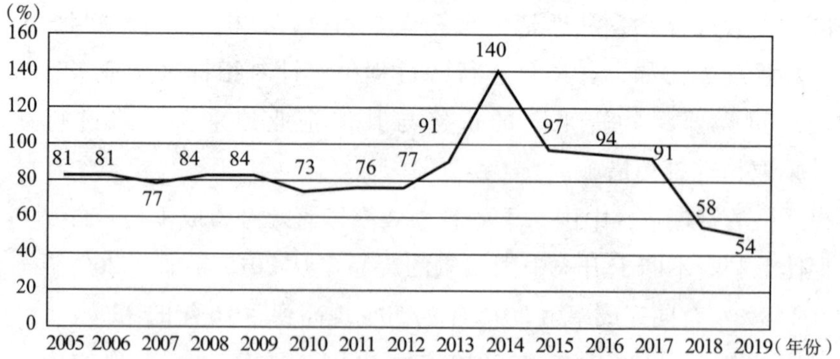

图 4-2-5　2005—2019 年二重重装资产负债率

资料来源：Wind 数据库。

2016 年，二重重装通过拓展国内外市场、提升产品质量、把控成本等措施，成功扭亏为盈，净利润由 2014 年的-78.98 亿元跃至 2016 年的 3.58 亿元，营运能力也获得了提升。

2017 年、2018 年以及 2019 年，二重重装分别获得了归属母公司的净利润 4.5 亿元、4.8 亿元和 5.0 亿元；同期扣非后归母净利润分别为 0.8 亿元、3.9 亿元和 1 亿元。二重重装在最近三个会计年度审计下的扣除非经常性损益前后的归属母公司净利润均为正值，达到了重新上市的标准。2010—2019 年二重重装净利润及营运能力情况如图 4-2-6 所示。

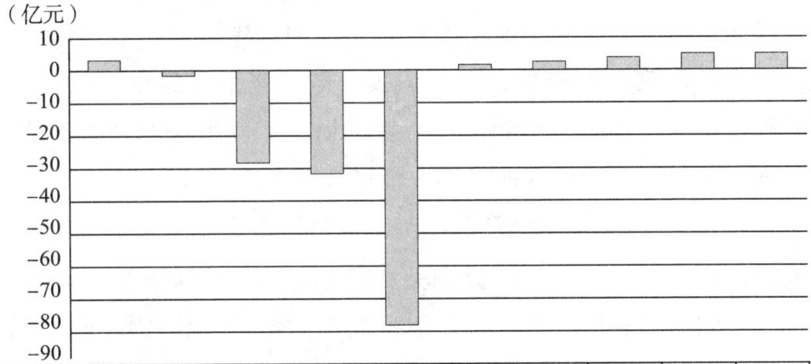

年份	2010	2011	2012	2013	2014	2015	2016	2017	2018	2019
□净利润（亿元）	2.80	-1.39	-28.89	-32.08	78.98	0.94	3.58	4.45	5.08	5.15

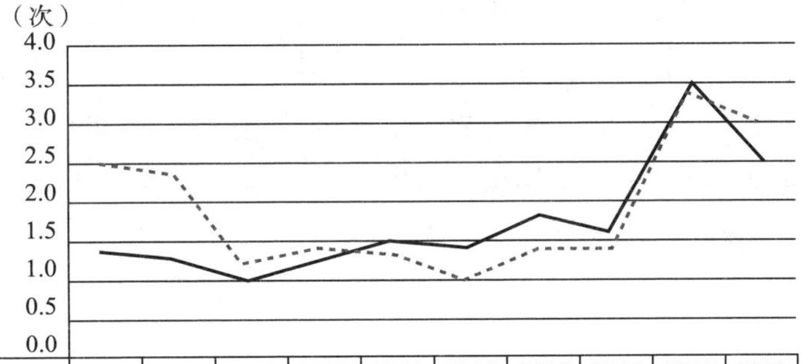

年份	2010	2011	2012	2013	2014	2015	2016	2017	2018	2019
—存货周转率（次）	1.20	1.18	0.94	1.18	1.43	1.30	1.80	1.64	3.36	2.45
--应收账款周转率（次）	2.45	2.29	1.10	1.35	1.17	0.91	1.40	1.40	3.43	2.94

图 4-2-6　2010—2019 年二重重装净利润及营运能力

资料来源：Wind 数据库。

在二重重装申请重新上市的过程中，上交所针对二重重装重组后主营业务对重新上市的影响、行业竞争、高管变动等方面进行了审核。在肯定了二重重装重组后的公司情况符合上市标准后，于2020年3月批准了二重重装重新上市的资格。

2020年6月，二重重装重新在上交所上市交易，公司A股股票简称“国机重装”，股票代码为601399. SH。由此，二重重装经历多年的改革，迈入了新的发展阶段。

小　结

在退市机制逐步完善的中国资本市场中，主动退市或将成为越来越多的企业进行长期改革和转型的可选方案。国机重装总结其经验，主要有三点：一是需制定“一揽子”可行方案。主动退市可获得缓冲和改革的时间，但需要前期准备可执行、可落地的“一揽子”重组和改革方案，并对股东（尤其是中小股东）、相关监管部门和相关利益方进行充分的宣传和沟通，方能保障主动退市顺畅进行。二是按计划完成目标，重树相关方信心。企业需想方设法实现计划中的各项改革目标，以证明其方案的可行性和可达性，以此增加股东、债权人、客户和其他利益相关方对企业的信心，降低后续的改革难度，同时重塑企业在资本市场的形象。三是加强沟通、兼顾各方利益。在制定和执行方案时需注意法制化与合规化，同时还需通过市场化的方式兼顾各方的利益，如股东、债权人、客户、上下游合作企业和配套企业、地方政府、监管部门、法院等。国机重装的主动退市、改革、再上市的经验，对其他类似企业具有一定参考价值，从而助力更多的企业完成自身的质量提升，提升整个资本市场中参与企业的质量。

30 YEARS

第五章

鼓励企业履行社会责任

企业作为市场经济的重要主体，在实现自身利益最大化的同时，还需要积极维护和履行社会义务，展现企业的社会责任。金融业作为现代经济的核心，是我国社会经济生活的重要渠道和媒介。金融机构作为金融业的重要组成部分，其拥有的经济资源具有重要的优势与作用，所肩负的社会责任更为艰巨。金融机构不仅要实现利润创造与税收贡献，更要保障自身的稳定运行，充分应用自身的业务功能引导市场对社会责任的关注，发挥其在经济社会中的影响力。

在履行社会责任的过程中，普惠金融与精准扶贫是两个重要方向，与金融行业的创新和发展高度契合。习近平总书记在中共中央政治局第十三次集体学习时强调，要加强对小微企业、“三农”和偏远地区的金融服务，体现出党中央对开展普惠金融、推进金融精准扶贫的高度重视。普惠金融具有高覆盖性，体现的是面；精准扶贫具有高精确性，体现的是点。点与面相结合，普惠金融通过资本市场实现资金的持续性投入，能够助推精准扶贫工作的长效进行，运用市场化的方式，以追求利润为导向，实现扶贫对象的生产投入、价值创造与生活水平的提高。

本章将以工商银行、邮储银行和中国太保作为案例，展示大型金融机构实施普惠金融和精准扶贫的具体举措和重要成果，体现上市机构的社会责任和担当。

工商银行通过在深化金融供给侧结构性改革上持续用力，支持重大战略实施，支持优质民营企业，打造以“融资、融智、融商”为核心的“普惠金融服务 2.0”，不断加大金融扶贫工作力度，全心全意支持经济高质量发展。

邮储银行通过坚持精准扶贫方略，聚焦“三区三州”深度贫困地区特色产业，着力加大信贷投放力度，实现金融精准扶贫贷款稳步增长、“三区三州”各项贷款增速提高、社会影响力持续提升的重要成效。

中国太保结合自身业务禀赋，通过推出多项创新产品，为险企发挥主业优势、参与社会管理、节约政府开支、促进相对公平、提升服务效能积累了有益经验，也为国家建立“脱贫不返贫”的长效机制提供了重要参考。

践行社会责任已经成为资本市场参与者的普遍共识。在上市公司中，银行是最早履行社会责任的机构之一。在众多的上市银行中，工商银行一直是践行社会责任的“模范生”。工商银行不仅积极履行社会责任，还在资本市场上推动其他机构参与到履行社会责任的行动当中。工商银行坚守金融向善的初心，在保障全球供应链稳定、支持小微企业、落实国家扶贫战略和推动绿色金融发展等方面主动作为，不断提升金融服务质量，用实际行动助力经济可持续发展。

工商银行：践行社会责任，展现国有大行担当

与资本市场同行，打造世界一流现代金融企业

中国工商银行（以下简称“工商银行”“工行”，股票代码：601398. SH）成立于 1984 年 1 月 1 日。2005 年 10 月 28 日，工商银行整体改制为股份有限公司。2006 年 10 月 27 日，工商银行成功在上交所和香港联交所同日挂牌上市。

世界领先银行，资本实力全球第一

经过持续努力和稳健发展，工商银行已经迈入世界领先大银行之列，拥有优质的客户基础、多元的业务结构、强劲的创新能力和市场竞争力。工商银行将服务作为立行之本，坚持以服务创造价值，向全球超 850 万公司客户和超 6. 6 亿个人客户提供全面的金融产品和服务。工商银行自觉将社会责任融入发展战略和经营管理活动，在支持制造业高质量发展、发展普惠金融、助力脱贫攻坚、保护环境资源、支持公益事业等方面受到广泛赞誉。根据英

国《银行家》杂志公布的世界银行1000强排名，工商银行位居榜首，并在一级资本、净利润等方面获得多个分项第一。2006—2019年工商银行营业收入和利润情况如图5-1-1所示，2013—2019年资本充足率情况如图5-1-2所示。

工商银行始终聚焦主业，坚持服务实体经济的本源，与实体经济共荣共存、共担风雨、共同成长；始终坚持以风险为本，牢牢守住底线，不断提高控制和化解风险的能力；始终坚持对商业银行经营规律的把握与遵循，致力于打造“百年老店”；始终坚持稳中求进、创新求进，持续深化业务、区域、国际化等发展战略，深入推进智慧银行建设；始终坚持专业专注，开拓专业化经营模式，锻造“大行工匠”。

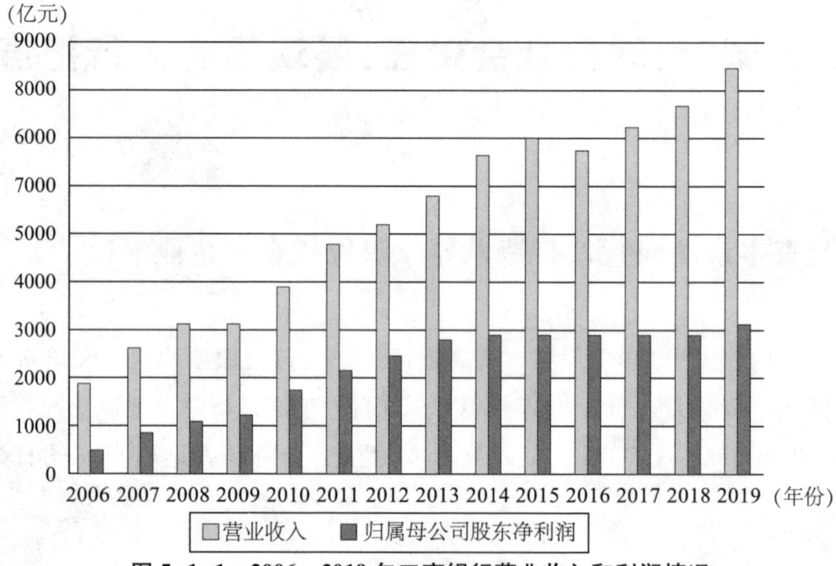

图5-1-1　2006—2019年工商银行营业收入和利润情况

资料来源：Wind数据库。

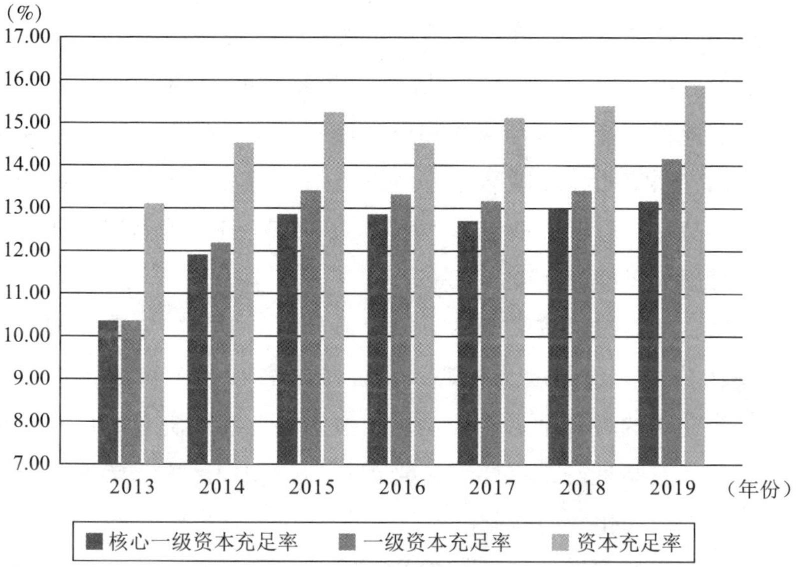

图 5-1-2　2013—2019 年工商银行资本充足率情况

资料来源：Wind 数据库。

资本市场助力企业改革，为成为世界一流银行奠定基础

工商银行的上市历程是中国资本市场改革、发展历程的缩影，更是中国资本市场与国际市场接轨的探索与尝试。工商银行上市之前面临着明显的坏账压力。因此，在上市前，工商银行进行了大刀阔斧的改革，在对原有财务资源进行分配的基础上，分两步进行资本重组和处置不良资产，完成上市前的改革。

第一步，通过中央汇金公司对工商银行注资，注资额度为 150 亿美元（折合 1240 亿元人民币），同时财政部从现有资本金中保留 1240 亿元人民币，从而使工商银行核心资本达到 2480 亿元人民币，核心资本充足率达到 6%的水平，并通过发行次级债使资本充足率超过 8%。

第二步，按照市场化原则进行资本重组，采用招标等市场化方式选择资产管理公司予以处置，中标资产管理公司向人民银行申请再贷款 4590 亿元人民币，按面值购买工商银行的可疑类贷款。在资产重组的过程中，为了防止扩大基础货币投放干扰资本市场平稳运行，工商银行出售不良贷款获取的上述资金用于购买人民银行票据。

在完成不良资产置换、进行资本重组之后，工商银行整体改制为“中国工商银行股份有限公司”，承接原有资产、负债、机构、业务和人员，完成了股份制改造。此后，经过综合权衡和艰苦谈判，工商银行最终确定由美国高盛集团、德国安联集团与美国运通公司组成的高盛投资团和全国社会保障基金理事会作为战略投资者。最终，2006 年 10 月 27 日，工商银行成功在上交所和香港联交所同日挂牌上市。

上市之后，工商银行按照资本市场中最严格的要求，以建立健全现代产权制度和现代公司治理制度为核心，全面加快各项改革进程，转换经营机制，建立较为完善的现代金融企业制度，成为一家资本充足、内控严密、运营安全、服务和效益良好，主要经营管理指标达到国际中上等水平，具有较强国际竞争力的现代化大型商业银行。

经过十五年资本市场的历练与洗礼，工商银行已经成为全球领先的商业银行，资产规模位居世界第一，被金融稳定理事会认定为全球系统重要性银行。2020 年上半年，工商银行继续保持平稳运行的状态。截至 2019 年底，工商银行资产总额超过 30 万亿元，是上市前资产总额的 4 倍；净利润超过 3000 亿元，是上市当年净利润的 6 倍。

持续稳定的经营在满足工商银行自身良性可持续发展的同时，也为公司积极履行社会责任、促进企业与社会共同发展打下了坚实的基础。

坚持金融服务实体经济与社会发展，践行大行责任担当

工商银行将社会责任有机融入公司治理、企业文化和经营战略中，积极运用金融力量解决经济社会发展不充分不平衡的矛盾。在尊重商业规律和商业准则的基础上，工商银行坚持社会价值导向，将经济责任与社会责任有机结合，通过提升金融服务能力增强企业履行社会责任的实力与能力。

坚持服务实体经济，努力维护经济循环畅通

面对自 2018 年以来的经济下行压力和突如其来的新冠肺炎疫情的冲

击，工商银行着力落实“六稳”和“六保”政策，在支持实体经济、畅通循环、恢复产业链运作、支持小微企业发展等方面，采取了诸多积极且行之有效的行动。

在保障全球供应链运作、推动国内国际“双循环”建设中，工商银行着力保障经济发展和生产运行中的资金流。内贸方面，通过拆解行业间和企业间的交易链条、资金链条、信用链条，重点疏通龙头企业占款、电商平台占款等关键堵点，2020 年上半年累计向 1.05 万户核心企业投放日常周转资金融资 1.31 万亿元，带动上下游企业 3.21 万户，推动上下游、产供销、大中小、内外资企业协同复工复产。外贸方面，以“春融”为主题，通过全集团内联外引，从降低核心企业融资成本、保障上游企业备货需求、缓解下游企业资金压力三方面综合施策，力保经济运行与发展当中的核心企业生产不断链、上下游企业供应不断流。2020 年上半年，工商银行各级分行共梳理 1072 家受新冠肺炎疫情影响的外贸外资企业名单，制定了个性化专项帮扶方案，累计为供应链核心企业及其上下游企业融资 2117 亿元。

在保障经济运行大循环的同时，如何促进经济运行的“毛细循环”——消费的畅通也被工商银行提上日程。在“春融”行动的基础上，为帮助贫困地区克服疫情影响，工商银行推出了“春暖”行动，积极解决受疫情影响而产生的农产品滞销问题。2020 年上半年，工商银行消费扶贫助力贫困地区产品销售，金额共计 7.92 亿元。在总结往年经验的基础上，工商银行积极探索“精准扶贫+涉农供应链”服务新模式，推出“银行+保险+期货”联合扶贫模式，切实帮助农民稳定增收、稳定脱贫。此外，工商银行依托模式创新，打造“金融+电商”扶贫模式，依托融 e 购平台帮助贫困地区拓展农产品销售渠道，累计上线扶贫商户超 3800 户。

完善普惠金融服务，以实际行动支持小微企业发展

小微企业是经济发展不可或缺的主力之一，学术界在小微企业融资方面一直存在“麦克米伦融资缺口”的说法，即由于小微企业的业务稳定性和抵押品的不足，其融资需求难以得到满足。因此，如何创新业务模式、服务中小企业一直是所有商业银行思考的问题。

工商银行在服务小微企业方面，不仅追求降低中小企业融资成本，还不

断完善支持小微企业的普惠金融产品，并加大相关产品的投放力度，扩大普惠金融触达面。在产品创新上，首先，工商银行重点推广“经营快贷”“网贷通”“数字供应链融资”三大线上产品，在行内形成了高效率、低成本、可广泛复制的发展模式，成为工商银行普惠贷款投放主力。

其次，工商银行基于企业抗疫物资生产、销售数据，快速推出“抗疫贷”产品。基于企业用电、物流和订单数据，创新推出“电 e 贷”“顺丰快贷”“云闪贷”“开工贷”等产品，支持疫情期间小微企业复工复产。

再次，工商银行努力加大线上信用类贷款和供应链金融产品的投放力度，基于大数据等新型分析工具，创新性地将企业信用、交易、资产和商业行为等数据融入风控模型。总行和各分支机构累计推出“结算贷”“商户贷”“用工贷”“跨境贷”等 12 个全国性产品和“医保贷”“园区贷”等多个区域性产品。另外，工商银行基于产业链资金流、物流和贸易流信息，持续完善数字供应链融资工具，研发数字信用凭据、“e 链快贷”等产品，实现产业链全链条授信，累计扩展产业链 1000 余条。

最后，面对虽然有经营困难但是具有长期发展潜力的小微企业，工商银行助力企业主动纾困解难，综合运用续贷、展期、再融资、宽限期、调整还款计划等方式，对受新冠肺炎疫情影响严重的小微客户推出临时性延期还本付息政策，缓解小微企业还款压力。

工商银行在落实普惠金融、贯彻服务中小企业方面成绩显著。一是中小企业的融资成本进一步下降。2020 年上半年新发放普惠贷款综合融资成本较 2019 年继续下降，当年累放贷款平均利率为 4.15%，比上年下降 37 个基点。二是小微企业贷款余额和用户明显增长。截至 2020 年 6 月底，工商银行普惠型小微企业贷款余额 6399.29 亿元，比年初增加 1684.08 亿元，增长 35.7%；客户数 53.1 万户，增加 10.8 万户。三是积极贯彻落实国家“三农”金融服务相关政策，全面推进普惠型涉农金融服务。截至 2020 年 6 月底，普惠型农户经营性贷款和普惠型涉农小微企业贷款 1423.85 亿元，比年初增加 308.09 亿元，增长 27.6%；客户数 9.5 万户，增加 1.2 万户。

多措并举实施金融扶贫，真抓实干推动乡村振兴

工商银行高度重视扶贫工作，坚持把扶贫工作作为各级机构“一把手”

工程，坚持全行“一盘棋”统筹推进，坚持精准聚焦、精准发力；注重发挥全行系统合力，探索行之有效的扶贫工作新模式，为打赢脱贫攻坚战贡献工行智慧和工行力量。

工商银行十分重视金融扶贫的相关工作，通过多种形式引导分支机构开展金融扶贫工作。在政策指引方面，工商银行十分重视金融扶贫的体系建设，接连制定了《工商银行金融精准扶贫工作方案（2020 年版）》《工商银行金融精准扶贫工作效果评估办法（2020 年版）》《2020 年定点扶贫工作计划》《关于进一步优化金融扶贫配套信贷政策支持的通知》和《关于加强金融精准扶贫贷款投放与统计工作的通知》等精准扶贫指导性文件，为扶贫工作提供坚实制度保障。

在政策落实方面，工商银行总行金融扶贫工作领导小组通过视频会议、党委中心组学习、非现场传签等多种形式，召开金融扶贫领域专题会议，积极督促各分行、支行履行扶贫责任，落实主体责任。

如何通过金融服务助力贫困地区和贫困人口脱贫是金融机构落实精准扶贫政策、决胜脱贫攻坚的主要方向。工商银行重点聚焦成片的贫困地区，特别是“三区三州”深度贫困地区的金融需求，持续加大精准扶贫贷款投放力度。在服务连接成片的贫困地区时，工商银行推广“精准扶贫+涉农供应链”服务模式，以产业精准扶贫贷款带动贫困人口稳步脱贫增收。

在如何提升贫困地区金融服务水平方面，工商银行也下足了功夫，多措并举努力提升金融服务的深度与广度，扩大贫困地区金融触达面。

在网点布局上，工商银行通过积极布局贫困地区线下网点并优化调整，以更好地服务贫困群众。

在业务开展上，各级分行与支行持续开展个人结算业务费用减免，设立贫困地区专属理财产品和大额存单，全面升级“e 商助梦计划”，通过线上产品加大对贫困地区金融服务的支持力度。

在服务模式上，工商银行坚持线下与线上结合，深耕基层，扎实开展专题研究，对包含贫困地区在内的整个县域市场的发展进行统筹规划。坚持“造血式”扶贫，充分发挥金融科技优势，持续优化线上服务渠道，为贫困地区提供线上金融服务。在手机银行、融 e 购、工银 e 生活和融智 e 信平台搭建扶贫专区，推广贫困地区产品，为其提供销售渠道，汇总发布扶贫地区招商引资计划、项目储备等信息，为贫困地区提供优质的信息发布和客户资源对接渠道。

在人才扶贫上，工商银行持续做好贫困地区“扶智”“扶志”工作，发挥大行优势，选派优秀干部参与扶贫工作，招聘贫困大学生，提供长效帮扶，不断健全相关管理机制，有效提升了扶贫效果。工商银行持续开展针对贫困大学生的专项招聘，面向纳入国务院扶贫办建档立卡的贫困家庭名单、高等院校贫困生库或者获得贫困大学生国家励志奖（助）学金的应届大学毕业生，最低学历条件放宽至全日制专升本。工商银行支持金阳建设就业扶贫综合培训中心，从根本上提升贫困群众的就业能力。

根据有关安排，工商银行定点帮扶四川省的四个县（市）。在帮助定点帮扶对象决胜脱贫攻坚上，工商银行持续完善体制机制、丰富过程管理手段、创新工作方法，按照“统筹四县、突出金阳”的“1+3”工作思路，支持定点帮扶的四县（市）高质量打赢脱贫攻坚战。其中，工商银行将深度贫困县金阳作为定点扶贫的重中之重，明确“三个优先”的帮扶原则，优先安排新增脱贫攻坚资金、项目、举措；重点支持金阳的民生基础设施建设，按照“两不愁三保障”的原则，补齐当地短板弱项，建设学校、医院安全饮用水设施，培训和表彰山村教师，资助贫困学生；通过新设金阳支行，进一步提升对金阳的金融服务能力。

为了保持已脱贫的通江、南江、万源稳定脱贫不返贫，工商银行利用集团多金融牌照的优势，开展“精准防贫保险”项目，有效降低脱贫户返贫和边缘户致贫的风险。此外，通过与政府、企业和其他金融机构的合作，工商银行重点支持三个县的黄羊、核桃、金银花等特色产业发展。在支持产业发展的同时，工商银行坚持扶贫的市场化原则，积极为当地特色农产品打开销路。通过“春暖”行动，工商银行推出“十个一批”，集全行力量帮助贫困地区克服新冠肺炎疫情影响，多渠道解决农产品销售难问题，重点支持定点扶贫四县（市）和受新冠肺炎疫情影响较重的湖北地区，促进贫困户稳定增收；通过融 e 购平台累计发展扶贫商户超 3800 户，覆盖 22 个省、自治区、直辖市的 584 个国家级贫困县，2020 年上半年扶贫产品销售额为 7. 92 亿元，同比增长 5. 2 倍，其中定点扶贫四县（市）的销售额为 2. 31 亿元。

面对前所未有的新冠肺炎疫情挑战，工商银行坚持关注扶贫点防控需求，及时捐赠口罩、消毒液等当地急需的防疫物资；积极支持四县（市）资金困难企业办理贷款和续贷，解决复工复产资金问题；在扶贫点开通企业用户注册、账户开立、现金结算管理全流程电子化绿色通道，提供无接触金融服务。

工商银行通过扎实推进扶贫领域各项工作，实现了精准扶贫贷款稳健增长，综合金融服务水平持续提高，扶贫模式创新成果显著，定点扶贫县市稳定增收脱贫，脱贫攻坚社会影响力逐渐扩大。

贯彻绿色金融理念，践行企业社会责任

工商银行积极践行国家绿色发展理念和可持续发展战略，认真落实中央关于打好污染防治攻坚战的部署和要求，将发展绿色金融作为长期坚持的重要战略，从政策制度、管理流程、业务创新、自身表现等各个方面全面推进绿色金融建设，积极支持绿色产业发展，加强环境风险防控，持续推进低碳运营，实现经济效益、社会效益、生态效益同步提升，树立了负责任的大型银行典范，引领了国内同业绿色金融的发展。

在信贷政策制定上，工商银行及时修订行内行业（绿色）信贷政策，以差异化的信贷政策有效引导投融资结构进行“绿色调整”；在风险控制与项目管理上，工商银行完善绿色信贷分类管理，在借鉴赤道原则和 IFC 绩效标准与指南的基础上，对不同类别的客户和贷款实施动态分类及差异化管理，全面践行绿色信贷一票否决制，强化投融资环境和社会风险管理；在贷后管理上，开展绿色信贷专项审计，完善绿色信贷保障机制，认真落实监管要求，修订完善绿色金融统计制度。

截至 2020 年 6 月底，工商银行境内绿色信贷余额为 14171.00 亿元，比上年末增加 662.62 亿元，增长 4.9%。在中国银保监会和中国银行业协会举办的 2019 年度绿色银行评价活动中，工商银行荣获“绿色银行总体评价先进单位”称号。

工商银行将绿色金融理念融入公司运营管理中，以科技为手段，推行绿色办公、驱动绿色发展、创造绿色价值；从理念节能、技术节能、组织节能等三方面入手，强化能耗控制；持续提倡绿色办公，大力推广无纸化会议；持续完善用车制度，构建多元化公务用车保障格局，引导安全健康出行。

此外，工商银行加快与国际标准接轨，积极倡导可持续发展理念，以发起行身份成为由联合国环境规划署金融行动机构发起的《负责任银行原则》的首批签约银行，组织参与国内外《金融机构环境信息披露标准》编制工作，成为国内首家加入联合国环境署气候相关金融信息披露工作组的金融机构。

迅速投入疫情阻击战，保障疫情后复产复工

2020 年初，新冠肺炎疫情的突然暴发让众多企业措手不及，经济运行顿时陷入停滞。作为国内最大的商业银行，工商银行毫不犹豫地投入到抗击疫情和复产复工的行动当中，展现了大行担当。疫情发生后，工商银行及时高效、依法合规地完成公司治理程序，经董事会审议通过，第一批为境内疫情防控工作捐款 3000 万元人民币。全行心系抗疫工作，截至 2020 年 6 月底，捐款共计 1. 33 亿元人民币，捐物 1. 17 亿元人民币。

疫情影响下，许多企业的现金流难以为继，但是生产运行仍要继续，工商银行综合运用贷款、债券等融资手段，支持企业复工复产。2020 年上半年，工商银行境内人民币贷款比上年末增加 10959. 48 亿元人民币，同比增加 3126. 52 亿元人民币；新增地方政府债投资 4673 亿元人民币，抗疫相关债券 1100 亿元人民币。为支持企业复工复产，工商银行开展"春润"行动，2020 年上半年累计为复工复产重点领域 4. 1 万户企业提供融资支持 1. 2 万亿元人民币（其中贷款 9447 亿元人民币）。

工商银行在提升融资规模的同时，进一步切实降低企业的融资成本，通过加强利率政策传导，合理把握贷款定价，2020 年上半年新发放公司贷款利率较去年明显下降；同时，有序推进存量贷款的定价基准转换工作，支持实体经济，切实降低融资成本。

在升量降价的基础上，工商银行通过调整结息周期、展期、再融资等方式，支持企业客户渡过难关，落实好延本延息政策，缓解受困客户压力；对个人客户中新冠肺炎患者和抗疫工作者都采取了专项纾困和支持政策。

针对线下网点，工商银行在保障安全的基础上，进一步优化服务模式，灵活安排线下网点营业时间，畅通基本金融服务。疫情的出现也改变了金融服务的渠道，线上模式成为疫情期间金融服务的主要途径。针对线上业

务，工商银行加大系统研发力度，不断完善线上运营平台的功能，在 LPR 转换、企业征信查询、线上社保、线上发薪、在线诊疗、在线教育等业务方面推出“零接触”服务。在满足自身需求的同时，工商银行积极研发应急物资管理系统，免费提供给各级防控指挥部、卫健委及医疗机构等防疫重点单位使用，2020 年上半年，工商银行累计支持 3111 家机构，服务惠及近 3 万家单位。

工商银行是最早实现网点全球化布局的银行机构之一，这一优势为工商银行全力支持抗击疫情、保障复产复工提供了坚实强劲的保障。境内疫情发生后，工商银行发挥全球网络布局优势，紧急协调采购急需物资，境内外分行相互支援、相互帮助，做好筹集物资、防疫宣传等相关工作。境外疫情扩散后，工商银行迅速调整策略，境内机构纷纷采购急缺物资，支持境外机构所在地政府、社区、企业以及留学生等做好疫情防控，为华人华侨提供线上防疫知识讲座，驰援全球疫情防控。

稳定派息，回馈股东

定期进行分红是上市公司的重要社会责任之一，通过回馈投资者促进投资者与公司长期发展的良性循环，更是成熟资本市场的标志之一。在资本市场发展的初期，一些上市公司长期不分红，一度成为投资者讨论的热点话题。在与投资者共享发展成果方面，工商银行的做法可圈可点。

首先，工商银行在制度上为稳定分红提供了可靠保障。工商银行在公司章程中明确规定了利润分配政策保持连续性和稳定性，强调优先采用现金分红的利润分配方式，在公司治理方面，建立了完备的分红决策程序和机制。

其次，在分红的操作过程中，工商银行心系股东，竭尽全力做好投资者服务。工商银行“A+H”两地上市，股东背景多元化，对派息的诉求也不尽相同，面临着派息币种多、派息流程更为复杂的情况。为此，工商银行积极主动与监管部门、交易所等外部机构进行及时、充分的沟通，在尽可能压缩派息时间跨度的基础上确保派息流程零差错。

2007 年起，工商银行每年均为 A 股年度现金分红总额最高的上市公司，股息收益率始终位居 A 股上市公司前沿。自上市以来，工商银行累计为普通股股东创造了 9988 亿元人民币的现金分红回报，现金分红比例保持在

30%以上，2019年度分红金额高达937亿元人民币。工商银行保持了市场领先的股息收益率水平，以2020年6月底股价水平计算，A股股息收益率为5.28%，远远高于当期定期存款利率。

在资本市场的大力支持下，工商银行增强了资本实力，逐渐成长为国际一流银行。而通过持续稳定分红，与资本市场的参与者共享发展成果，工商银行向投资者彰显了经营成果和发展潜力，以实际行动积极践行企业社会责任。

科技驱动，价值创造

工商银行始终以金融科技为驱动引擎，积极开创金融科技赋能全行高质量转型发展新局面，连续七年荣获银保监会科技监管综合评级第一；专利授权数量突破730件，居国内银行业第一；连续两年在国家级信息安全实战演练中排名第一；连续五年蝉联《银行家》最佳金融创新奖；232项科技成果获得人民银行银行科技发展奖，总数和获奖等级均位于银行业第一。

优化组织架构，以管理变革增强发展动力

工商银行以管理变革增强内生动力，先后实施了一系列金融科技组织架构改革，为金融科技发展提供深厚土壤、构建坚实保障，高效完成了组建总行金融科技部，组建业务研发中心，成立工银科技有限公司和金融科技研究院，新增软件开发中心成都、西安研发部等机构改革，形成了“一部三中心一公司一研究院”的金融科技新布局。自2020年以来，工行积极把握信息安全和数据要素改革要求，陆续成立了信息安全运营中心、数据智能中心。新的组织架构对于新形势下市场、技术方面的适应能力显著增强，具有分工明确、职责清晰、集约管理、链条完整、内外协同的特征，实现了资源整合、成本约束、数据共享、流程联动、风险控制。全行金融科技的统筹管理能力、业务研发能力、安全生产能力、研发供给能力、价值输出能力和新技术应用等能力得到明显提升。与此同时，工行打造了一支1.67万人的高水平科技队伍，形成金融科技人才会聚的高地，人员规模总量在同业中排名第一。

强化科技引擎，以技术革命引领银行再造

工行积极推动 IT 架构转型，加快新技术赋能，打造了一体化运维体系，在同业率先布局实施“两地三中心”工程，实现同城双活、异地灾备、2小时快速接管。该工程获得人民银行银行科技发展特等奖，打造了双核心 IT 架构。工行前瞻性布局 IT 架构转型工程，充分利用分布式、云计算等新技术，建立起“主机+开放平台”的体系架构，积极提升高频、高并发交易处理能力。工行金融云、分布式技术体系先后获得人民银行银行科技发展一等奖。工行打造了囊括“ABCDI+5G”在内的新技术平台，并实现规模化应用。工行依托自主研发的人工智能技术体系，构建了“看、听、想、说、做”五大人工智能核心能力；依托性能领先的区块链平台打造具有业界影响力的“工行区块链+”品牌，在性能、容量等方面取得多项技术突破；依托灵活高效的金融云平台，实现超大规模资源池化管理和秒级弹性伸缩，有效地支撑了高并发、大容量业务的开展；依托自主可控的大数据服务云，满足行内营销、风控、客服等各类业务多样化的数据服务时效要求；依托安全的企业级物联网金融服务平台，构建“端、边、云”一体化物联网技术架构体系。工行积极推进 5G 综合应用平台建设，同业首家建成全功能 5G 智慧网点，在苏州、南京、北京、杭州、福州、重庆等城市相继落成亮相；完成 5G 消息客户定向营销场景研发，实现云网点、云柜台等多项业务场景的音视频实时通信。工商银行积极提升品牌影响力，持续加强对新技术的前瞻性研究，依托金融科技研究院先后发表《区块链金融应用发展白皮书》《5G 时代银行创新白皮书》等专题研究报告，在专业期刊发表数十篇专业文章，引领行业发展趋势。

深化智慧转型，以融合创新赋能业务发展

工商银行依托 ECOS 智慧银行生态系统，全面深化智慧转型，不断促进科技与业务融合发展，打造了一批精品产品和服务，切实提升价值创造，赋能经营转型。零售业务方面，工商银行推出个人手机银行 5.0，客户总量和活跃度排名同业第一，充分满足客户金融服务线上化发展趋势要求；首推数字

信用卡产品，即时申领、快速审批，提高获客能力的同时具备反欺诈的能力；推出个人融资产品“融e借”，创新“秒授信、秒贷款、秒支付”，在贷款规模和客户数量不断增加的同时有效防控风险。公司业务方面，工商银行推出企业手机银行2.0，构建丰富的对公网络金融服务，覆盖全行92%的公司、机构客户；推出对公支付产品“工银e企付”，业界首创多功能多渠道、异步支付、保留支付、本外币支付、跨境支付等模式，提升对公支付安全水平。普惠金融方面，工商银行通过打造信用类产品“经营快贷”“e抵快贷”“e链快贷”，形成普惠金融三大产品体系，覆盖400余个融资服务场景，不断缩小数字鸿沟，实现对小微企业滴灌式精准扶持。国际业务方面，工商银行深入推进与海关单一窗口平台创新合作，为客户提供包括预约开户、汇入汇款、汇出汇款、跨境贷等跨境金融服务；建设“一带一路”委托代理业务系统，形成项目委托代理服务的统一视图和驾驶舱，与政策性金融机构优势互补，紧密合作拓展“一带一路”市场。风险控制方面，工商银行自主研发“工银BRAINS”智能反洗钱系统，利用大数据和人工智能技术对复杂犯罪类型进行智能化监测；自主研发银行业首款风险信息服务平台——融安e信，投产八年来累计拦截欺诈汇款近40万笔，为客户避免损失98亿元。运营管理方面，工商银行自主研发了全球金融市场集约化运营管理及事前控制系统，覆盖金融市场业务全产品线，支持前中后台一体化全流程处理，具有较强的引领和示范作用。

小　结

作为一家超大规模的系统性重要银行，工商银行坚持稳健经营、开拓创新和包容并举。工商银行在业务开展上坚守金融本源，防范化解风险；在服务方式上依靠思维转换与科技赋能，不断丰富金融服务模式，实现了股东、客户和合作伙伴的互利共赢，以实际行动展现了兼顾利益相关方诉求的大行担当。工商银行将服务实体经济、推动经济可持续发展的理念融入到企业文化当中，在维护供应链稳定、促进小微企业发展、落实金融扶贫政策、推动绿色发展等事关全社会发展利益的关键议题中做出了应有贡献。工商银行不仅在业务开展、社会公益等方面积极履行社会责任，还切实履行对资本市场投资者的社会责任，连续多年保持稳定分红，为利益相关方创造卓越价值。工商银行展现出的责任担当获得了多方认可，是中国资本市场建立三十年来不可多得的勇于承担并积极践行社会责任的典型代表之一。

随着“环境、社会、治理”（ESG）理念逐渐获得资本市场的认同，如何平衡提升公司效益与履行社会责任成为上市公司关注的热点话题之一。邮储银行作为国有大型银行，依托主营业务，通过思维转换与机制创新主动履行社会责任、坚守自身定位，主动在精准扶贫与乡村振兴、推动绿色金融发展和助力新冠肺炎疫情后复产复工方面有所作为，将公司发展融入社会可持续发展。邮储银行积极履行社会责任、展现国企担当的表现得到了行业同人与社会媒体的广泛认同，成为中国资本市场积极履行社会责任的典型代表之一。

邮储银行：聚焦金融服务，积极履行社会责任

定位三个服务，牢记责任使命

中国邮政储蓄可追溯至1919年开办的邮政储金业务，至今已有百年历史。2007年3月，在改革原邮政储蓄管理体制的基础上，中国邮政储蓄银行有限责任公司（以下简称“邮储银行”）正式挂牌成立。

国内领先的零售银行，“自营+代理”的商业模式独具特色

邮储银行拥有近4万个营业网点，服务个人客户超过6亿户。与其他商业银行不同，邮储银行的定位独具特色，定位于服务“三农”、城乡居民和中小企业，致力于为中国经济转型中最具活力的客户群体提供服务，并加速向数据驱动、渠道协同、批零联动、运营高效的新零售银行转型。邮储银行拥有优异的资产质量和显著的成长潜力，是中国领先的大型零售商业银行。

邮储银行拥有独特的“自营+代理”运营模式，依托数量最多、覆盖面最广的销售网络，满足客户多样化的金融需求，这种特殊的零售银行商业模式在国内的商业银行中绝无仅有。截至2020年6月底，邮储银行共有营业网点39632个。其中，自营网点7882个，占比19.89%；代理网点31750个，占比80.11%。从网点的地域属性分布来看，城市网点12095个，县城网点8662个，农村网点18875个。邮储银行的网点数量约等于农业银行与工商银行网点数量之和。

邮储银行坚持“普之城乡，惠之于民”的经营理念，在提供普惠金融服务、发展绿色金融、支持精准扶贫等方面积极履行社会责任。

上市历程：先“H”后“A”，实现三步走改革目标

邮储银行的历史十分悠久，为国家经济社会发展和农业农村生产稳定做出了巨大贡献。进入21世纪，面对新的发展机遇，邮储银行紧跟时代步伐，始终致力于用现代金融机构经营理念与管理体系推动公司发展。早在股份制改革之初，邮储银行就确立了“股改—引战—A、H两地上市”的改革目标。2012年1月，邮储银行整体改制为股份有限公司；2015年12月，引入十家境内外战略投资者，进一步优化了公司的股权结构，为在香港联交所上市奠定了基础；2016年9月，在香港联交所挂牌上市。

从国内银行同业上市历程来看，主要银行及金融上市企业多数采取“A+H”同步上市或先“H”后“A”两种模式。这两种模式的选择根据市场环境和企业诉求而异。在港交所上市后，邮储银行虽然大大缓解了资本金不足的情况，但是由于不断加大支持实体经济的力度、提高信贷投放增速，资本金的补充速度低于信贷资产扩张的速度，资本金紧张的局面并未得到根本性的缓解。在这样的背景下，邮储银行回归A股的事宜被提上日程，随着市场条件的成熟，在监管机构、上交所的大力支持下，邮储银行于2019年12月在沪市主板挂牌上市，至此完成“股改—引战—A、H两地上市”三步走改革目标。

资本市场助力企业发展，回归A股后资本充足率明显提升

金融机构是支持经济发展和社会稳定的重要力量，其履行社会责任的能

力取决于自身的资本实力。对于银行机构来讲，资本金以及相应的资本充足率是其自身资本实力的核心。银行补充自身资本金、提升资本充足率的渠道大致分为两类：一是内源性补充渠道，主要通过银行的未分配利润与盈余公积补充资本金；二是外源性补充渠道，主要通过资本市场IPO、定向增发和可转债等增加资本金。从银行实践上看，多数银行通过外源性的方式补充资本金，其中，IPO、定向增发是主流模式。

邮储银行A股发行受到了各类投资者的认可。2019年12月4日，邮储银行完成了人民币普通股51.72亿股的发行，并于12月10日在上交所上市。在相关部委、上交所的支持和指导下，邮储银行继工行、农行、光大后，十年来首次在发行中引入"绿鞋"机制。2020年1月8日，联席主承销商全额行使超额配售选择权，邮储银行在初始发行规模的基础上额外发行7.76亿股股票。超额配售权获全额行使后，邮储银行A股IPO最终募集资金总额约为327亿元，扣除发行费用后募集资金净额约为322亿元。

回归内地资本市场后，邮储银行的资本充足率得到了进一步提升，有效地支撑了银行业务的开展，增强了自身抵御风险的能力。截至2020年6月底，邮储银行各级资本充足率分别为9.17%、11.47%及13.97%。按照2019年底数据静态测算，A股上市提升邮储银行各级资本充足率约0.65个百分点。2014—2019年邮储银行核心一级资本充足率见图5-2-1。

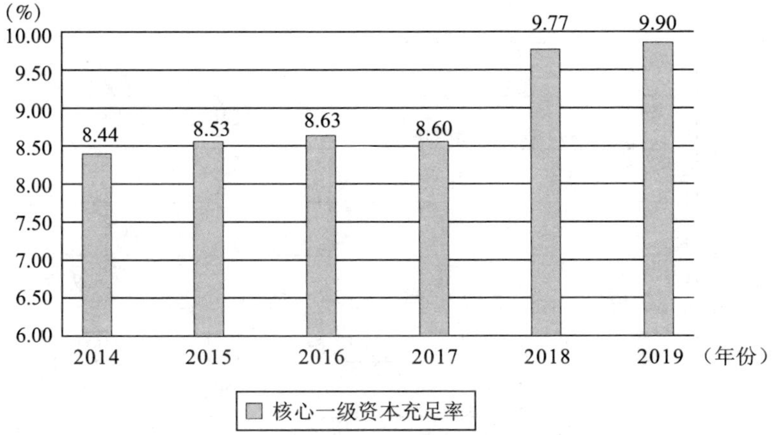

图 5-2-1　2014—2019 年邮储银行核心一级资本充足率

资料来源：Wind 数据库。

邮储银行通过回归 A 股增强了自身的“造血”与“输血”能力，为实现三个服务定位和积极履行社会责任创造了有利条件。在资本市场的支持下，邮储银行面对新冠肺炎疫情的冲击和复杂的经济金融形势依然交出了优异的“成绩单”。2020 年上半年，邮储银行实现营业收入 1463.46 亿元，同比增长 3.35%；净利润 336.73 亿元，同比下降 10.02%；实现利息净收入 1229.54 亿元，同比增长 3.25%。虽然某些指标有所下降，但是在金融系统向实体经济让利的背景下，这些指标增速的下降表明邮储银行用实际行动履行了社会责任。2014—2019 年邮储银行营业收入和归母净利润如图 5-2-2 所示。

图 5-2-2　2014—2019 年邮储银行营业收入和归母净利润

资料来源：Wind 数据库。

资本市场助推公司治理水平提升，切实维护股东权益

邮储银行成立以来，不断深入推进改革发展工作，并同步提升公司治理水平，始终坚持把党的领导融入公司治理各环节，着力构建“权责明确、运转协调、制衡有效”的治理体系。

一是随着股权结构多元化的持续深入，不断充实和调整“两会一层”人员结构，持续完善公司治理架构。伴随“股改—引战—A、H 两地上市”的改革目标，邮储银行的资本实力得到进一步补充，吸引了一批管理经验丰富、宏观视野开阔的人员不断充实到董事会、监事会和高级管理层中，引入了独立董事和外部监事，董事会、监事会下设专委会的人员构成得以持续优化。同时，为了促进自身积极履行社会责任，邮储银行专门在董事会下设社会责任与消费者权益保护委员会，进一步提高全行履行社会责任的积极性，提升消费者权益保护水平。目前，邮储银行公司治理架构科学合理，符合监管要求。

二是根据改革发展需要，形成了一套体系完备、内容科学的公司治理制度体系。邮储银行的公司治理制度体系由最初的公司章程和三会议事规则逐步发展到以公司章程为基础，以三会议事规则为核心，以专门委员会议事制度、信息披露、议案提交、高级管理层信息报告、投资者关系管理、关联交易管理、履职监督与评价办法等为补充，内容科学、体系完备的公司治理制度体系，为公司治理的规范运作提供强有力的制度保障。

三是持续规范“三会一层”运作，不断提升公司治理水平。邮储银行不断探索完善党委和其他治理主体的关系及权责边界，坚持将党的领导融入公司治理各环节；严格遵照法律法规和公司章程规定，规范召开公司治理相关会议；高度重视发挥董事、监事作用，通过建立议案预沟通机制，组织董事、监事列席党委会、行长办公会，定期召开董监高通气会等多元化形式，促进高管层与董事、监事之间的深度沟通；建立决议及建议督办机制，促进董事会决议的有效落实；加强董事、监事履职保障，董事、监事通过调研和专题研究等方式，为全行经营管理提出大量有价值的意见和建议；监事会不断加强和改进监督工作，持续提升监督工作的广度、深度和效果。

聚焦自身定位，践行国企担当

邮储银行差异化的服务定位使其业务具有天然的普惠性。邮储银行持续通过做优主业履行社会责任，依靠产品优势与人员、网点的布局优势，将社会责任担当与金融服务结合，努力在服务“三农”、城乡居民和中小企业的定位上做出应有的贡献。

扎根基层，支持国家战略

精准扶贫和乡村振兴是近些年各级政府与社会各界共同关注的核心议题之一。其中，精准脱贫更是中央提出的“三大攻坚战”核心内容之一，精准扶贫与乡村振兴密不可分，相辅相成。在精准扶贫和乡村振兴方面，邮储银行建立了详细周密的工作制度，设计了兼具创新性与针对性的金融产品，全力以赴支持精准扶贫和乡村振兴的国家战略。

在精准扶贫方面“三区三州”是公认的脱贫攻坚重点区域，针对重点区域扶贫的艰巨任务，邮储银行专门设计了定制化的实施方案，在方案保障、项目跟进、政策倾斜等方面支援“三区三州”地区脱贫攻坚。

在方案策划上，邮储银行聚焦“三区三州”深度贫困地区，加大各项贷款投入；着力改善当地发展条件，完善金融支持产业发展与带动贫困户脱贫的挂钩机制和扶持政策；支持发展特色产业和硬化路工程、天然气利民工程等扶贫项目；加强对“三区三州”机构管理、信贷资源、风险管理、利率优惠等方面的资源支持。

在项目追踪上，邮储银行聚焦项目贷款短板，持续加强重点项目梳理、营销跟进，并熟悉掌握同业优质客户情况，形成有效投放。同时，为了督促、跟进项目落地进度，邮储银行安排专人定期跟进“三区三州”分行项目储备情况、还款情况。除此之外，各部门通过部门间联动、总分上下联动，合力解决，加快项目落地进度。

在政策制定上，邮储银行不断给予贷款定价政策倾斜，加大扶贫政策支持力度。邮储银行内部，通过完善内部资金定价机制（FTP），对于金融精准扶贫贷款执行人民币贷款业务 1 年期限 FTP 五折优惠，并给予差异化授信政策和风险考核政策。在定价授权上，“三区三州”贷款利率全部授权给各一级分行。在收益分配上，邮储银行将人民银行再贷款利率与 FTP 之间的利息差以财务考核的方式全额返还各分行。在贷后管理方面，邮储银行出台了相关贷后尽职免责制度，提升基层信贷人员对扶贫贷款“敢贷、愿贷”的意愿。在信贷规模上，总行优先全额满足“三区三州”地区的信贷增长需求。

乡村振兴方面，邮储银行以支持重点服务主体为核心，着力强化自身服务乡村振兴的能力。在落实上级决策部署上，邮储银行印发《关于做好 2019 年服务乡村振兴工作的落实意见》和《关于印发中国邮政储蓄银行乡村振兴“十大业务模式”的通知》，聚焦乡村振兴重点领域和重点服务主体，加大信贷支持力度，优化产品和服务模式，稳步推进协同支农生态建设，全面服务乡村振兴战略。此外，针对农业农村发展的新变化，邮储银行创新业务开展思路与模式，针对不同经营主体的特点提供各类金融服务。

在服务新型农业经营主体上，邮储银行加强与农业农村部、国家农业信贷担保联盟和国家融资担保基金合作，精准服务新型农业经营主体，建立科学合理的分担机制；对还款记录良好、具备一定经营规模的家庭农场和专业大户提供信用贷款，不强制要求抵押物；根据重点农民专业合作社名单，逐户制定专项金融服务方案；创新抵押物模式，稳妥推进“两权”抵押等农村产权抵押贷款业务；因地制宜支持特色产业，重点支持具有特色优势的农产品种植、林木产业、规模化畜禽养殖、化肥饲料以及农副产品加工及流通行业。

在扶植小农户上，邮储银行以村镇为单位，加快信用村镇建设，优先选择特色优势产业集中、信用环境良好、资金需求旺盛的行政村镇开展信用村镇建设。在加强农村信用建设的同时，邮储银行积极推进农业产业链金融服务，通过核心企业担保等多种方式助力小农户发展生产。

在服务农村创新创业群体上，邮储银行通过与地方政府多部门合作，积极推进再就业、创新创业小额担保贷款，支持返乡农民工、大学生、转业军人、科技特派员等创新创业。

在助力建档立卡贫困人口脱贫上，邮储银行依靠深入基层的专业化信贷队伍，积极开展“五万、三年、零担保零抵押、执行基准利率”的扶贫小额信贷业务，面向建档立卡贫困户、已脱贫享受政策人口、边缘人口提供普惠金融服务，帮助尚未脱贫和有返贫风险的人员发展生产。邮储银行在贫困地区创新推出特色产品，通过重点支持具有扶贫带动作用的家庭农场、专业合作社和小微企业等主体，鼓励各类主体吸纳贫困户就业、与贫困户签订交易协议、带动贫困户共同生产。截至2019年底，邮储银行累计发放扶贫小额信贷414.39亿元。

在帮扶贫困人口的基础上，邮储银行更加注重产业扶贫，不仅“授人以鱼”，还“授人以渔”，带动当地产业发展升级。邮储银行重点支持具有扶贫带动作用的家庭农场、农民专业合作社和小微企业，围绕养殖、茶叶、民宿等特色产业，大力支持贫困地区特色产业经济发展；积极对接地方产业扶贫库，围绕贫困地区龙头企业及其上下游客户，推出产业链贷款，提供综合金融服务，确保产业经济发展真正让贫困户受益。截至2019年底，邮储银行产业精准扶贫贷款余额为252.09亿元。

贫困地区的基础设施相对落后是造成贫困的重要因素之一，邮储银行积极参与贫困地区的基础设施建设投融资，努力帮助贫困地区补齐发展短板。邮储银行总行与地区支行精准对接贫困地区发展规划，加大对贫困地区轨道交通、水利水电、电网建设等扶贫项目和医疗卫生、燃气、供水、供热等民生工程的支持力度，积极支持偏远地区水电开发和高速公路建设，多次在资本市场发行专项扶贫债券，用于扶贫项目建设。

> **邮储银行助力美丽新村建设**
>
> 曾经的四川省成都市双流区彭镇木樨村、常存村等村社，村民居住分散、居住环境差、污染严重、管理难度大。双流区落实乡村振兴战略，提出打造幸福美丽新村建设方案，而当地村民、农民专业合作社缺乏有效抵押物，面临贷款难题。为解决新村建设资金难题，四川省分行先后创新推出“小企业法人新村建设贷款”和“幸福美丽新村建设项目贷款”，通过引入担保公司支持当地进行土地综合整治，加快城乡一体化建设，改善村民居住生产环境。新村建设实行“统规自建”的方式，建成后既可充分发挥新村的特色和环境等优势，积极发展乡村旅游产业，又可将节余的农村建设用地指标挂牌流转产生收益，带动当地农村产业发展。截至2019年底，四川省分行向双流区木樨村、扯旗社区发放“小企业法人新村建设贷款”3990万元，向双流区常存村、嘉禾村、景山村三个农民集中建房整理项目发放“幸福美丽新村建设项目贷款”1.25亿元。

总体来看，邮储银行坚持“两不愁三保障”任务目标，以贫困户作为服务对象，在助推精准扶贫、落实乡村振兴战略上取得了十分突出的成绩。截至2019年底，邮储银行金融精准扶贫贷款（含已脱贫人口贷款、带动服务贫困人口的贷款）余额为824.56亿元，较上年末增加212.59亿元。其中，个人精准扶贫贷款余额为485.91亿元；产业精准扶贫及项目精准扶贫贷款余额为338.64亿元；“三区三州”深度贫困地区各项贷款余额为249.13亿元，增速高于所在省、自治区、直辖市各项贷款平均增速。

坚守普惠金融本源，不断创新服务中小企业模式

邮储银行三个服务定位之一是服务中小企业，对中小企业的金融服务具有鲜明的普惠金融特征，因此，支持中小企业发展也具有十分明显的社会责任特征。

融资难与融资贵的问题一直是困扰中小企业的核心问题之一。邮储银行紧密围绕中小企业融资需求，完善金融服务体系，强化政策和资源支撑，顺

应金融科技发展趋势，运用互联网思维，加大产品创新力度，持续优化流程，合理减费让利，缓解民营和小微企业“融资难、融资贵”问题。邮储银行从顶层设计、多方合作、产品创新等方面加大对中小企业的支持力度，在服务中小企业的同时，展现企业社会责任担当。

在顶层设计与组织领导上，邮储银行不断优化资源配置和管理机制，持续加大对民营企业和普惠型小微企业的贷款支持力度。在总行层面成立了普惠金融服务领导小组，统筹推进全行普惠金融业务发展，审议全行普惠金融相关重大事项；完善民营企业授信政策，印发民营企业审查审批指引和中型企业内部评级及风险限额核定标准，扩大民营企业授信客户覆盖面；防范化解风险，通过客户风险摸底排查，建立潜在授信风险客户管理台账，推动建立民营企业风险化解处置机制；加强考核激励，落实尽职免责，印发《中国邮政储蓄银行小微企业授信业务尽职免责实施细则（2019 年版）》；强化民营企业业务研究与管理，编制发布民营企业相关授信技术、审查审批和风险控制研究相关文件。

在平台合作与智力支持上，邮储银行通过拓展与政府、企业和媒体等平台的合作，持续推进政务大数据、产业链和渠道引流三类数据对接，为客户提供精准化、便捷化的金融服务，支持中小微企业和民营企业快速发展；与海关大数据结合，创新推出跨境企业融资模式；与多个政府大数据平台实现数据对接，31 家分行与当地税务部门实现银税直连；以核心企业为突破口，对接核心企业产业链平台，为优质核心企业的上下游客户提供批量、自动、便捷用信的融资产品；与外部机构开展合作，拓展客户服务渠道，进一步提升小微金融服务的可获得性。

在产品创新与服务升级上，邮储银行着力打造重点产品“小微易贷”。围绕开户、结算、收单、代发、公积金、缴税、开票、寄递 8 个场景，利用互联网、大数据技术，加强内部数据挖掘和外部数据合作，分类建立场景客户白名单和综合数据评价模型，与客户需求精准对接，实现客户精准画像，为客户提供便捷、高效的线上服务；积极拓展“信用易贷”七个子产品（账户易贷、流水易贷、收单易贷、薪金易贷、公积金易贷、缴税易贷、开票易贷）和“电商邮速贷”，首批入驻国家发改委全国中小企业融资综合信用服务平台，打造专属“信易贷”产品，有效满足小微企业的多样化融资需求。同时，邮储银行进一步加强新兴技术在金融服务领域中的应用，在办理中小企业业务时，积极运用电子签名、电子地图、人脸识别等功能，推进移动展业，实现服务流程电子化。

落实可持续发展理念，不断提升绿色金融服务能力

绿色可持续发展是“绿水青山就是金山银山”科学论断的具体体现，积极推动可持续发展既是全社会的共同诉求，也是各类企业主体践行社会责任的重要组成部分。邮储银行在绿色金融与可持续发展实践中走在前列，将环境、社会、治理要素融入银行业务的各个方面，推进绿色银行建设，支持绿色、低碳、循环经济发展，助力生态文明，共建美丽中国。邮储银行根据自身经营特点，从绿色风险管理、绿色金融落地和机构绿色运营三方面履行社会责任。

强化绿色风险管理

邮储银行按照各项相关文件要求，将绿色发展理念融入业务发展和信贷管理之中，不断完善绿色金融管理体系，从两个方面加强绿色风险管理体系。

一是将环境和社会风险纳入风险管理要素，不断建立健全环境、社会和治理风险管理体系，将环境、社会、治理要求纳入授信全流程。其中，邮储银行重点关注能耗、污染、土地、职业与健康、安全与质量、移民安置、生态保护、气候变化、生物多样性和文化多元性等有关风险，严格执行和落实“环保一票否决制”。在完善内部风控模型的基础上，持续完善授信指引政策体系，编制绿色金融授信政策指引，明晰绿色金融重点支持方向与领域，扩大绿色金融业务覆盖范围。此外，邮储银行针对“非绿”行业授信管理，制定了定制化的风险政策与风险限额方案，特别是对钢铁、煤炭、火电、有色金属等“两高一剩”行业分别实施限额管理和差异化授权管理。

二是不断提升绿色金融专业服务能力。在机制建设方面，邮储银行积极推进组织创新和健全激励约束机制，开展绿色金融课题研究，支持绿色金融改革创新试验区建设，加强内部专项培训和外部机构交流合作，努力提升绿色金融专业服务能力。在组织结构方面，2019 年，邮储银行设立绿色金融专责机构，总行新设绿色金融处，成立绿色支行，推进组织创新；健全激励约

束机制，开展绿色银行内部审计和现场检查，强化绿色发展绩效考核；修订合同文本，增加借款人环境和社会风险承诺相关条款。在绿色金融合作方面，2019年，邮储银行完成《雄安新区绿色金融机制建设研究》等研究课题，“绿色贷款专项统计的发展和完善”获得中国人民银行2019年度金融业综合统计研究课题立项；丰富绿色金融培训体系，与国际金融公司（IFC）、安永等外部机构合作，对董事、监事、高级管理层及绿色金融从业人员开展绿色金融前沿、绿色信贷专项统计课程等培训；加强外部机构交流合作，组织走访调研绿色金融改革创新试验区及银行同业，参与中国金融学会绿色金融专业委员会年会等活动，与自然资源保护协会（NRDC）、公众环境研究中心（IPE）在气候融资、联合国森林文书和环境信用修复等领域开展合作。

推动绿色金融实践

邮储银行坚守差异化绿色金融发展定位，制定了《中国邮政储蓄银行加强绿色银行建设三年规划》，加大绿色金融投入和政策支持力度，健全绿色贷款产品创新机制，持续优化信贷结构，积极创新绿色金融产品与服务，大力推进绿色贷款、绿色债券投资等业务发展，加快推动绿色金融发展。

邮储银行遵循资本市场上最严格的绿色政策指引，将低碳、绿色、环保和保护生物多样性有机地融入信贷政策，完善绿色信贷政策制度、加快信贷结构调整、强化环境和社会风险管理，优先安排审查审批绿色通道，大力支持绿色清洁产业，严格落实和执行行业限额管控方案，完善污染防治、绿色金融领域风险监测预警机制，有效推动绿色信贷业务发展，助力淘汰落后产能，为减缓气候变化贡献力量。在落实绿色金融实践的同时，邮储银行根据自身业务特点，推动绿色金融与普惠金融业务之间的相互融合，加大“三农”、小微企业、消费领域绿色金融支持力度，带动“三农”、小微企业、法人客户等社会主体广泛参与绿色发展，提升绿色金融的可得性与覆盖面。

邮储银行积极创新绿色金融产品与服务，于2019年试点推广“排污贷”“生态公益林补偿收益权质押贷款”“垃圾收费权质押贷款”“合同能源管理项日未来收益权质押贷款”等绿色金融产品，着力探索碳金融等创新型绿色金融产品，不断提升绿色金融综合服务能力。

邮储银行通过投资绿色债券，积极支持节能环保、污染防治、资源节约与循环利用、清洁交通等相关产业发展，助力实现绿色发展、循环发展、低碳发展。截至 2019 年底，邮储银行绿色贷款（节能环保项目及服务贷款）余额为 2433.01 亿元，较上年末增加 528.96 亿元，增长 27.78%；绿色债券余额为 184.81 亿元，较上年末增加 45.70 亿元，增长 32.85%。

打造绿色运营体系

邮储银行不仅在业务推广上践行绿色理念，更将绿色发展和节能环保理念融入公司日常管理运营，为客户提供绿色服务，倡导绿色办公，坚持负责任的绿色采购，践行绿色发展。

绿色服务

邮储银行在客户服务上推动绿色服务，全过程、全业务线开展绿色低碳实践，用环境友好的方式为用户提供绿色服务，促进业务运营的可持续发展。邮储银行通过建设统一柜面管理平台，实施个人业务凭证电子化、客户签字电子化、回单电子化等举措，推进全流程业务档案电子化传输及存档，减少业务受理单据的印制；通过布设智能设备推广智能柜员机（ITM）电子签名、自动取款机（ATM）和存取款一体机（CRS）电子流水等应用，减少纸质耗材使用。

此外，在落实“智慧交通”和“绿色出行”的政策方面，邮储银行积极促进 ETC 业务发展，在节省用车成本的同时，有效缓解收费站拥堵，提高公路网通行效率，实现能源资源节约。截至 2019 年底，邮储银行全年 ETC 新增发卡 905.35 万张，结存卡量 1525.48 万张，有力地推动了 ETC 业务的普及，让出行更加便捷、经济、绿色。

绿色办公

邮储银行重视自身运营对环境产生的影响，在全行倡导绿色办公，着力减少资源消耗，提升能源利用效率，降低环境有害物排放，全方位践行低碳运营，推动绿色发展。

绿色运维

邮储银行探索建设绿色节能数据中心，明确节能、低碳、综合利用等目标，持续优化基础设施运维管理，开展节能技术运用，积极引入人工智能技术，通过机器学习、能效建模和全局控制实现制冷系统综合能耗持续降低，努力实现数据中心能源效率最大化和环境影响最小化。2019年，合肥数据中心年平均PUE值（电源使用效率）相比2018年降低近15%。

科技赋能，有效保障新冠肺炎疫情后复产复工

2020年上半年，受新冠肺炎疫情影响，经济下行压力加大，企业生产经营和居民消费受到遏制，银行业经营面临诸多挑战。面对新冠肺炎疫情，邮储银行深入贯彻落实三大服务定位，坚持零售银行战略，大力推进“新零售转型”，通过科技赋能推进业务发展，扎实做好“六稳”工作，全面落实“六保”任务，用邮储速度为抗疫助力。

一是积极响应客户线上化交易需求，不断优化“无接触服务”渠道，助力国家疫情防控。新冠肺炎疫情期间，邮储银行第一时间提高线上转账、快捷支付限额，支持商户远程入网，开通湖北疫情爱心捐款通道，保障客户线上服务需求；上线“邮储健康”板块，推出视频医生及“新冠肺炎实时疫情追踪”查询服务，开展“涵盖新冠肺炎责任的保险免费领取”活动，扩大线上渠道影响力；推出无实体介质账户代发工资功能，为助力企业复工复产提供支持和保障；创新推出居家客服服务模式，累计受理量达到人工接听量的26.77%，进一步强化线上服务能力。

二是依托敏捷开发，以安全、开放、智能、优化运营、扩展场景为建设目标，持续丰富手机银行功能，加快产品创新。邮储银行新增语音转账、模糊搜索等功能，并对金融日历、财富一览等界面进行优化，不断提升手机银行服务能力；同时，坚持“以客户为中心”的服务理念，加强客户体验团队建设，形成常态化的闭环管理机制，持续优化手机银行客户体验。

三是积极应对新冠肺炎疫情挑战，第一时间开发“客户经理云工作室”，为客户经理提供全天候、非接触式的产品推介和线上业务办理的数字化服务窗口，探索全新的客户关系管理和服务模式。邮储银行加快推动远程银行中心客服智能化建设，持续完善语音智能化、智能质检等电话银行业务功能，从客户交互模式、服务渠道、质量管理、数据挖掘等方面提升智能化水

平及智能客服的服务能力。

疫情期间，邮储银行借助金融科技，在做好疫情防控和金融服务、服务国家重大战略、助力企业复工达产方面，快速反应、积极行动，围绕“服务客户，打造场景，丰富产品”这一主线，为客户提供全方位、全周期的综合金融服务，持续推进零售业务线上化转型，满足疫情期间客户无接触服务的需求，全面保障疫情期间居民基本金融服务需求，最大化满足疫情后企业复产复工的融资需求。

小 结

邮储银行坚持自身定位，始终不忘服务“三农”、服务城乡居民、服务中小企业的初心使命，依托网点布局优势，积极践行社会责任，牢守风险管理底线，将产品研发、业务开展、公司运营等方面结合在社会责任实践当中。中国资本市场经历了三十年的发展，已经形成了包容、开放、务实的市场氛围，特别是在上交所的积极推动下，中国资本市场已经开始着手建立企业履行社会责任的相关政策指引，投资者也对履行社会责任的企业展现出了强烈的投资意愿。在积极履行社会责任的企业当中，邮储银行无疑是优秀代表之一，其将社会责任因素纳入公司治理、经营发展战略、风险管理体系，将社会责任落实到银行业务的各个方面，积极参与扶贫攻坚战，服务中小企业发展，推动绿色金融发展，为其他企业履行社会责任树立了榜样。

中国太平洋保险（集团）股份有限公司成立于 1991 年 5 月 13 日，先后完成 2007 年 A 股 IPO、2009 年 H 股 IPO、2012 年 H 股定增和 2020 年 GDR 发行，是首家在上海、香港以及伦敦三地上市的保险公司。本节将着重讲述中国太保引入国内外优质资本，完善股权结构，通过市场化资本补充机制实现逐步发展的业务历程。

中国太保作为中国领先的综合性保险集团，在资本市场的助力下，坚持保险初心，以精准扶贫为切入点，持续多年履行社会责任、回馈社会，连续十年获得中国企业社会责任榜最高奖项，得到社会认可。

中国太保：三地上市，以保险主业履行社会责任

领先的综合性保险集团，专注保险主业发展

中国太平洋保险（集团）股份有限公司（以下简称“中国太保”，股票代码：601601. SH）成立于 1991 年 5 月 13 日，目前已发展成为中国领先的综合性保险集团，连续十年进入《财富》世界 500 强，2020 年排第 193 位。参考 2020 年上半年原保费收入计算，中国太平洋人寿保险股份有限公司、中国太平洋财产保险股份有限公司分别为中国第三大人寿保险公司和第三大财产保险公司。

中国太保专注保险主业，围绕保险产业链，提供各类风险保障、财富规划、资产管理等服务。其中，太保寿险主要提供人身保险；太保产险和安信农险主要提供财产保险；太保安联健康险主要提供健康险及健康管理服务；太保资产管理公司提供资产管理服务；长江养老提供养老金管理和相关资产管理服务；国联安基金提供公募基金管理服务。中国太保寿险、产险均衡发

展，寿险和产险的市场份额多年在国内排名前三，寿险在集团保险业务收入占比约 65%，以保险业务运营和资产负债管理稳固行业地位。

截至 2020 年上半年，中国太保实现营业收入 2354.81 亿元。其中，保险业务收入 2165.97 亿元，同比增长 4.2%。集团净利润为 142.39 亿元，同比减少 12.0%；集团营运利润为 174.28 亿元，同比增长 28.1%。寿险业务方面，2020 年上半年新业务价值 112.28 亿元，同比减少 24.8%，新业务价值率 37.0%，同比下降 2.0%。财产险业务综合成本率 98.4%，同比下降 0.2%。集团投资资产年化净值增长率为 5.3%，同比下降 0.6%。

持续优化股权，融入全球资本市场

三地上市，股权多元，发展均衡

中国太保于 1991 年成立，原名为“中国太平洋保险公司”，是中国首家获准经营全国性、综合性保险业务的股份制商业保险公司。2001 年 10 月 24 日，由发起人在中国重新登记为一家股份有限公司，并更名为“中国太平洋保险（集团）股份有限公司”。同年，太保寿险和太保产险成立。2006 年，中国太保成立太保资产。

成立之初，公司股权结构较为单一，交通银行一股独大，持股 83.1%；后经增资扩股，引入宝钢、申能和凯雷等，公司股权结构得到优化，但大股东持股比例相对较为集中。2007 年和 2009 年，集团整体在上海和香港分别上市，资本实力大为增强，2012 年又完成 H 股定向增发，引入了新加坡政府投资局、挪威央行以及阿布扎比投资局等国际知名主权投资者基金，至此，公司股权结构趋于合理。2020 年，中国太保完成发行沪伦通全球存托凭证（Global Depository Receipts，GDR），并在伦敦证券交易所主板挂牌上市，公司股权结构进一步优化，成功引入瑞士再保险集团（以下简称“瑞再”）作为基石投资者，从而促使侧重价值投资和长期投资的机构投资者占比进一步提升。

目前，中国太保股权相对分散、多元：第一，无控股股东，仅有 3 家机构占比超过 5%，主要股东保持基本稳定，层级清晰，易于穿透，主要股东之间不存在关联关系或一致行动安排；第二，前两大股东持股比例接近，有利于发挥制衡作用；第三，非高度分散，可以保证股东充分行使权力，有效规避内部人控制风险。

中国太保的股权结构先后经历了增资扩股、三地资本市场上市，其股权清晰、流转有序，为公司建立了持续的资本补充机制，形成有效的内、外部治理约束机制，为国资国企改革提供了有益借鉴。

中国太保 GDR 发行前后股权结构对比情况如表 5-3-1 所示；发行后主要股东的最终控制人与公司之间的关系如图 5-3-1 所示；发行后前十大股东持股情况如表 5-3-2 所示。

表 5-3-1 中国太保 GDR 发行前后股权结构对比情况

股份类别	本次发行前		本次超额配售后	
	股份数量（份）	股份比例（%）	股份数量（份）	股份比例（%）
A 股	6286700000	69. 37	6845041455	71. 15
非 GDR 对应的 A 股	6286700000	69. 37	6286700000	65. 35
GDR 对应的 A 股	—	—	558341455	5. 80
H 股	2775300000	30. 63	2775300000	28. 85
合计	9062000000	100. 00	9620341455	100. 00

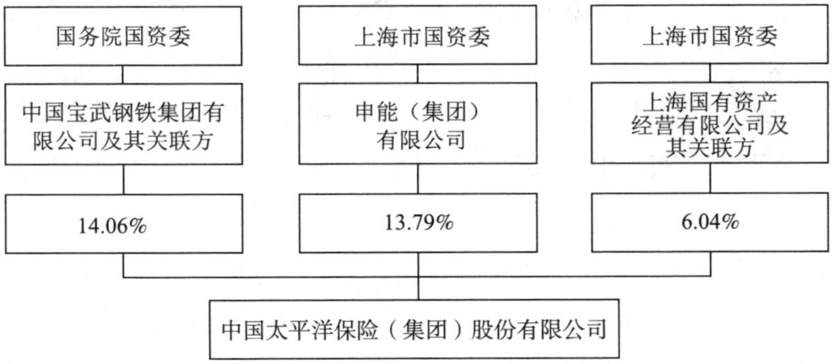

图 5-3-1 中国太保 GDR 发行后主要股东的最终控制人与公司之间的关系

表 5-3-2 中国太保 GDR 发行后前十大股东持股情况

序号	股东名称	持股数（股）	持股比例（%）	股份种类
1	香港中央结算（代理人）有限公司	2772668229	28.82	H 股
2	申能（集团）有限公司	1326776782	13.79	A 股
3	华宝投资有限公司	1284277846	13.35	A 股
4	Citibank，National Association	558341455	5.80	A 股
5	上海国有资产经营有限公司	547942906	5.70	A 股
6	上海海烟投资管理有限公司	468828104	4.87	A 股
7	中国证券金融股份有限公司	271089922	2.82	A 股
8	上海久事（集团）有限公司	250949460	2.61	A 股
9	中央汇金资产管理有限责任公司	110741200	1.15	A 股
10	香港中央结算有限公司	108136127	1.12	A 股
合计		7699752031	80.03	—

金融危机中迎难而上，全球疫情下砥砺前行

自决定成为上市公司之日起，中国太保就坚持引入境内外优质资本，打造多元均衡的股权结构，以持续不断的市场化资本补充机制支持公司穿越周期，稳中有序和稳中有进地发展业务。此外，在“A+H”股发行和 GDR 发行过程中，受国际资本市场和全球新冠肺炎疫情的影响，中国太保的发行之路面临如下重要挑战。

挑战一：2008 年国际金融危机，“A+H”股连续发行计划被迫中断。

从谋划上市之初，中国太保即确立了同步推进 A 股和 H 股上市的总体安排。按原计划，中国太保于 2007 年 12 月 25 日完成 A 股上市后，应尽快完成 H 股上市工作。但受国际金融危机影响，进入 2008 年后，H 股市场急转直下，中国太保 H 股上市之路被迫暂缓。2007 年 12 月，通过发行 A 股募集到的资金中，半数以上已在 2008 年内按计划用于向旗下子公司增资，以增强下属子公司的偿付能力及支持其业务发展，根据当时中国太保的财务状况和业务发展速度，全部 A 股募集资金预计将于 2010 年上半年使用完毕；同时，保险公司作为资本市场中的重要机构投资者，由于受到 2008 年国际金融危机的冲击，因此进一步增强资本实力，增强公司应对多变经济和资本市场环境的

能力，抵御金融危机，势在必行。故重启 H 股发行刻不容缓。

在境内外监管机构的支持和中介机构的协作下，中国太保调整 H 股发行方案，召开董事会、股东大会进行审议。同时，以前期 A 股发行工作和持续的 H 股发行蓄势筹备工作为基础，开展相关申报及披露文件的更新工作，并与各监管机构保持密切沟通。中国太保于 2009 年 12 月 23 日在香港联交所成功挂牌交易，国际配售部分认购倍数超过 8 倍，香港公开发行部分的认购倍数超过 27 倍，发行定价为 28 元港币，超额配售权行使后，募集资金总额约 36 亿美元。至此，中国太保“A+H”股上市最终完成。

挑战二：穿越全球疫情的 GDR 发行。

2019 年 9 月 23 日中国太保召开董事会，启动 GDR 发行工作。2019 年底，新冠肺炎疫情突如其来，严重影响了投资者的投资信心和路演工作安排。同时，受新冠肺炎疫情影响，国际资本市场大幅波动，自 2020 年以来，道琼斯工业指数跌幅将近 10%，尤其是在本次发行既定簿记建档启动前一天，单日重挫 6.9%，为发行工作带来巨大挑战。

在此背景下，中国太保高度重视投资者营销工作，多次与大量优质潜在投资者进行沟通，尽早落实投资者订单。公司和承销团在依法合规的前提下，采取各种措施并充分调动多方资源落实营销工作，先后组织两轮非交易路演和一轮交易路演，尤其在疫情期间，以线上方式持续接洽了大量认可中国保险业发展前景和公司基本面的优质投资者。

一是提前锁定优质基石投资者。中国太保在沪伦通之下创新借鉴香港基石投资机制，将其引入本次发行。公司与 Swiss Re Principal Investments Company Asia Pte. Ltd.（Swiss Re，瑞再成员之一）签订了基石投资协议。Swiss Re 作为基石投资者以本次发行的最终价格（每份 GDR17.60 美元）认购 28883409 份 GDR，占本次发行 GDR 总数（超额配售权行使前）的 28.08%，该等 GDR 所代表的基础证券 A 股股票占本次发行完成后、超额配售权行使前本公司总股本的 1.51%，且原则上受限于三年的禁售期。瑞再的认购及长期持有的承诺体现了其对公司长期投资价值的认可，以及对中国保险业长远发展的信心。公司本次与瑞再签订基石投资协议得到了市场的高度认可。

二是积极引入优质长线投资者，达成理想的投资者结构。本次发行最终引入高瓴资本等多家知名机构投资者和私募基金，它们均表达了期望长期持有中国太保 GDR 的想法。优质长线投资者的参与进一步激发了全球范围内投资者的投资热情，簿记建档最终认购倍数约 3 倍（不含基石投资者）。最终，基石投资者和长线投资者投资金额占比超过 85%，圆满实现了发行初衷，并有助于控制后续短期套利和集中兑回的压力。

三是实现合理定价。在簿记建档前后，基于前期坚实的投资者营销工作基础，公司最终确定本次 GDR 发行价格为每份 17.60 美元。最终发行价格按比例换算后，等于定价基准日前 20 个交易日基础股票 A 股收盘价（除息后）均价的 90%，满足有关监管要求，顺利完成了 GDR 发行。

上市后股权得到优化，治理不断完善，业务持续拓展

自 2007 年以来，中国太保通过不断从境内外资本市场引入优质资本，公司股权结构持续优化，治理水平持续提升，发展实力不断提升。

第一，公司股权结构持续优化。中国太平洋保险公司成立时，注册资本 10 亿元人民币。1995 年 3 月 11 日，中国太保通过定向募集方式，向交通银行等 141 家单位募集 125536.32 万元人民币，公司注册资本增加至 20.06 亿元人民币。2001 年，根据国务院和保监会（现银保监会）分业经营机构体制变革改革批复，按照《公司法》要求，原中国太平洋保险公司更名中国太平洋保险（集团）股份有限公司，同时发起设立太保寿险和太保产险，启动实施集团化发展，公司内部立体化股权结构建设初现成效。2002 年 12 月 12 日，中国太保向上海宝钢集团公司在内的 12 家股东增发内资股份，募集 573402.50 万元人民币，公司注册资本变更为 43.00 亿元人民币。中国太保在创立以及探索集团化发展的初级阶段，股权结构长期较为单一。

2005 年，中国太保与凯雷旗下管理的基金所控制的投资实体 Parallel Investors Holdings Limited 和 Carlyle Holdings Mauritius Limited 对太保寿险实施增资，利用集团内多层股权结构优势，在子公司层面率先引入境外专业战略投资机构，增资完成后，境外投资者占太保寿险总股本的 24.975%。2007 年 4 月 30 日，中国太保实施集团层面股份多元化改革，向宝钢集团有限公司、申能（集团）有限公司等部分老股东及境外投资者增发新股 24 亿股，并同时向境外投资者收购太保寿险全部股份。本次增发完成后，公司股本增至 67 亿元人民币，其

中境外投资者占总股本的19.9%。截至上市前，持有中国太保5%以上股份的主要股东持股情况为宝钢集团有限公司及其关联方持股21.43%，凯雷持股19.9%，上海烟草（集团）公司及其关联方持股7.29%，上海国有资产经营有限公司及其关联方持股7.12%。中国太保在集团化发展关键时期，积极探索、布局资本补充机制的多元化渠道，为公司的市场化发展营造了良好局面。但这一阶段，公司股权仍相对集中于持股占5%以上的大股东手中。

2007年12月25日，中国太保首次发行A股10亿股，完成发行后，公司注册资本77亿元人民币。2009年12月23日，首次发行H股9亿股，公司注册资本增加至86亿元人民币，并成为第一家集团整体上市的境内保险公司。2012年11月14日，中国太保于香港联交所非公开发行H股4.62亿股，发行完成后，公司注册资本进一步增加至90.62亿元人民币，其中内资股占比69.37%，外资股占比30.63%。2014年3月24日，中国太保全部发起人股份限售期满，中国太保实现股份的100%全流通。2020年，中国太保完成发行沪伦通GDR，在伦敦证券交易所主板挂牌上市。通过三地上市，中国太保顺利构建起稳定的市场化资本补充机制和科学化、现代化的公司治理机制；股权相对分散、多元，既无控股股东，亦无实际控制人；股权结构趋于合理，公司迎来持续高质量发展的新局面。

第二，公司治理机制不断完善。公司通过发挥投资者关系管理的“双向传导”功能，扎实做好覆盖境内外证券市场的信息披露，不断提升公司透明度，助推公司价值持续增长。

在公司价值增长的链条上，投资者关系管理工作和信息披露管理工作是中国太保不可或缺的重要环节。公司自2007年A股上市之初即建立了从董事会及董事长、董事会秘书、证券事务代表到具体职能部门的立体化责任机制和管理机制，并设立了专职的投资者关系部，与董事会办公室合署办公，全面负责公司的投资者关系管理工作和信息披露管理工作。

投资者关系管理方面，中国太保定期举办业绩发布会，在新冠肺炎疫情防控期间，创新采用“网络视频直播+电话会议”的线上方式，加强对中小投资者权益的保护，也为更多投资者高效便捷地参与提供便利；根据境内外投资者表现出一定的差异性（例如境外长线投资者更关注公司中长期的价值可持续增长，而境内投资者相对来说对短期内公司业绩指标的波动较为敏感），不断丰富沟通手段，持续提升沟通的有效性。中国太保积极运用创新技术，致力于沟通平台的多元化。例如：中国太保设立投关热线、专用邮箱、官网专栏，主动接待投资者调研；创刊中英文双语的《投资者通讯》，每月定期发送至买方、卖方分析师以及重要投资者，内容聚焦监管政策、行业发展以及公司近期策略和动态等，使得广大投资者、分析师能够在第一时间内了解到相关信息；每年举办投资者开放日活动，有针对性地选取市场关注热点，进行专题性的沟通，帮助境内外投资者加深对公司的认知；在年度、中期业绩发布之后，公司组织管理层进行境内外非交易路演，在路演团队的配备上充分考虑投资者的区域差异，如根据境外投资者最为关注的话题，安排总精算师、首席投资官进行重点覆盖。

信息披露管理方面，在满足相关上市地证券监管机构要求的基础上，中国太保坚持以投资者需求为导向，构建有太保特色的信息披露实践，不断丰富上市公司披露内容的颗粒度和相关性，持续将能够准确反映保险行业经营特质和保险公司真实价值的指标纳入公司披露范围，如营运利润、保费收入、内含价值、偿付能力、非公开市场融资工具底层资产情况等重要指标，有效加深投资者对公司经营管理核心指标及价值增长关键驱动因素的理解。

第三，持续市场化资本补充机制，提升公司偿付能力充足率，支持公司业务发展，帮助公司实现保险主业全牌照，以及持续围绕保险主业拓宽板块布局。

2007 年 12 月和 2009 年 12 月，中国太保完成“A+H”股上市，募集资金全部用于充实本公司资本金，资本实力大大提升，偿付能力充足率明显改善。随后，中国太保持续为太保寿险、太保产险和太保资产等子公司增资，有效支持各业务板块快速发展。保险行业面临的共同问题，即 20 世纪末出售的高预定利率寿险保单造成的利差损问题，在公司内部得到有效缓解。

2007 年上市后，中国太保积极推进在保险主业及延伸领域的全面布局。2009 年，太保寿险受让上海国际集团有限公司持有的长江养老 113500000 股股份，同时认购长江养老定向增发的 218609889 股股份，交易完成后，太保寿险及太保资产共持有长江养老 51.75%的股权；2016 年，太保寿险受让太保资产持有的长江养老 75500000 股股份，交易完成后，太保寿险持有长江养老 51.75%的股权；2017 年，太保寿险对长江养老进行增资，持股比例增加到

62.16%。2014年，中国太保与德国安联保险集团共同发起设立太保安联健康险，并持有77.05%的股权。同年，太保寿险出资设立太保养老投资。同年，太保产险受让上海国际集团有限公司、上海国有资产经营有限公司持有的安信农险171669200股股份，交易完成后，太保产险持有安信农险34.34%的股权；2016年，太保产险对安信农险进行增资，持股比例增加至52.13%。至此，中国太保实现了在寿险、产险、养老保险、健康险、农险和资产管理的全牌照运营，融合发展的协同效应初步显现。2018年，太保养老投资和欧葆庭（上海）投资有限公司共同出资设立太保欧葆庭，并持有56.00%的股权。2018年，太保资产受让国泰君安证券股份有限公司持有的国联安基金51.00%的股权，通过国联安基金开展公募基金管理业务。

以扶贫为切入点，积极履行社会责任

中国太保在优化公司治理、稳步推进国际化布局的同时，借助资本市场力量，善用保险之利，持续多年履行社会责任、回馈社会，连续十年获得中国企业社会责任榜最高奖项。

发挥保险主业优势，建立精准扶贫长效机制

2017年中国太保在集团层面启动扶贫工作，成立领导工作小组，确定年度任务清单，充分发挥保险主业优势和集团协同的优势，推动精准扶贫工作，坚持脱贫与防贫相结合，各类扶贫项目覆盖建档立卡户641万人，提供扶贫保障2.73万亿元。

中国太保集团自上而下建立了扶贫工作机制。集团负责扶贫工作，整体统筹工作并制定相应规则，而后将扶贫任务和政策逐级落实到子公司、分公司及各级机构。

积极发挥行业优势，打造特色“防贫保”

2017年10月，中国太保试点推出全国首款商业防贫保险，依托政府出资，重点关注处于贫困边缘的农村低收入户和人均收入不高不稳的脱贫户两

类临贫易贫人群，分类设置精准防贫办法，为打赢脱贫攻坚战奠定了坚实基础。截至2020年10月上旬，“防贫保”覆盖逾600个县区，累计提供保险保障8万亿元，累计支付防贫救助金4.2亿元。2019年10月，中国太保产险凭借在防贫领域的突出表现，获颁全国扶贫领域最高奖项——2019年全国脱贫攻坚奖·组织创新奖，成为该奖项创办四年来业内唯一获奖企业；同时，“防贫保”案例成功入选首届“全球减贫案例征集活动”最佳减贫案例。

农险扶贫，解决贫困群众的后顾之忧

中国太保针对贫困地区实际情况，定制保险产品，推出各类专属农险扶贫产品420余款。以气象指数保险为例，中国太保在青海果洛藏族自治州开发针对当地牦牛的降雪量气象指数保险。当地平均海拔4200米，年平均气温-4℃，当地居民主要生产依靠牦牛。过去，一旦发生雪灾，牦牛受损，查勘员查勘病损非常困难。中国太保利用当地气象局六十年气象历史数据和保险大数据法则，开发气象指数保险，降雪量一旦超过设定值后，即可快速给付，当地居民可快速拿到赔偿。

健康扶贫，防止致贫返贫

中国太保的健康扶贫针对不同地区形成多种经办模式，在全国承办健康扶贫项目39个，面向207万人口赔付约15亿元。健康扶贫针对当地特色，结合当地保险政策，提供保险保障和保险经办服务，降低起付线、提高报销比例，为降档立卡户提供帮助，解决因病致贫、因病返贫的困扰。

中国太保坚持问题导向，提供综合解决方案。中国太保在结对帮扶内蒙古乌兰察布“两镇”和云南大理永平县“三村”过程中，因地制宜，针对“两镇三村”不同的贫困原因，制定帮扶举措。以内蒙古“两镇”为例，当地优质物产由于运输原因销售困难，中国太保通过自建的“彩虹”精准扶贫公益电商平台进行线上销售，农副产品销售额近1600万元，帮助当地物产走出草原，带动当地产业，改善村民生活。自2018年10月签署结对帮扶协议后，经过两年定向帮扶，“两镇三村”已提前9个月全部完成脱贫摘帽任务。

创新建设“彩虹”平台，建立扶贫长效机制

2017年11月，中国太保上线“彩虹”平台，集中销售来自建档立卡贫困户生产的农产品，形成了脱胎于电商又有别于普通电商的创新特点。该平台在方法上求突破，聚焦扶贫重点区域，从无到有打通了产品收购、加工、包装、销售、物流、售后的消费扶贫全流程；在精准上下苦功，通过可定位、可追溯方式，将爱心帮扶和建档立卡户精准对应；在长效上做文章，提升农产品质量，提升脱贫内生动力。

截至 2020 年 10 月，已累计上线全国 23 省 309 款农副产品，实现总帮扶金额逾 5600 万元，精准触达 10019 户 28138 名建档立卡贫困人口。在帮扶金额节节攀升的同时，关注人数也提升至近 5 万人。

目前，“彩虹”平台已成为中国太保员工爱心奉献与支持消费扶贫有机结合的长效平台，提升了贫困农户脱贫的内生动力，并以此为纽带，辐射带动其他扶贫工作的长效发展。

驻村扶贫、智力扶贫

截至 2020 年 10 月，中国太保目前在全国 26 个省、自治区、直辖市共有 271 位在岗驻村干部，平均驻村时间 2. 8 年，最高长达 6 年。据统计，1/3 的驻村干部为 35 周岁及以下。智力扶贫包括贫困地区青年金融干部培训班、校企合作、助学活动等。金融干部培训班已举办三期，通过扶贫培训提高实操能力，让他们认识到金融扶贫、保险扶贫的功能和意义。校企合作从 2018 年起，为贫困学生提供奖学金和实习机会，定点培养，实现就业扶贫。中国太保“责任照亮未来”助学活动已持续开展 13 年，在全国 60 余所希望小学进行支教活动，与当地学生开展结对助学，共吸引 1000 余名志愿者参与。

全面承担社会责任，融入国家发展进程

中国太保借助保险力量服务实体经济，通过多种方式服务市政、交通、能源、环保、保障房建设等方面的建设融资需求，积极响应国家战略，为实体经济发展做贡献。依靠保险的经济补偿和资金融通等优势，中国太保为上海自贸区临港新片区建设提供保险服务，并参与上海临港增发，成为其第二大股东。在连续三届中国国际进出口博览会上，中国太保均有深度参与，作为第三届进博会核心支持企业和指定保险服务商，共提供了超 8800 亿元的综合保险保障。此外，中国太保还积极参与长三角一体化发展国家战略，设立

产业基金，助力高质量发展；发挥自身国际化优势，投入“一带一路”基础设施建设。

中国太保推出绿色保险，共建可持续家园。为应对环境与气候变化和挑战，积极响应国家战略方针，中国太保通过绿色产品和服务，降低运营排放，构建可持续家园，回馈社会。

中国太保持续关注环境污染责任保险，截至 2019 年 12 月，累计为 3589 家企业提供总保额 115 亿元的环境污染责任险，创新推出 43 种气象指数保险，降低极端天气带来的影响，在监督企业环境污染、保护环境生态等方面起到积极作用。

从自身出发，中国太保成立上海环保金服公司，着力发展绿色金融，通过资本运作引入长期资金，持续关注环保、清洁能源等领域，为环保项目提供资金和服务双保障。在公司日常运营中，中国太保尽可能降低能耗和碳排放，全面推行无纸化办公，累计节约成本约 1.8 亿元。2019 年 12 月，中国太保启动三江源生态公益林，全员捐款 1900 余万元，其中，1500 万元已投入三江源生态公益林的首期建设。未来，中国太保将持续关注绿色可持续发展，在主业方面持续改进气候灾害保险，关注环境友好型产品研发，降低运营环节碳排放。

发挥保险优势，积极应对疫情挑战。面对突发新冠肺炎疫情，中国太保全面履行防风险、保生产、促发展的社会责任，第一时间启动重大公共卫生事件应急预案一级响应，研究部署疫情防控工作，在保障自身安全、逐步复工复产的同时，通过捐款捐物赠险、创新保险产品、升级线上服务等多种方式，应对疫情防控和复工复产。

截至 2020 年，中国太保已向全国各地医护人员、公安民警、辅警及驻村干部等抗疫一线人员提供了含新冠肺炎责任的保险保障；通过各具特色的产品服务方案，为重点物资企业提供风险保障、复工复产专项保障，累计在 35 个重点城市落地，为近 11000 家企业提供风险保额逾 26 亿元。

小 结

中国太保作为首家在上海、香港以及伦敦三地上市的保险公司，专注保险主业，积极转型，不断做精做深保险业务。中国太保引入全球优质资本，完善股权结构，通过市场化资本补充机制，实现逐步发展。中国太保在不断提升管理能力的同时，主动优化业务板块布局，革新管理工作机制，推进公司规范化、市场化运行，从而为完成三地上市打好地基。中国太保在资本市场的助力下，坚持保险初心，牢记回馈社会的重任，发挥保险主业优势，以精准扶贫为切入点，建立精准扶贫长效机制；响应国家战略，服务实体经济；围绕绿色保险，共建可持续家园；积极应对疫情挑战，助力复工复产，积极履行社会责任，体现出上市公司的社会责任与担当！